JEANNETTE GRÄFIN BEISSEL VON GYMNICH

CHRISTIAN VOGELER

DIE ESSENZ DES ERFOLGS

Weibliche Karrieren im Fokus

FOTOGRAFIE: SUSANNE UND MIKE GÖHRE

edition JGB noblesse

In unserem fünften Text- und Bildband zum Thema „Frauen in Führungspositionen"
stellen Christian Vogeler und ich sowie die Fotografen Susanne und Mike Göhre
Frauen vor, die sich in ihrem beruflichen Umfeld, als Unternehmerin oder freischaffen-
de Künstlerin erfolgreich behaupten. Wie bewältigen sie Krisen, wie vereinbaren sie
Familie und Beruf, wie motivieren sie ihre Mitarbeitenden und auch sich selbst?
Treten sie anders auf als ihre männlichen Kollegen, oder gibt es hier viele Parallelen?
Das sind nur einige der Fragen, die wir im vorliegenden Buch beleuchten.

Lassen Sie sich vom Engagement dieser spannenden Frauen inspirieren, bewundern
und wundern Sie sich und freuen sich auf kurzweilige Lebensgeschichten!

Jeannette Gräfin Beissel von Gymnich

Inhalt

Zum Geleit

Jede erfolgreiche Frau ist Vorbild für andere. Das Buch „Die Essenz des Erfolgs – weibliche Karrieren im Fokus" zeigt, wo heute überall kompetente und engagierte Frauen in Führungspositionen arbeiten. Und sie müssen auch sichtbar sein. Dieses „Sichtbar-Sein" ist so wichtig, weil es andere Frauen motiviert und ermutigt, wenn sie sehen, dass Engagement Früchte trägt, dass Kompetenz sich auszahlt und die berühmte gläserne Decke erfolgreich durchschlagen werden kann.

Glasklar ist: Wir brauchen mehr Frauen in den Führungsetagen von Unternehmen, Wirtschaftsverbänden und in der Politik.

Ab 2026 sind Spitzenpositionen in Europas Wirtschaft ausgewogener zwischen Frauen und Männern zu besetzen. Darauf haben sich im Juni 2022 die EU-Mitgliedstaaten und das Europäische Par-

lament verständigt. Es stehen zwei Modelle zur Auswahl: Erstens, mindestens 40 Prozent der Mitglieder von nicht-geschäftsführenden Aufsichtsratsmitgliedern sind Frauen. Oder zweitens, es wird ein durchschnittlicher Frauen-Anteil von 33 Prozent für Aufsichtsräte und Vorstände erreicht. Das Vorhaben ist geschlechtsneutral. Sprich: Wenn in einem entsprechenden Gremium mehr Frauen als Männer sitzen, profitierten selbstverständlich auch die Männer von der Regelung. Frauen sind da nicht anders als Männer: Sie wollen wirtschaftlich unabhängig sein, Verantwortung übernehmen, sie haben Ideen und Lösungen. Sie sind sehr oft hervorragende Teamplayer.

Unternehmen können, wollen sie erfolgreich und zukunftsfähig bleiben, auf Frauen nicht verzichten. Im Hinblick auf die anstehenden Aufgaben wie Digitalisierung, Klimaschutz und Nachhaltig-

Ina Scharrenbach wurde 1976 in Unna geboren.
Sie ist ledig und hat keine Kinder.
1996: Abitur
1996 bis 1999: Ausbildung zur Bankkauffrau
in der Städtischen Sparkasse Kamen
1999 bis 2001: Angestellte
bei der Städtischen Sparkasse Kamen
2001 bis 2005: Studium in Rechnungswesen, Steuern und
Controlling an der Fachhochschule Dortmund –
Abschluss als Diplom-Betriebswirtin (FH)
2005 bis 2017: Angestellte bei einer
großen Wirtschaftsprüfungsgesellschaft
2012 bis 2017: Abgeordnete des Landtags
von Nordrhein-Westfalen
Seit 2011: stellvertretende CDU-Vorsitzende
des CDU-Kreisverbandes Unna
Seit 2012: stellvertretende Landesvorsitzende
der CDU Nordrhein-Westfalen
Seit 2017: Landesvorsitzende der
Frauen-Union Nordrhein-Westfalen
Juni 2017 bis Juni 2022: Ministerin für
Heimat, Kommunales, Bau und Gleichstellung des
Landes Nordrhein-Westfalen
Seit Juni 2022: Ministerin für Heimat, Kommunales, Bau
und Digitalisierung des Landes Nordrhein-Westfalen

keit sowie den – auch aufgrund der demografischen Entwicklung – immer weiter steigenden Fachkräftebedarf ist die Wirtschaft auf gut ausgebildete Frauen angewiesen. Gerade die Digitalisierung bietet den Unternehmen Chancen, die junge Generation an Mitarbeiterinnen und Mitarbeitern für sich zu gewinnen. Stichwort: Mehr Flexibilität im Hinblick auf Standort und Arbeitszeiten. Das kann der Vereinbarkeit von Familie und Beruf zugutekommen. Frauen bringen Stärken mit, die in unserer komplexen, sich ständig verändernden und zunehmend digitalen Arbeitswelt benötigt werden.

Leider gibt es auch heute immer noch zu viele männliche Barrieren und Vorurteile, die Frauen daran hindern, in Führungspositionen aufzusteigen. Es gibt sie immer noch: Die wirkmächtigen Männernetzwerke im Hintergrund.

Mehr Frauen in Führungspositionen bedeuten eine breitere Vielfalt von Ideen und Blickwinkeln. Dies stärkt die Innovationsfähigkeit und Problemlösungskompetenz eines Unternehmens und fördert Gleichberechtigung und Chancengerechtigkeit, welche grundlegend für eine gerechtere Gesellschaft sind.

Ina Scharrenbach MdL
Ministerin für Heimat, Kommunales,
Bau und Digitalisierung
des Landes Nordrhein-Westfalen

Grußwort

„ Wenn eine Frau sich erhebt,
erheben wir uns alle gemeinsam. **„**

Dr. Mara Catherine Harvey

Eines der letzten Hindernisse auf dem Weg zur Gleichstellung der Geschlechter ist nach wie vor das wirtschaftliche Empowerment von Frauen. Im Jahr 2022 gingen laut Pitchbook-Daten 0,9 % des Risikokapitals an europäische Gründerinnen. 2023 steigt diese Zahl – sie hat sich fast verdoppelt, liegt aber immer noch unter 2 %. Interessanterweise zeigen die Daten von Pitchbook, dass Gründerinnen, die mit einem männlichen Gründer zusammenarbeiten, einen zweistelligen Anteil an Risikokapital erhalten (zwar immer noch nur etwa 20 %, aber deutlich mehr).

Auf den ersten Blick könnte man meinen, dass sich Diversität auszahlt: Ein vielfältigeres Team hat bessere Chancen, Kapital zu erhalten. Die Realität sieht jedoch weniger rosig aus: Gründerinnen hören immer wieder, dass sie einen männlichen CFO oder CEO brauchen, um ihr Start-up in den Augen der Risikokapitalgeber glaubwürdig zu machen. Frauen allein gelten nicht als glaubwürdig genug, um eine Finanzierung zu erhalten. Und in der Tat geht der Großteil der Fördermittel immer noch an reine Männerteams.

Das ist darauf zurückzuführen, dass weit über 90 % des Risikokapitals in männlicher Hand ist. Und wenn nur Männer über die Vergabe von Mittel entscheiden, profitieren offenbar auch die männlichen Gründer davon. Daraus zu schließen, dass alle Risikokapitalgeber absichtlich voreingenommen sind oder dass alle weiblichen Gründerinnen schlechte Geschäftspläne haben, wäre jedoch übertrieben. Die Ursachen für diese Voreinge-

nommenheit liegen tiefer. Der Kern des Problems besteht darin, dass Frauen aufgrund ihrer Leistung und Männer aufgrund ihres Potenzials finanziert werden.

Die geschlechtsspezifischen Unterschiede im Finanzbereich sind auf die expliziten und impliziten Normen zurückzuführen, die unseren kulturellen Kontext prägen, d. h. auf die unterschiedlichen Vorstellungen, die wir von Männern und Geld bzw. von Frauen und Geld haben. Kulturell gesehen neigen wir dazu, zu glauben, dass Männer besser im Geldverdienen sind als Frauen, weil das in den vergangenen Jahrhunderten so war, als Frauen keinen Platz in der Arbeitswelt hatten. Obwohl die Beteiligung von Frauen in der Wirtschaft in den letzten Jahrzehnten stark zugenommen hat, ist die Geschwindigkeit, mit der sich kulturelle Normen ändern, viel langsamer.

Unsere tief verwurzelten und weit verbreiteten Überzeugungen über Geld wirken sich auch auf die finanzielle Sozialisation unserer Kinder aus: Sie bestimmen die Art und Weise, wie wir mit Jungen und Mädchen über Geld sprechen. Wir neigen dazu, mit Jungen über das VERDIENEN von Geld zu sprechen, und mit Mädchen über das AUSGEBEN. Achten Sie einmal auf die Gespräche, die wir mit Kindern über Geld führen, und Sie werden sehen, wie sich Mikrovorurteile unbemerkt einschleichen. Achten Sie auf die Botschaften der Medien über Vermögensbildung (die auf Männer abzielen) und die Darstellung von Lebensstilen (die auf Frauen abzielen). Wenn Sie die Finanzwelt durch eine

Dr. Mara Harvey ist seit 1. Januar 2023 CEO der VP Bank (Schweiz) AG und seit 1. April 2023 Mitglied der Geschäftsleitung der VP Bank Gruppe. Die promovierte Ökonomin mit über 20-jähriger Erfahrung in der Wealth Management-Industrie verantwortet die Region Europa der VP Bank Gruppe, die nebst dem Standort Zürich auch den Standort Luxemburg umfasst. Mara Harvey verstärkt die internationale Ausrichtung in der Geschäftsleitung und wird die weitere erfolgreiche Bearbeitung der europäischen Zielmärkte der Gruppe vorantreiben.

VP BANK: TALENTE FÖRDERN, ZUKUNFT GESTALTEN

Die Förderung von Nachwuchstalenten ist der VP Bank ein besonderes Anliegen. Mit ihrem Sponsoring in den Bereichen Sport, Musik und Kulinarik setzt sie ein Zeichen und hilft jungen Erwachsenen, ihre Potenziale zu entfalten und ihre Ziele zu erreichen. Junge Talente bringen neue Ideen, Perspektiven und frischen Wind und helfen so, Unternehmen zukunftsfähig zu gestalten und neue Märkte zu erschließen. Die VP Bank ist überzeugt, mit der Förderung von Nachwuchstalenten einen wichtigen Beitrag für die Gesellschaft zu leisten.

geschlechtsspezifische Brille betrachten, werden Sie feststellen, dass sich alte Muster verfestigen.

Aus diesem Grund müssen wir diese Muster durchbrechen und neue Geschichten erzählen: Wir müssen Frauen hervorheben, die Grenzen überschreiten. Frauen, die bei der Gründung neuer Unternehmen glänzen. Frauen, die alte Unternehmen zu neuen Höhen führen. Frauen, die mutig sind und neue Wege beschreiten. Frauen, die sich nicht vom Urteil anderer aufhalten lassen. Frauen, deren Ziel es ist, eine bessere Zukunft für alle zu schaffen. Frauen, die andere Frauen unterstützen. Frauen, die die nächste Generation von Mädchen befähigen, in ihrem Bereich eine Führungsrolle zu übernehmen.

Denn wenn eine Frau sich erhebt, erheben wir uns alle gemeinsam.

All diese Geschichten verdienen es, erzählt zu werden. Dieses Buch krönt die Pionierarbeit von Jeannette Gräfin Beissel von Gymnich. In den letzten 15 Jahren hat Jeannette leidenschaftlich und unermüdlich die Geschichten von starken Frauen, von einflussreichen Changemakern und verborgenen Perlen erzählt. Ihre Gabe ist es, die einzig-

artigen Talente dieser Frauen zu porträtieren und ein sanftes Scheinwerferlicht auf sie zu richten, um sie in den Augen der Leserinnen und Leser funkeln zu lassen. Und mit jedem Funkeln kommt die Inspiration. Und mit der Inspiration kommt die Ermutigung zu großen Träumen. Mit großen Träumen können wir große Veränderungen herbeiführen.

Vor allem aber steht dieses Buch für das, was uns alle verbindet: Unsere gemeinsame Hoffnung, dass die nächste Generation von Mädchen kühn, mutig und in der Lage sein wird, finanzielle Mittel zu beschaffen, mit der vollen Überzeugung und Anerkennung, dass sie stark genug sind, ihre Visionen zu verwirklichen.

IMPRESSUM

Herausgeberin	Jeannette Gräfin Beissel von Gymnich
Fotografie	Susanne und Mike Göhre
Text u. Redaktion	Christian Vogeler
Projektpartner	VP Bank Schweiz AG
Titelbild	Regina Schumachers
Verlag	jgb edition noblesse © 2023
ISBN	978-3-00-077031-9
Druck	Medienzentrum Süd

DIE ESSENZ DES ERFOLGS

Weibliche Karrieren im Fokus

AMENI ALOUI

Über Hürden zum eigenen Institut

Der Traum sich selbständig zu machen, beruht immer wieder auf der inneren Triebkraft, Probleme lösen zu wollen, die einen selbst betreffen. Ameni Aloui erging es ähnlich – auch wenn zwischen dem Auftreten des Problems und dem Schritt in die Selbständigkeit ein langer Weg mit hohen Hürden lag, den sie letztendlich außerordentlich erfolgreich hinter sich brachte.

Es begann damit, dass die Unternehmerin als Teenager immer wieder starke zyklische Beschwerden ertragen musste, was für sie jedes Mal eine schreckliche Qual bedeutete. „Ich lag im Bett und habe mich vor Bauchschmerzen gekrümmt", erinnert sich die schlanke große Frau mit den dunklen Augen. Ihre Frauenärztin konnte bei mehreren Untersuchungen nichts feststellen und teilte Ameni nach dem vierten Praxisbesuch mit, die Symptome wären psychosomatisch begründet. „Ich bin erst einmal nach Hause gegangen und habe nachgeschlagen, was psychosomatisch überhaupt bedeutet. Dann bin ich nochmals zu ihr hin und habe erklärt, dass ich mir die Schmerzen keinesfalls einbilde." Als es wieder einmal besonders schlimm wurde, entschloss sich Ameni, ein Krankenhaus aufzusuchen. Dort traf sie auf eine junge Ärztin, die ihre Ausbildung gerade erst abgeschlossen hatte, und die mutmaßte, die Beschwerden könnten auch eine andere Ursache haben. Während einer Laparoskopie (Bauchspiegelung) wurde eine sehr ausgeprägte Endometriose festgestellt und operativ beseitigt. „Ich bin aus der Narkose aufgewacht und die Ärztin teilte mir das Ergebnis mit – und auch, dass man später unter bestimmten Umständen keine Kinder mehr bekommen könnte." Ein Schock für die 16-Jährige, der ein starkes Misstrauen gegenüber Ärzten auslöste. Sie begann, bei jeder Krankheit, die sie oder ein anderes Mitglied ihrer Familie betraf, die Erkrankten zu befragen und selbst nach den Ursachen zu forschen. Nach wenigen Jahren hatte sich Ameni ein solches Fachwissen angeeignet, dass die Ärzte, mit denen sie sich unterhielt und denen sie ihre eigene Interpretationen vortrug, in der gut vorbereiteten jungen Frau eine Medizinstudentin vor sich vermuteten. „So kam es, dass ich meine Leidenschaft für die Medizin entdeckt habe."

In den Kölner Fordwerken wurde in den 1960er Jahren der Ford Taunus montiert, ein Mittelklassemodell, dass damals zum deutschen Straßenbild gehörte wie der VW Käfer. Um Arbeitskräfte für den Bau der Fahrzeuge anzuwerben, wurden Arbeitswillige auch in Tunesien rekrutiert. Zunächst mussten diese eine gesundheitliche Untersuchung über sich ergehen lassen, bevor ihre Qualifikationen überprüft und sie über die Lebens- und Arbeitsbedingungen in der Bundesrepublik informiert wurden. „Mein Vater Brahim wusste nichts von dem Anwerbeverfahren, wurde aber von Bekannten in seinem Dorf darauf aufmerksam gemacht. Weil er eine technische Vorbildung besaß, bestand er die Prüfungen als einer der besten und kam als Werkzeugmacher in das Automobilwerk am Rhein", erzählt Ameni Aloui den Beginn der Migrationsgeschichte ihrer Eltern, die mit einem Besuch ihres Vaters in der alten Heimat ihre Fortsetzung fand. „Auf einer Hochzeit von Verwandten lernte er meine Mutter kennen und wollte sie sofort heiraten. Er hielt um die Hand der 17-jährigen Amel Derouiche an und blieb hartnäckig, bis deren Eltern schließlich ihre Einwilligung gaben."

Tochter Ameni wird 1984 als zweite von vier Geschwistern im katholischen Heilig-Geist-Krankenhaus in Köln-Longerich geboren. Sie durchlebt eine unbeschwerte Kindheit in stabilen Verhältnissen und mit regelmäßigen, langen Sommerurlauben in Tunesien. Das Lernen an der Städtischen Gemeinschaftsgrundschule Halfengasse, die größtenteils von Kindern mit migrantischem Hintergrund besucht wird, fällt ihr leicht. Weil Brahim Aloui sehr großen Wert darauf legt, dass zu Hause konsequent arabisch gesprochen wird, spricht Ameni die Sprache neben Deutsch und Englisch heute fast akzentfrei. „Wenn ich in Tunesien bin und auf arabisch rede, glaubt man mir nicht, dass ich in Deutschland geboren wurde." Die Erziehung der Kinder ist muslimisch geprägt. Zwar darf Ameni als weiblicher Teenager keinen Alkohol trinken und auch keinen Freund haben, doch vermisst sie dies auch nicht. „Wenn ich von meinen Mitschülerinnen hörte, sie hätten viele Jungs geknutscht, fand ich das, ehrlich gesagt, etwas suspekt." Dafür geht sie sechs Jahre lang zum Tae Kwon Do und später zum Kick-Boxen.

Nach der Grundschulzeit könnte Ameni eigentlich eine Realschule oder ein Gymnasium besuchen, doch dafür erhalten nur die wenigen deutschen Mitschüler aus ihrer Klasse eine Empfehlung. „Unsere Lehrer erklärten das ganz offen mit unserem Migrationshintergrund und möglichen Problemen mit der Sprache, woraufhin wir alle auf die Hauptschule geschickt wurden." Als die junge Deutschtunesierin herausragende Noten abliefert und sich dort zunehmend langweilt, bittet Brahim Aloui den Schulleiter, seine Tochter für die Real-

schule oder das Gymnasium weiterzuempfehlen. Doch heißt es, das sei nicht möglich und auch nicht notwendig. Ameni könne ja an der Hauptschule die qualifizierte Fachoberschulreife erwerben und anschließend wechseln. Doch die schlägt zunächst einen anderen Weg ein, auch wenn ein Notendurchschnitt von 1,7 nach der 10. Klasse die Zugangsberechtigung zum Gymnasium bedeutet. Gerade ist der Informatikboom in Deutschland angekommen, und es werden händeringend Computerfachkräfte gesucht. „Mein Vater erklärte mir, dass ich in Tunesien ohne Abitur Informatik studieren könnte, und folgte seinem Rat, doch ich war nicht hundertprozentig überzeugt." Am IGI – Institut de gestion et informatique – in Tunis studiert sie zwei Semester Fachinformatik und Datenprogrammierung und wohnt dort unter Aufsicht ihres Onkels in einem Haus der Familie, bevor sie mit einem Abschluss als Basisfachinformatikerin nach Köln zurückkehrt. Ich war so weit ausgebildet, dass ich zu dem Zeitpunkt einen Computer zusammenbauen, einrichten und kleine Programmierungen darauf durchführen konnte." Den Versuch, jetzt auf dem Gymnasium noch das Abitur nachzuholen, bricht sie nach der 11. Klasse ab. Ihr Geld verdient Ameni damit, PCs für Privathaushalte zusammenzubauen, einzurichten und zu reparieren. Außerdem jobbt sie in Restaurants und Cafés. Für ältere Damen übernimmt sie kleinere Besorgungen und hört sich als kommunikativer Mensch gerne deren Geschichten an. Später beginnt Ameni eine Ausbildung im Event-Management, muss aber schnell feststellen, dass sie in ihrer Firma als Azubi kaum Spielräume hat sich einzubringen. „Das war ein alteingesessenes, von einem älteren italienischen Herrn geführtes Unternehmen, der seine Klientel lieber zu einer Alpentour in die Schweizer Berge schickte als zu einem aufregenden Wüstentrip nach Saudi-Arabien, wie ich es vorgeschlagen habe."

In dieser Phase der Orientierung heiratet Ameni Aloui einen Tunesier in dessen Heimatland und holt ihn nach Deutschland. Als 2008 Sohn Ayoub geboren wird, ist ihr jedoch bereits seit längerem klar, dass die Ehe nicht funktioniert. Zu unterschiedlich sind die Vorstellungen der beiden Partner mit ihrer jeweiligen Lebensgeschichte. „Mein Vater hat das nicht gerne gehört, aber ich habe mich ihm endlich widersetzt und habe gesagt: ‚Nein, es geht nicht mehr. Wenn Du mich verstößt, dann ist das so, aber ich kann nicht mehr mit diesem Mann zusammenleben.' Er wollte mich daraufhin längere Zeit nicht mehr sehen." Für Ameni Aloui eine schreckliche Zeit, in der sie mit ihrem kleinen Kind von Hartz IV lebt und auf Almosen ihrer Eltern angewiesen ist. „Irgendwann kam ich an einen Punkt, wo alles über mir zusammenbrach. Ich war mit meinem Sohn alleine in meiner kleinen Wohnung. Mein Vater war böse auf mich und der Mann war weg. Ich dachte: ‚Wen hast Du jetzt

noch?' Dann kam die Eingebung: Gott ist der Einzige, der mir jetzt noch helfen kann. So kam ich dazu, den Islam im Alltag zu praktizieren und das Kopftuch als Zeichen meiner Religion zu tragen."

In einem islamischen Forum schreibt Ameni Aloui anonym darüber, was ihr widerfahren ist. Sie lernt dabei den deutschen Konvertiten Markus aus Braunschweig kennen, der ihr in dieser schweren Zeit beisteht, und der sie aufmuntert. „Dabei habe ich mich in ihn verliebt. Es war die erste Beziehung, die ich wirklich aus freien Stücken, aus Liebe eingegangen bin." Das Problem ist nur, wie sie das ihrem Vater beibringen soll, denn sie ahnt, wie er zu Markus stehen könnte. Doch schließlich gibt er seinen Segen, zumal die beiden islamisch heiraten wollen. „Durch meinen Mann habe ich meine Religion lieben gelernt." Bald darauf wird Tochter Nour geboren, zwei Jahre später Sohn Mohammed und nach wiederum zwei Jahren Tochter Belqis. Das Eheglück könnte perfekt sein, doch der zweite Mann an Amenis Seite trägt kaum dazu bei, seine Familie zu ernähren. „Er hat als muslimischer Mann einen Bart getragen und es immer darauf geschoben, wenn er mal wieder einen Job abbrach. Angeblich war er deswegen diskriminiert worden." Dass die Familie Geld vom Staat bezieht, reicht ihm. Eine Zeitlang redet sie sich ein: „Hauptsache, Du hast jemanden fürs Herz. Auch wenn er im Moment nicht arbeitet, wird er eines Tages den richtigen Job finden." Doch eigentlich hat die vierfache Mutter ganz andere Vorstellungen von einem Ehemann, der Verantwortung für seine Familie übernehmen sollte.

„Seitdem ich denken konnte, hat mein Vater im Nachtdienst bei Ford gearbeitet, einfach nur, damit er uns vier Kindern etwas bieten konnte. Da war er vorbildhaft für mich." Als Ameni Aloui sich das bewusst macht, platzt der Knoten, und sie nimmt selbst das Heft in die Hand. Im Jahr 2010 kauft sie die gesamte Auflage eines neu gedruckten Buchs über den Islam in deutscher Sprache und eröffnet mit eigenen Ersparnissen den ersten islamischen Onlinehandel in Deutschland. „Ich hatte keine Angst vor Risiken, ich habe einfach gemacht", beschreibt sie ihr Vorgehen. Es gelingt ihr, die Auflage komplett zu verkaufen bzw. zu tauschen. „Ich habe Buchhändler angeschrieben, die in Deutschland mit islamischen Büchern handeln, und ihnen vorgeschlagen, mein Buch gegen andere Artikel zu tauschen, die ich in dem Shop anbieten konnte. Auf diese Weise habe ich über 500 Produkte aufnehmen können." Eine gute Lösung für Ameni Aloui, die von zu Hause aus am PC arbeiten kann, wenn die Kinder schlafen. Ihr Mann soll lediglich die fertig verpackten Pakete zur Post bringen, die einige Häuser entfernt liegt. „Die Pakete lagen jedoch oft vier, fünf Tage da – in dieser Zeit hat meine große Euphorie für meinen Mann langsam abgenommen." Mit drei Windelkindern wird ihr die Arbeit irgendwann zu viel – sie muss den Shop abgeben. Sich von ihrem zweiten Mann zu trennen, zieht sie nicht in Erwägung. „Ich konnte damit nicht zu meinem Vater gehen und habe mich mit der Situation abgefunden." Brahim Aloui weiß jedoch, welche Talente in seiner Tochter stecken, und macht sie immer wieder darauf aufmerksam. Bei einem Eignungstest für ein

„
Meine Passion für Ästhetik
habe ich zu meinem Beruf gemacht.
„

Ameni Aloui

Medizinstudium erzielt sie gute Ergebnisse und überlegt, dafür das Abitur nachzuholen. Doch ihr Mann hält sie davon ab, weil sie später während der Nachtdienste als Assistenzärztin mit anderen Männern im Krankenhaus allein wäre. „Ich habe mir gesagt: ‚Ich bin noch jung. Ich muss etwas unternehmen.' Darum habe ich nach Alternativen geschaut und den Beruf der Heilpraktikerin entdeckt – und eine Schule, an der bis auf einen Dozenten nur Frauen waren." Alle Einwände ihres Mannes kann sie widerlegen und ihn sogar davon überzeugen, die gleiche Ausbildung zu machen. Im 1-Euro-Shop kauft sie ihre Ausstattung, College-Blocks und ein paar Buntstifte, während ihr Mann sich auf Kredit eine elegante Tasche zulegt, einen teuren Füller und einen neuen Laptop. Nach wenigen Wochen gesteht er, dass ihm das Lernen zu schwer fällt, und bricht ab, während Ameni Aloui die zweijährige Ausbildung unbedingt zu Ende bringen will. „Ich habe es mir, ehrlich gesagt, einfacher vorgestellt und schnell bemerkt, dass ich deutlich mehr als früher lernen musste." Und es gibt weitere Herausforderungen: Auf Excelplänen hat sie Einkommen und Ausgaben der Familie erfasst, damit sie die Raten für die Schule pünktlich abtragen kann, und als Migrantin mit Kopftuch ist sie eine Außenseiterin unter den anderen Lernenden, die eher aus der alternativen Szene kommen. Auch das Lehrpersonal verhält sich distanziert. Vier Monate vor der Prüfung beginnt Ameni damit, ihre Vorbereitungen zu intensivieren, lernt jetzt Tag und Nacht. „Zwei Wochen vorher habe ich meinen Lehrer gefragt, wie meine Chancen aussehen, und bekam als Antwort: ‚Es wird schwer für Dich, aber dabei sein ist alles! Dann weißt Du, was Du nächstes Mal besser machst.' Auf dem Rückweg habe ich nur geweint und gedacht: ‚Die ganze Zeit war umsonst.'" In ihrer Verzweiflung wendet sich Ameni Aloui noch aus dem Auto heraus an Petra Baum, die Prüfungsvorbereitungen anbietet und von der sie aus dem Internet erfahren hat. Beide verabreden sich zu einem Telefonat, in der Petra ihr etliche Fachfragen stellt. „Danach meinte sie nur: ‚Was haben die mit Dir gemacht? Du bist die beste Schülerin, die ich je hatte, und hast so ein umfassendes, unglaubliches Wissen.'" Als sie zwei Wochen später mit 50 anderen Kandidaten zur Prüfung antritt, die von einem Amtsarzt geleitet wird, bringt sie diese als eine von nur fünf erfolgreich hinter sich. Den Triumph, später im Kreis der ehemaligen Dozenten und Mitschüler zu feiern, lässt sich die zuvor unterschätzte, frischgebackene Heilpraktikerin nicht nehmen. Brahim Aloui kommen die Tränen, als er von der bestandenen Prüfung erfährt. Er ist unendlich stolz auf seine Tochter, die nun eine staatliche Zulassung als Heilkundlerin in der Tasche hat, während ihr Ehemann wegen seines eigenen Scheiterns wenig Begeisterung zeigt. „In einer kleinen, schönen Praxis mit eigenem Schaufenster in Köln-Niehl habe ich mein erstes Medical Beauty Center Köln eröffnet, in der ich zunächst allein angefangen habe." Anders als die meisten Heilpraktiker befasst sich Ameni Aloui nämlich nicht mit alternativmedizinischen Praktiken, sondern geht in die Fachrichtung Ästhetische Medizin mit Hyaluron, Unterspritzung und Fadenlifting. Dank positiver Mund-zu-Mund-Propaganda erarbeitet sie sich schnell einen zufriedenen Patientenstamm. Für den Bereich Kosmetik stellt sie ihre erste Mitarbeiterin ein.

Als sie eines Tages einen Anruf von ihrem Vater erhält, ahnt Ameni Aloui nicht, dass ihr der größte Schicksalsschlag ihres Lebens bevorsteht. „Er hatte seinen Blutzucker gemessen und erhöhte Werte ermittelt, die ihn nervös machten. Ich beruhigte ihn und machte ein großes Blutbild. Das Ergebnis bekam ich auf mein Handy bei mir zu Hause im Wohnzimmer und bin erstarrt." Die Werte deuten auf eine Leukämie hin, ein Verdacht, den auch der Laborarzt bestätigt, der die Werte ermittelt hat. Um ihren Vater nicht zu beunruhigen, überzeugt ihn die Tochter, sich im Krankenhaus untersuchen zu lassen. „Leider hat sich mein Verdacht bestätigt, und er starb zehn Wochen später."

Wenige Wochen danach trennt sich Ameni Aloui nach 12 Jahren von ihrem Ehemann. „Von diesem Moment an ging es mit der Praxis bergauf. Da habe ich gemerkt, dass er die Bremse in meinem Leben war. Es kamen auf einmal so viele Anfragen und so viele Patienten, dass ich eine zweite Kosmetikerin eingestellt habe und kurz darauf eine Rezeptionistin." Drei Jahre später ist das Medical Beauty Center an neuer Adresse mit acht Angestellten regelmäßig ausgebucht. „Manche kommen, weil sie eine rein ästhetische Be-

handlung haben wollen, andere wegen gesundheitlicher Probleme mit der Haut, mit dem Blut oder auch mit Verspannungen." An der „Wall of Fame" hängen Bilder von Prominenten, die sich hier einer Behandlung unterzogen haben.

„Ich habe es mir zur Aufgabe gemacht, Menschen dabei zu helfen, sich schöner und wohler zu fühlen", beschreibt Ameni Aloui ihre Motivation. „Mir ist es dabei wichtig, jeden Menschen individuell zu betrachten und zu beraten. Meine Patienten vertrauen mir, weil sie wissen, dass ich die für sie optimale Behandlung wähle. Dieses Vertrauen ist unbezahlbar." Regelmäßig kommen auch Ärzte und Heilpraktiker zu Ameni Aloui, die bei ihr verschiedene Techniken erlernen. Sie selbst bildet sich gerade zum Master in ästhetischer Medizin weiter. Wegen ihrer traumatischen Erfahrungen während der eigenen Ausbildung hat sie außerdem eine eigene Schule zur Vorbereitung auf die Heilpraktiker-Prüfung gegründet. Dort unterrichtet sie selbst jeden Mittwoch. Es ist ihr wichtig, da es ihr zum einen Freude bereitet, Wissen weiterzugeben und zum anderen, da sie dadurch immer weiter auf dem Laufenden bei medizinischen Themen bleibt.

Auch privat läuft es endlich gut bei der erfolgreichen Unternehmerin. Ihr neuer Mann ist Hedi, Fachinformatiker für Anwendungsentwicklung und in der Praxis zuständig für Systemadministration, Kundenbetreuung und Praxismanagement. Mit ihm genießt sie in ihrer Freizeit Spaziergänge am Rhein, kann sich der Erziehung ihrer vier Kinder widmen und findet auch noch Momente, in denen sie ihren Hobbys, dem Fitness-Training und dem Motorradfahren, nachgehen kann. Das Kopftuch, mal von Nike oder auch von Adidas, stört sie übrigens nicht. „Das ist für mich meine Freiheit, mich auszuleben und mich nicht anpassen zu müssen."

LEBENSDATEN

1984 geboren. Verheiratet, vier Kinder
1990 bis 1994 Grundschule
Bis 2000 Hauptschule, erweiterte Berufsbildungsreife mit Qualifikationsvermerk
2001 bis 2003 Ausbildung zur Datenbankprogrammiererin am IGI – Institut de gestion et informatique
2004 bis 2007 private Altenpflege
2012 bis heute selbstständig im Import/Export
2015 bis 2018 Ausbildung zur Heilpraktikerin an der Medius Rheinland Heilpraktikerschule
seit 2018 eigene Praxis „Medical & Beauty Center" und Gründung der Heilpraktikerschule Deutschland

ISABEL APIARIUS-HANSTEIN

Innovation und Tradition

Unter den rund 30 Auktionen, die das Kunsthaus Lempertz jedes Jahr in Köln sowie Berlin, Brüssel und Monaco durchführt, ist der Evening Sale in der Domstadt die umsatzstärkste. Wenn moderne und zeitgenössische Kunst weltbekannter Künstler unter den Hammer kommen, geht es nicht selten um hohe sechsstellige bis hin zu siebenstelligen Beträgen. Ein wichtiger Termin also für Käufer und Verkäufer – und für Lempertz selbst, das älteste in Familienbesitz befindliche Auktionshaus weltweit mit seiner über 200-jährigen Tradition. Prof. Henrik Rolf Hanstein selbst schwingt für gewöhnlich an solchen Abenden den Hammer.

„Vor dem Evening Sale im Juni 2022 kam mein Vater morgens zu mir ins Büro, um mir seine Vermutung mitzuteilen, er habe Corona", erinnert sich Isabel Apiarius-Hanstein, die seit 2016 in der Geschäftsführung von Lempertz mitarbeitet. Sie glaubte zunächst an einen Scherz, bat ihn dann aber doch, sich im nahe gelegenen Testcenter Gewissheit zu verschaffen. Tatsächlich fiel der Test positiv aus, was bedeutete, dass ein anderes Mitglied der Geschäftsleitung ohne große Vorbereitung die Rolle des Auktionators in der „Königsdisziplin" übernehmen musste. Isabel Apiarius-Hanstein stellte sich der Herausforderung, wenn auch mit einiger Nervosität. „Ich trug das ganze Risiko, denn mein Mitgeschäftsführer als Beisitzer hatte diese Auktion ebenfalls noch nie geleitet." Dass ein Journalist im Publikum saß und auch die eigene, sichtlich gerührte Mutter, machte die Situation nicht leichter, und ebenfalls nicht, dass ihr Vater per SMS gut gemeinte Tipps schickte. In rund drei Stunden versteigerte die Auktionatorin unter anderem ein Werk des tschechischen Künstlers Zdeněk Sýkora für mehr als das doppelte des Schätzpreises, ebenso eine Bronzeplastik von Karl Hartung. „Ich musste hin und wieder kurz überlegen, wie der nächste Schritt war. In solchen Momenten wirkt man nicht mehr so locker. Also versuchte ich trotzdem schnell zu sein, ohne dass mir Fehler passieren. Das gesamte Team hatte ein halbes Jahr für diesen Moment gearbeitet, und nun lag es an mir, erfolgreich zu verkaufen. Das war sehr aufregend, aber es hat gut geklappt."

Die Geschichte des weltbekannten Kunsthauses Lempertz reicht bis 1798 zurück und beginnt, als Johann Matthias Heberle in Köln ein „Antiquargeschäft mit Auktionsanstalt" eröffnete, das bedeutende Buch- und Kunstauktionen veranstaltete. Sein Nachfolger Heinrich Lempertz erhielt die Konzession für eine Filiale in Bonn, die sein Bruder Mathias Lempertz übernahm. 1875 kaufte der Mitarbeiter Peter Hanstein die renommierte Firma und verlagerte das Auktionsgeschäft und die Versteigerungen sukzessive nach Köln. Mit wachsender Reputation des Hauses entwickelte sich Lempertz bis heute zu einem der führenden Auktionshäuser Europas.

Als Isabel Hanstein 1988 in Köln als jüngere von zwei Schwestern geboren wird, haben bereits fünf Generationen vor ihr die Geschicke des traditionsreichen Hauses gelenkt. Die Eltern, beide Kunsthistoriker, sind engagierte Kunstliebhaber, die ihren Kindern bei vielen Gelegenheiten Kultur vermitteln. Isabel und ihre Schwester helfen häufig im Auktionshaus mit, um bei Versteigerungen den Kunden Gegenstände zu präsentieren. „Und wenn wir verreisten, haben wir Kirchen und Klöster besucht oder Künstler", erinnert sich Isabel, die das eine Weile sehr interessant findet, spätestens bei Eintritt der Pubertät jedoch „maximal anstrengend". Nach der Grundschule und den ersten Jahren am Gymnasium kommt Isabel 2003 auf die Schule Birklehof, ein reformpädagogisches Internat und Gymnasium mit ganzheitlichem Schulkonzept in Hinterzarten im Südschwarzwald. Hier besteht sie 2007 ihr Abitur – und entschließt sich, ihren eigenen Weg einzuschlagen. „Ich wollte auf keinen Fall Kunstgeschichte studieren, habe mich aber auch nicht getraut, etwas komplett anderes anzufangen." Isabel entscheidet sich für das Studium der Architektur an der Technischen Universität in München und überlegt, bis zum Beginn des Semesters Ferien zu machen und zu reisen. Doch ihr Vater hat eine andere Idee. „Eines Morgens kam er in mein Zimmer und teilte mir mit,

dass er ein Praktikum für mich organisiert hätte." Bei einem Kölner Architekten soll sie erste Erfahrungen sammeln. „Mein Vater hatte sich vorgestellt, dass ich nach diesem Praktikum meine Entscheidung revidiere. Doch der Architekt hat mich auf viele Großbaustellen mitgenommen, was ich natürlich unfassbar spannend fand – gerade das Handwerkliche, was ich bis heute gerne mache."

Das Architekturstudium gehört erwiesenermaßen zu den schwierigen Studiengängen, und an der TU München ist es üblich, bis zum Vordiplom kräftig auszusieben. Isabel nimmt diese Hürde und beginnt nun auch, sich nach interessanten Praktikumsplätzen umzuschauen. Bei der aus Köln stammenden Architektin, Designerin und Innenarchitektin Annabelle Selldorf, die ihr Büro am Broadway in New York hat, erlebt sie als Junior Architect aus erster Hand, wie Wohnbauten, Museen, Kunstgalerien oder Verkaufsräume entworfen werden. In Chile, dem Heimatland ihrer Mutter, absolviert die zweisprachig Aufgewachsene ein weiteres Praktikum – und merkt immer mehr, dass ihr diese Arbeit und auch das Studium sehr viel Freude bereiten, doch dass dem Beruf der Architektin nicht ihre volle Leidenschaft gilt. „Die Tätigkeit ist sehr hart, auch weil man selten eigene Pläne realisieren kann. Am Ende des Tages sieht die Realität so aus, dass Du nicht die tollsten Gebäude entwirfst, sondern wahrscheinlich den ganzen Tag für irgendjemand anderen auf dem Computer irgendwelche Bad- oder Fliesenspiegel zeichnest." Diese Überlegungen halten Isabel jedoch nicht davon ab, 2010 für ein Auslandsjahr an die Universidad Nacional Autónoma de México (UNAM) in México City zu gehen und 2013 ihr Architekturstudium an der TU München erfolgreich als Diplom-Ingenieurin abzuschließen.

Neben der Erkenntnis, dass sie keine Architektin werden möchte, hat Isabel Apiarius-Hanstein im Laufe ihrer Studienjahre erfahren, dass ihr die kunsthistorischen Aspekte des Studiums den-

noch Freude bereitet haben. „Durch die Art und Weise, wie ich aufgewachsen bin, erkannte ich einen unglaublichen Vorsprung und eine Art Natürlichkeit, mit Kunstgeschichte umzugehen, und dass ich ein gewisses Verständnis mitbrachte, was viele sich erst mühsam antrainieren müssen." Folgerichtig lenkt sie ihren beruflichen Werdegang nun in neue Bahnen. Sie zieht nach Zürich, um dort einen neuen Masterstudiengang in Art Market Studies zu belegen. „Ich konnte von Montag bis Donnerstag arbeiten und am Wochenende studieren, was ich spannend fand, weil ich ja schon sechs Jahre ausschließlich studiert hatte." Bei Peter Kilchmann, einem sehr bekannten Galeristen aus Zürich, macht Isabel Apiarius-Hanstein ihre ersten beruflichen Schritte im Geschäft mit zeitgenössischer Kunst.

Einen Druck von elterlicher Seite, eines Tages zu Lempertz zu wechseln, verspürt die Masterstudentin nicht, auch wenn ihr Henrik Hanstein zu verstehen gibt, dass er sich über die Entscheidung seiner Tochter nach Zürich zu gehen sehr gefreut hat. Erst als sie 2015 ihren Executive Master in Art Market Studies bestanden hat, macht er deutlich, dass er sich über einen baldigen Eintritt in das Familienunternehmen freuen würde. Er möchte Isabel in die Abläufe des Auktionshauses einführen und noch möglichst lange mit ihr zusammenarbeiten. Der Moment scheint gut geeignet – auch deshalb, weil ihr Partner, der Fondsmanager Laurenz Apiarius, den sie während ihrer Studienzeit in München kennengelernt hat, aus beruflichen Gründen gerne wegziehen

möchte aus Zürich. „Die Stadt war fantastisch, und es gab Momente in unserem Leben, in denen wir das richtig genießen konnten", erklärt Isabel Apiarius-Hanstein rückblickend. Anfang 2016 zieht das Paar nach Köln.

Im Auktionshaus Lempertz beginnt Isabel Apiarius-Hanstein, die ihre Masterarbeit über Wolfgang Tillmans geschrieben und im Primärmarkt in der Züricher Galerie gearbeitet hat, in der Abteilung für zeitgenössische Kunst. Zwar hat ihr Henrik Hanstein ein eigenes Büro zugedacht, doch wählt sie sich selbst einen Platz unter den anderen Mitarbeitern aus. Ihre Vorkenntnisse in Design und Architektur kann die junge Gesellschafterin jetzt einbringen, um das Traditionshaus behutsam zu modernisieren. Sie überarbeitet die Corporate Identity, etabliert das neue Zeitungsformat „À Jour", welches das vielseitige Spektrum des Hauses repräsentiert und das klassische Lempertz-„Bulletin" ergänzt, und nimmt auch räumliche Veränderungen vor. Den Bereich Social Media baut sie ebenfalls weiter aus, wenngleich sie die Überzeugung vertritt, dass ihre Klientel immer noch Presseartikel in den wichtigen klassischen Medien bevorzugt. Kontinuität für die mit dem Haus vertrauten Kunden beizubehalten sei ihr ebenso wichtig, wie jüngere Menschen heranzuführen, betont Isabel Apiarius-Hanstein, die sich als Gesellschafterin nach und nach in die Gepflogenheiten der Firma einarbeitet und zunehmend aus dem Tagesgeschäft der Abteilung zurückzieht, um sich mit Führungsaufgaben zu befassen.

> **"** Ich glaube an Karma. Good karma will stay. **"**
>
> Isabel Apiarius-Hanstein

Im Jahr 2019 erscheint erstmals ein Beitrag in der Presse, der darauf aufmerksam macht, dass im Auktionshaus Lempertz ein Generationswechsel stattfindet. Das zeigt sich auch in der Unternehmensführung. Während Henrik Hanstein durch den frühen Tod seines Vaters direkt in die Verantwortung der Geschäftsleitung genommen wurde, kennt seine Tochter das Arbeiten als Teil des Teams. Er ist es gewohnt, so zu leiten, dass sich alle Entscheidungen bei ihm bündeln, wohingegen Isabel Apiarius-Hanstein eine gewisse Entscheidungsgewalt auch abgeben kann. „Oft lasse ich mir von den Leitern unserer Dependancen pitchen, was deren Idee ist, und gebe ein Feedback. Ihre Entscheidungen treffen sie dann selbst." Als die Geburt ihres dritten Kindes bevorsteht, stellt sie ein Team zusammen, das die Vorbesichtigung für den Evening Sale der zeitgenössischen Kunst als einen besonderen Event organisieren soll. „Sie teilten sich die Aufgaben auf und übernahmen die Verantwortung, so dass ich sicher sein konnte, dass alles läuft." Heute ist das Auktionshaus Lempertz mit seinen über zehn Abteilungen eines der am breitesten aufgestellten Kunst-Auktionshäuser in Europa. Die aktuelle Herausforderung sieht Isabel Apiarius-Hanstein im gewachsenen Konkurrenzdruck. „Es gibt viele Männer-Egos, und alle versuchen, sich gegenseitig zu übertrumpfen. Manche Einlieferer setzen einen stark unter Druck. Sie holen überall Angebote ein, was Schätzpreise betrifft, und drohen dann, zur günstigeren Konkurrenz zu gehen. Für die Kunden bedeutet es häufig nicht das beste Ergebnis, denn zu hohe Schätzpreise schrecken Interessenten ab", erläuterte sie in einem Interview der Tageszeitung Die Welt.

Das Miteinander von Vater und Tochter, die ein enges Vertrauensverhältnis haben, funktioniert trotz des Generationsunterschiedes und der unterschiedlichen Lebenserfahrungen reibungslos. „Gerade wegen des Konkurrenzdruckes empfinde ich es als umso wertvoller, mit meinem Vater zusammenzuarbeiten. Mit seiner vierzigjährigen Erfahrung in diesem Geschäft weiß er so viel mehr als ich, wovon ich lernen kann – das gibt mir Selbstvertrauen! Umgekehrt merke ich auch, dass er von mir lernt. Wir können uns blind aufeinander verlassen. Alles in allem macht mir die Art und Weise, wie wir das Unternehmen als Co-Geschäftsführer leiten, wirklich Freude." Am Auktionspult wechselt sich Isabel Apiarius-Hanstein mittlerweile mit ihrem Vater und Dr. Takuro Ito aus der Lempertz-Geschäftsleitung ab, wobei jeder seine eigenen Schwerpunkte hat.

„Mein Mann und ich organisieren alles gemeinsam", erklärt die gut strukturierte dreifache Mutter, wie sie Arbeit und Familie verbindet. Der Jahreszyklus des Auktionshauses ist in Frühjahrs- und Herbstsaison aufgeteilt. Von der Akquise über die

Katalogisierung läuft alles auf die entscheidenden Auktionswochen zu. Die ruhigeren Phasen nutzt Isabel Apiarius-Hanstein, um gemeinsam mit ihrem Mann und den Kindern schöne Dinge zu unternehmen. „Als der Arc de Triomphe verpackt war, bin ich mit dem ältesten Sohn mit dem Zug für zwei Tage nach Paris gefahren, auch um mir Dinge anzuschauen, die ich beruflich sehen musste. Er war mit dabei, fand es ‚super cool' und redet heute noch davon, dass Mami alleine mit ihm in Paris war." Zwar haben solche Reisen meistens mit Kunst zu tun, jedoch lange nicht so oft wie bei ihren Eltern. „Mein Mann bewegt sich beruflich in einem völlig anderen Segment, und wir haben Söhne, die einen großen Bewegungsdrang haben. Daher steht nach einem geschäftlichen Termin immer auch Kinderprogramm auf dem Kalender."

LEBENSDATEN

1988 geboren in Köln. Verheiratet, drei Kinder
2007 bis 2013 Architekturstudium an der TU München und UNAM México City (Dipl.- Ing Abschluss).
anschließend Executive Master in Art Market Studies an der Universität Zürich

Von 2013 bis 2016 zwei Jobs in renommierten Galerien in Zürich
2016 Einstieg bei Kunsthaus Lempertz (Geschäft des Vaters), Co-CEO

Heute hat das Auktionshaus Lempertz ca. 70 Mitarbeiter, wovon der Großteil in Köln arbeitet. Auktionshäuser gibt es neben Köln in Berlin, München und Brüssel, Repräsentanzen in Mailand, Paris, London und Zürich.

EHRENÄMTER

Stellvertretende Vorsitzende der Freunde der KHM Köln
Vorstand Freunde Museum Ludwig und Wallraf-Richartz-Museum
Mitglied im Ausschuss vom Kölnischen Kunstverein
Vorstandsmitglied der Deutschen Bank West

MANUELA BAIER

Mit Ehrgeiz ganz nach oben

Höher, schneller, weiter – und mehr Ertrag: Manuela Baier kannte als „Konzernkind"
aus ihrem bisherigen Berufsleben nur diese eine Devise. „Als ich mich mit meinem
Hotel selbständig machte, habe ich in der ersten Zeit viel Personal verloren, weil man
mein Tempo gar nicht verstanden hat", erklärt die frühere Topmanagerin. „Die Mitarbeiter wollten genauso gemütlich weitermachen wie vorher. Ich habe ihnen erklärt,
dass ich angetreten bin, weil ich meine Rente verdienen und als Landhotel expandieren wollte." Ihre ehrgeizigen Pläne setzte sie Schritt für Schritt um. Sie entfernte die
Minibars aus den Zimmern, in denen viele Gäste ihre eigenen Lebensmittel und Getränke kühlten, und kündigte den Vertrag mit einem holländischen Vermittler, um das
Geschäft mehr auf belgische Gäste zu verlagern, weil diese mehr Wert auf Kulinarik
und eine gute Flasche Wein legen. Im Jahr 2015 kaufte Manuela Baier abends an der
Hotelbar zu günstigen Konditionen ein Nachbargrundstück und überraschte mit dieser Nachricht am nächsten Morgen ihren Mann. „Mein Gedanke war, das verschlafene
Dorf irgendwie zu revitalisieren." In den USA war sie auf das Trendthema Adventure-
Golf gestoßen, und so bereiste sie innerhalb von drei Tagen sämtliche Anlagen in
Deutschland, um das Thema genauer zu studieren. „Ich führte Statistik und erkannte,
dass die Menschen nicht nur spielten, sondern im Anschluss Speisen und Getränke
konsumierten." Als sie ihre eigene Anlage in Simonskall eröffnete, berichteten Zeitungen und Fernsehen über das Ereignis – eine willkommene PR für das 32-Seelendorf,
die auch noch kostenlos war. 2017 wurde ihr unternehmerischer Mut mit dem 3. Platz
beim Gründer Preis NRW, außerdem mit dem Eifel Award und dem 2. Platz beim Vision
PLUS Gründerinnenpreis ausgezeichnet.

Während des zweiten Corona-Lockdowns verlor die ehrgeizige Hotelchefin einige
ihrer wichtigsten Mitarbeiter - eine große Herausforderung für Manuela Baier. „Es war
eine Katastrophe. Auf der anderen Seite wusste ich aber, dass ich in einem Land lebe,
in dem der Staat irgendwie dafür sorgt, dass es weitergeht. Nach dem Hochwasser
war ich mir da nicht mehr sicher. Das war der dritte Schlag innerhalb von zwei Jahren.
Als ich die Schäden gesehen habe, wusste ich nicht, ob wir es nochmal schaffen, alles
neu aufzubauen. Beim Gespräch mit dem Versicherungsmakler ahnte ich: Das wird ein
harter Kampf."

K önnen Menschen, die ohne familiäre Unterstützung, ohne Abitur und Studium aufwachsen, trotzdem ein äußerst erfolgreiches Leben führen? Diese Frage kann Manuela Baier eindeutig bejahen, denn genau solch einen Weg ist sie gegangen. Geboren 1966 in Bonn-Bad Godesberg als Manuela Kraft, durchlebt sie eine Kindheit ohne elterliche Fürsorge. Vater und Mutter arbeiten zu diesem Zeitpunkt als selbständige Kaufleute und delegieren ihre Verpflichtungen an Kindermädchen. Als Manuela 10 Jahre alt wird, schicken sie ihre Tochter – als einzige Protestantin – in ein katholisches Internat in Hersel / Bornheim. „Mit einem schlechten Realschulabschluss ging ich vom Internat ab und besuchte die Höhere Handelsschule." Nach einem Zerwürfnis mit ihren mittlerweile geschiedenen Eltern verlässt sie 1982 ihr Elternhaus und bricht jeglichen Kontakt für immer ab. Ihre Kleidung trägt sie in einem blauen Müllsack bei sich. Manuela beendet die Höhere Handelsschule ohne Abschluss, bezieht für 280 D-Mark ein kleines Zimmer und beginnt eine Ausbildung zur Verkäuferin im Modehaus Blömer in Bonn am Markt. Abends jobbt sie in einem Sonnenstudio und in der Gastronomie, um ihr schmales Gehalt aufzubessern und sich ihren Lebensunterhalt zu verdienen. „Um mehr zu erreichen, blieb nichts anderes übrig, als fleißiger als andere zu sein", beschreibt Manuela Baier ihre schwierige Situation. Nach der Ausbildung zur Verkäuferin im textilen Einzelhandel lernt sie noch ein Jahr Einzelhandelskauffrau, um mit bestandener Prüfung zum Kaufhof zu wechseln und dort die Weiterbildung zur Handelsassistentin zu machen. „Beim Kaufhof musste ich mich mobil erklären und wurde in Filialen in ganz Deutschland eingesetzt und weiter ausgebildet." Als Substitutin in Kassel erlebt sie 1989, wie DDR-Bürger mit 100 D-Mark Begrüßungsgeld in die dortige Kaufhof-Filiale stürmen, um dort ihr Geld auszugeben. „Wir haben ihnen Bananen geschenkt, die als Symbol des Mangels in der DDR galten. Sie haben uns geherzt dafür." Nach ihrem Einsatz 1990 in Ost-Deutschland wird die flexible Angestellte zur jüngsten Abteilungsleiterin im Einkauf für Damenbekleidung in der Kaufhof-Zentrale Köln befördert.

Ihre Karriere setzt Manuela Baier nach sechs Jahren Kaufhof als Einkäuferin beim damaligen Otto Versand in Hamburg fort. Dr. Michael Otto gilt als Visionär, der nicht nur bei den Produkten, sondern auch in der Mitarbeiterführung Akzente setzt. „Dort konnte man schon damals als Frau etwas werden. Ich wurde schnell zur Zentraleinkäuferin für Kinderkleidung befördert und flog permanent durch die Weltgeschichte, immer auf der Suche nach neuesten Trends oder den günstigsten Produktionsstätten." Auch dort behauptet sie sich sechs Jahre lang sehr gut – auch wenn sich der Beginn etwas holprig gestaltet. Eine andere Einkäuferin soll sie in die Prozesse innerhalb des Unternehmens einführen und teilt ihr direkt am ersten Tag mit, dass sie einige Tage später gemeinsam nach Paris und Brüssel fliegen würden, um Muster einzukaufen. „Für meinen Bereich hatte ich 6.000 D-Mark zur Verfügung, suchte alle Kinderläden auf, die mich interessierten, und fand mich ganz toll, als ich die Einkäufe stolz meiner Substitutin, meiner Disponentin, meiner Sachbearbeiterin und der Assistenz präsentierte." Die Resonanz fällt jedoch ernüchternd aus. „Alle haben mit dem Kopf geschüttelt und mir erklärt, wie man Muster einkauft und wie Katalog funktioniert. Ich hatte sechs schöne Hosen gekauft, aber alle waren weiß. Weiß war offensichtlich ein Thema, was mir aufgefallen war. Doch es reichte nicht, ähnliche Muster zu kaufen, die kopiert wurden, sondern auch Alternativen. Aus drei unterschiedlichen Teilen entstand ein neues." Mit Hilfe ihres Teams lernt Manuela Baier, eine eigene Kollektion zu entwickeln – und erlebt dabei einmal mehr, wie wichtig Teamarbeit ist. Die ersten drei Monate bei Otto gestalten sich auch deshalb schwierig, weil Manuela Baier als Rheinländerin eher die Düsseldorfer Kö verkörpert als den Hamburger Jungfernstieg. „Ich war auffällig gekleidet und stark geschminkt, während die Norddeutschen sehr dezent und distanziert auftraten. Während der ersten drei Monate dachte ich: Ich schaffe das nicht." Ihr Ehrgeiz bringt sie indes dazu, bereits auf der zweiten Reise die besten Einkaufspreise zu erzielen und sich Respekt zu verschaffen. Eine weitere Reise führt Manuela Baier nach Madagaskar, wo sie Kinderhosen einkaufen will. Bereits am Flughafen der Hauptstadt erkennt sie die ungeheure Armut, die in dem Inselstaat im Indischen Ozean herrscht. „Wir waren diejenigen, die dort Millionenaufträge hinterlassen haben", beschreibt sie ihre damalige Position. In einer Fabrik erlebt sie, was das bedeutet. „Die Produkte trugen unsere Namenskürzel. Ich hieß damals Manuela Kraft, also MK. Der Fabrikbesitzer teilte seinen 600 Näherinnen per Mikrofon mit: ‚This is MK210' – die Hose, die gerade alle unter der Nähmaschine hatten. Daraufhin haben mir alle applaudiert. In dem Moment, mit Ende 20, habe ich erst begriffen, dass all diese Menschen Arbeit hatten, weil ich diese Hose dort platziert habe." Es folgen weitere Reisen rund um den Globus, mit 14-Stunden-Tagen und Übernachtungen in den besten Hotels. „Ich war irgendwie in einer verrückten Welt gefangen; auf der anderen Seite saß ich abends in meinem Bett und habe unglaubliches Heimweh gehabt." Fast alle ihre Spesen gibt sie als Telefongeld aus, weil sie mit dem Freund oder dem Bruder in Deutschland telefoniert.

Nach wiederum sechs Jahren wechselt Manuela Baier innerhalb Hamburgs als Einkaufsleiterin für

das gesamte Bekleidungssegment zu Tchibo. „Von insgesamt vier Einkaufsleitern war ich die einzige Frau." Kollektionen muss sie jetzt nicht mehr zusammenstellen, doch gestaltet sich dort das Thema Einkauf viel intensiver als bei Otto. „Ich musste Containerschiffe buchen und mich um Frachtpreise und Lieferzeiten kümmern, um meine Eingangszeiten im Bremer Hochregallager sortiert zu bekommen." Ihre Lieferanten sind Händler, doch von ihrer Tätigkeit bei Otto weiß Manuela Baier, wie man direkt importiert. Sie reist daher nach Hongkong und baut dort ein Büro mit zunächst sieben Mitarbeitern auf. „Es war spannend, weil in den Bewerbungen kein Alter und kein Geschlecht verzeichnet war und auch ein Foto fehlte." Dank ihrer Erfahrungen kann sie bei Tchibo auch ihre weiteren Talente voll zum Einsatz bringen. „Dieses Einkaufen, das Aushandeln von Kapazitäten, Optionen, Preisen und Lieferterminen hat mir enormen Spaß gemacht."

Im Jahr 2007 wird Manuela Baier von ihrem damaligen Chef gefragt, ob sie die erste weibliche Geschäftsführerin bei Lidl werden wolle. Er selbst ist gerade von dem Discounter abgeworben worden. „Nach einer privaten Niederlage in Hamburg habe ich das Leben in der schönsten Stadt gegen einen Managerposten in Neckarsulm im Haifischbecken der Lebensmittelbranche getauscht. Ich wurde zuständig für den Nonfood-Bereich mit über eine Milliarde Euro Einkaufsvolumen und habe unglaubliches Geld verdient. Der Job war gut, aber Lidl war damals ein furchtbarer Arbeitgeber." Drei Jahre später vermittelt ein ehemaliger Otto-

Kollege die erfolgreiche Managerin als Director Fashion and Beauty – wieder als einzige Frau unter neun männlichen Direktorenkollegen – an das Teleshopping-Unternehmen QVC nach Düsseldorf. Mit Strenge und Dominanz holt der damalige Chef alles aus seinen Mitarbeitern heraus. Zwar empfindet sie dessen Verhalten unerträglich, konstatiert aber auch: „Ich wäre heute nicht da, wo ich bin, wenn ich nicht in meinem Leben so viele Erfahrungen mit Männern gemacht hätte, die streng waren, die mich immer wieder von der Schlossallee zur Badstraße zurückgeschickt haben." Wie bei Monopoly entwickelt sie erfolgreiche Strategien, um wieder an vorderster Stelle anzukommen. Im Jahr 2012 vermittelt ein Headhunter Manuela Baier an den börsennotierten Modekonzern Adler, bei dem sie als Vorstand Einkauf, Produkt und Logistik erneut die einzige Frau unter männlichen Kollegen ist. „Der Konzern gehörte einer Heuschrecke und sollte verkauft werden. Meine Aufgabe war es die ‚Braut hübsch zu machen'." Dafür hat Manuela Baier drei Jahre Zeit, ist allerdings schon nach 1,5 Jahren am Ziel. „Ich hatte ganz schön viel erreicht für jemandem mit einem schlechten Realschulabschluss, und darauf bin ich tatsächlich stolz", blickt sie zurück. Trotzdem ist Manuela Baier unglücklich, weil sie weiterhin rast- und ruhelos durch die Weltgeschichte fliegt und am Firmensitz in Bayern eine kleine Studentenwohnung bewohnt, während sie in Neuss ein wunderschönes Haus besitzt, in dem ihr Mann und ihr Hund während der Woche ohne sie leben. „So entschied ich mich mit Ende 40, nach knapp 30 Berufsjahren im Angestelltenverhältnis, den Schritt in die Selbständigkeit zu wagen. Ich war immer schon gerne Gastgeberin und habe privat die tollsten Feste organisiert. Durch meine jahrzehntelange Reisetätigkeit hatte ich ein Gespür entwickelt, wie ein Hotel für den Gast sein muss. Daher entstand im Urlaub die Idee, ein Hotel zu kaufen und zu übernehmen." Kaum wieder zuhause, recherchiert Manuelas Mann und druckt 100 Exposés von Objekten aus, die zum Verkauf stehen. Mit 31 davon beschäftigen sich die beiden näher und tingeln durch Deutschland, um sie zu begutachten. An jeder Adresse werden sie ein bisschen schlauer: Das eine Hotel macht nur Busreisen, das nächste ist auf Kinder spezialisiert und das dritte hat nur sieben Monate im Jahr geöffnet.

Im Juni 2014 schließlich kommt das Ehepaar Baier bei strahlendem Sonnenschein mit einem Makler zur Besichtigung eines Betriebes nach Simonskall, einem recht verlassen wirkenden Dorf in der Eifel. „Ich bin ausgestiegen, mein Hund hat mit dem Schwanz gewedelt, und ich habe gedacht: Hier kann ich sofort los mit ihm, ohne Leine, wie toll! Ich hatte ein gutes Bauchgefühl." Und eine Vision: Manuela Baier beschließt, aus dem altmodischen Haus ein modernes Landhotel zu machen. „Aus meinem ganzen Netzwerk der letzten 20 Jahre kannte ich viele potentielle Gäste, die hier im Grünen ein bisschen Abstand zur Stadt und zum Job bekommen konnten. In der ganzen Eifel gab es viele alte, verstaubte Hotels, doch ich wollte modernen Luxus und setzte auf Gäste, die das wertschätzen." Im November 2014 beginnt Manuela Baier ein Praktikum in dem Hotel, um die Mitarbeiter kennenzulernen und festzustellen, wie die Zahnräder in so einem Betrieb ineinanderlaufen. „Ich habe im Dralon-Kittel in der Abteilung Housekeeping angefangen und gleich am ersten Tag von der ersten Hausdame den Auftrag bekommen, ein Zimmer herzurichten. Als ich nach knapp 1,5 Stunden fertig war, bekam ich ein Lob für die getane Arbeit, musste mir jedoch anhören, dass ich es in 25 Minuten hätte schaffen müssen." Während der Küchenwoche muss sie eine ganze Kiste Kohlrabi schälen und entwickelt Verständnis dafür, welch ein Knochenjob auch hier getan werden muss. Als die Hotelchefin im Januar 2015 ih-

ren Traum mit dem 4-Sterne-Landhotel Kallbach in die Tat umsetzt, ist sie daher bestens gewappnet. In mehreren Schritten macht sie ihr Haus fit für Tagungen, Wellness und Urlaub in der Eifel. Ein abwechslungsreicher Spa- und Wellnessbereich mit Ausblick in die wunderschöne Natur des Kalltals gehört heute ebenso zum Hotel wie ein Fitnessbereich und ein Restaurant mit Menüs aus regionalen Zutaten. Unweit des Landhotels hat sie Kallbach's Berghütte als rustikale Veranstaltungslocation für kleinere Gruppen errichtet sowie eine Adventure-Golf-Anlage, und im historischen Ortskern von Simonskall eröffnet sie 2020 das Herrenhaus Kallbach mit vier Luxus-Feriensuiten. Als Corona bundesweit die Gastronomie lahmlegt, zahlt die Chefin ihren Angestellten deren volles Gehalt weiter, und auch, als das Hotel nach der Flut im Juli 2021 für acht Monate schließen muss. Mittlerweile hat das Landhotel Kallbach viele langjährige Gäste, die es schätzen, dass sie bei ihrem Hotelaufenthalt immer auf die vertrauten Menschen treffen und sehr persönlich behandelt werden. „Ich gehe täglich mit den Augen eines Gastes durch mein Hotel, während meine Mitarbeiter als die gelernten Profis meine counter parts sind. Diese Symbiose macht mein Haus sehr erfolgreich."

Bis heute bedauert Manuela Baier ihren Schritt keinen Moment. „Mein Mann ist dabei meine Muse und berät mich. Wir sind ein wunderbares Zweier-Team, bei dem sich aus den Vorlieben und Fähigkeiten des Anderen wundervolle Synergien ergeben. Während ich gerne direkt ‚am Gast' bin, ist mein Mann derjenige, der mich im Hintergrund unterstützt." Körperlich kommt die Mitfünfzigerin schon mal an ihre Grenzen, etwa wenn zwei Mitarbeiter krank sind und ein dritter im Urlaub ist. „Dann schleppe ich selber meine Teller auf die Terrasse, weil ich dort 120 Leute sitzen habe." Für Freizeit bleibt da allerdings wenig Raum. Den Pferdesport, den sie früher einmal betrieben hat, musste sie aufgeben, widmet sich dafür seit einiger Zeit erfolgreich der Zucht von Schweizer Sennenhunden. „Ich habe neun Welpen während eines Sommers großgezogen. Es war der Sommer meines Lebens, weil ich diese Zeit mit als die glücklichste in meinem Leben betrachte."

LEBENSDATEN

Geboren 1966 in Bonn. Verheiratet.
1976 bis 1982 Katholisches Internat in Hersel/
Bornheim. Höhere Handelsschule
1982 bis 1985 Ausbildung zur Verkäuferin im
textilen Einzelhandel
1986 Weiterbildung zur Einzelhandelskauffrau
1988 Weiterbildung zur Handelsassistentin,
dann Substitutin bei Kaufhof
1990 Umstrukturierung eines ehemaligen
Centrum Warenhauses zu einer Kaufhof Filiale
in Neubrandenburg
1991 bis 1993 Abteilungsleiterin im Einkauf für
Damenbekleidung in der Kaufhof-Zentrale in
Köln
1993 bis 1999 Einkäuferin beim damaligen Otto
Versand, Hamburg, Beförderung zur Zentraleinkäuferin für Kinderbekleidung
1999 bis 2007 Einkaufsleiterin für das gesamte
Bekleidungssegment bei Tchibo, Hamburg
2007 bis 2010 Geschäftsführerin Non Food bei
Lidl, Neckarsulm
2010 bis 2012 Director fashion & beauty bei QVC,
Düsseldorf
2012 bis 2014 Vorstand Einkauf, Produkt und
Logistik beim Modekonzern Adler AG, Haibach
2015 Schritt in die Selbständigkeit,
Landhotel Kallbach **** Superior

EHRENÄMTER

Rotarisches Mitglied im Rotary Club Monschau
Richterin beim Finanzgericht in Köln
IHK Ausschuss
Jurymitglied Gründerpreis AC2 Aachen

AUSZEICHNUNGEN

2017 Gründer Preis NRW 3. Platz, 2017 Eifel Award
2018 Vision Plus Unternehmerinnen Preis 2. Platz

DR. ALEXANDRA BRANDENBERG, LL.M.

Ein selbstbestimmter Lebensweg

Alexandra Brandenberg verspürte schon immer einen starken Freiheitsdrang. „Das bürgerliche Leben am Niederrhein in Moers, wo ich wohlbehütet aufwuchs, war mir als Kind bereits zu eng. Ich spürte den Wunsch auszubrechen und wusste: Wenn ich endlich hinreichend Selbständigkeit erlangt habe, um für mich die Welt zu erobern, dann geht es los! Als erstes Ziel standen die USA auf dem Plan, damals als Austauschschülerin, und dann ging es rasant weiter mit einem Jahr in Paris, bevor ich das Studium der Rechtswissenschaften begann. Die Grundlage für ein selbstbestimmtes Leben war gelegt!"

Das junge Mädchen startete schon als Neunjährige mit erstaunlich klugen Überlegungen, um ihre früh gesteckten Ziele zu erreichen. „Ich habe schnell realisiert, dass Selbständigkeit und -bestimmtheit untrennbar einhergehen mit einer guten Ausbildung und finanzieller Unabhängigkeit." Sie stellte sich die Frage: „Was muss ich später als Frau konkret tun, damit ich diesen Weg gehen kann?" Alexandra kam der Gedanke, sie müsste intellektuell stark und selbständig werden, um sich in einer Männerwelt zu behaupten. „Es dauerte eine Weile, doch dann habe ich realisiert: Wenn ich mich wirklich als Frau durchsetzen will, muss ich etwas lernen und studieren, das eine gesellschaftliche Allgemeingültigkeit hat, und das mir vertieft die Regeln der Gesellschaft vermittelt." Der Vater einer Freundin war Anwalt. Mit ihm hatte Alexandra bereits über die Rechtswissenschaften gesprochen. „Ich dachte, dass ich, wenn ich in diesem Bereich studiere, nicht nur Regeln, sondern auch gesellschaftliche und politische Grundlagen tiefer durchdringe und dadurch meine Persönlichkeit als selbstbewusste Frau stärke. Dann könnte mir keiner mehr irgendetwas erzählen." Dieser kindliche Gedanke hat sich durch Alexandras Leben gezogen, und diese Entscheidung hat sich für sie bis heute bewährt.

Alexandra Brandenberg, die 1973 das Licht der Welt erblickt, wächst am Niederrhein in einem konservativen, behüteten Umfeld auf. Der Vater arbeitet als Oberstudienrat; seine Frau, eine ausgebildete Krankenschwester, übernimmt die Rolle der Hausfrau und Mutter. „Sie hat sich bestens gekümmert und alles für eine gute Entwicklung getan." Alexandra kann dem viel abgewinnen, aber der Horizont erscheint nicht weitläufig genug. „Mit den Jahren, insbesondere mit Einsetzen der Pubertät, wurde ich unerträglich mit meinem Freiheitsdrang. Ich entwickelte mich zu einem Teenager, den keiner so richtig im Griff hatte, weder in der Schule noch im Elternhaus."

Moers ist dem jungen Mädchen viel zu provinziell. „Wenn ich über mich hinauswachsen wollte, musste ich nicht nur raus aus der heimatlichen Provinz, sondern in andere Länder reisen. Ich wollte andere Sprachen sprechen, mich in anderen Kulturen zu Hause fühlen. Das Deutsche und die damit verbundene Kultur habe ich respektiert und geschätzt, aber es war mir nicht genug. Ich hatte das Gefühl, ich müsste noch etwas anderes finden, was mich ausmacht, wo ich mich wiederfinde und womit ich mich identifizieren kann." Schon in der ursprünglichen Heimat am Niederrhein versucht sie, sich mit anderen jungen Leuten zu umgeben, die ihr intellektuell und emotional voraus sind und die sie weiterbringen, doch ist es im Moerser Umfeld gar nicht so einfach jemanden zu finden, der wie sie diese Sehnsucht nach der Ferne und dem Unbekannten teilt. Das Erlernen von Fremdsprachen entdeckt sie schließlich als Vehikel, um Grenzen überschreiten und sich entfalten zu können. Mit 16 Jahren ergibt sich die Chance, ein Jahr in den USA zu verbringen. „Das war für mich die erste Möglichkeit, die Welt kennenzulernen, was ich mir aber hart erkämpfen musste." Alexandra, die sich in der pubertären Phase eher als Rebell hervortut, muss ihre Eltern überzeugen, sie allein in die weite Welt ziehen zu lassen. „Meine Eltern sagten mir: ‚So, wie du Dich verhältst, schicken wir Dich nirgendwo hin.'" Beide wollen sehen, dass ihre Tochter Vernunft annimmt, bevor sie ihre Erlaubnis für den Amerikaaufenthalt geben. „Das war schon eine harte Zeit für mich, diesen Schritt machen zu können, aber ich habe es geschafft!"

Vom Niederrhein kommt Alexandra in die USA, nach Minnesota. „Ich bin irgendwo im mittleren Westen gelandet statt an der Ost- oder Westküste, was natürlich der Traum eines jeden Teenagers ist. Ich dachte, ich cooles Mädchen aus Deutschland fliege nach New York. Doch es wurde Minnesota. Dort ging ich durch eine harte Schule des Lebens. Es war aber letztlich das Beste, was mir passieren konnte!" Sie findet sich auf einer einsam gelegenen Farm in der Prärie wieder, einem landwirtschaftlich betriebenen Gehöft, das neben Vieh auch Pferde beherbergt, die frei in der weiten Wildnis leben. „Das Leben dort war alles andere als einfach: Mit sechs jüngeren Gastgeschwistern, alle durch und durch selbständig und unbeeindruckt vom Leben. Ein harter langer Winter war zu durchleben, in aller Herrgottsfrühe raus auf die Farm, um die Tiere zu versorgen. Danach in die High School und anschließend wieder auf die Farm. Bei einer neunköpfigen Familie war immer viel Arbeit zu tun und das Geld wurde zum Monatsende häufig knapp." Alexandra, die zu Beginn mit ihrem Schulenglisch überhaupt nicht weiterkommt, fällt aus allen Wolken. So etwas hat sie noch nicht erlebt. Zu Beginn weint sie sich abends in den Schlaf, aber Aufgeben kommt nicht in Frage. Ein Satz ihres liebevollen Gastvaters, der von allen herzlich mit dem Spitznamen ‚Dude' gerufen wird, brennt sich in ihr Gedächtnis ein: „You are such a little German spoiled girl!" Dude, der oft mit seinem riesigen Truck im Land unterwegs ist, hilft mit seiner geduldigen, liebenswerten Art, die verwöhnte Gasttochter auf den Boden der Tatsachen zurückzubringen. Alexandra schafft es schließlich, sich in dieser völlig anderen als der bisher gewohnten Welt zurechtfinden. Es beginnt bei ihr ein erstaunlicher Veränderungsprozess. „Ich habe mich der Situation gestellt und bin oft auch morgens in aller Frühe aufgestanden. Da ich im Winter bei minus 30 Grad nicht unbedingt vor die Tür wollte, habe ich mir Nischen gesucht und zum Beispiel das sogenannte hot dish für neun hungrige Personen gekocht. Wenn das Geld am Ende des Monats knapp wurde, gab es Sandwich mit gesalzener Butter sowie das Fleisch und die Milch von der Farm. In der Zeit an diesem abgelegenen Ort habe ich zum ersten Mal über die wahren Werte des Lebens nachgedacht, und darüber, was das Leben ausmacht. Nicht zuletzt war es eine gute Schule für Disziplin und Durchhaltevermögen." Alexandra erlebt das ländliche Amerika aber auch von einer beeindruckenden Seite. Neben den Menschen, die einfach und zugleich unglaublich lebensweise sind, faszinieren das jugendliche Mädchen die Weite und Unberührtheit der Prärie mit etlichen Seen und dem Gefühl von grenzenloser Freiheit. Auf den Wildpferden kann Alexandra im Sommer abends nach getaner Farmarbeit mit den Geschwistern in die unbegrenzte Weite davonjagen. Ein unbändiges Gefühl von Stärke und Grenzenlosigkeit erfährt das junge Mädchen und beginnt, in Gedanken an Plänen für ihre Zukunft zu schmieden „Dieses Jahr hat mich insofern geprägt, als ich erst recht das Bedürfnis verspürte, aus dem bisherigen, beengten Leben in der Heimat auszubrechen."

Nach dem Abitur zieht Alexandra nach Paris, um sich an der Sorbonne einzuschreiben. „Ich hatte einen sehr guten Freund aus Deutschland, der dort lebte und von seinem Vater gesponsert wurde." In seiner Wohnung im 2. Arrondissement der Stadt findet sie eine erste Anlaufstelle. Auf der Straße er-

regt die junge Deutsche immer wieder Aufsehen, weil sie in den Augen vieler Franzosen eine große Ähnlichkeit mit der jungen Romy Schneider zu haben scheint. Das verhilft ihr zu interessanten Jobs in der Modebranche. Ganz fremd ist Alexandra das Modeln nicht, denn schon in Düsseldorf hat sie als Schülerin auf dem Laufsteg und vor der Kamera gestanden. Eine spätere Karriere in der Modewelt ist allerdings nicht ihr Ziel. An der Sorbonne beginnt sie das Studium der Rechtswissenschaften und freut sich über das finanzielle Zubrot, das sie sich nebenbei durch das Modeln verdienen kann. Im Nu integriert sie sich in die Pariser Welt, die nicht nur Glanz, sondern auch Schattenseiten aufweist. „Mir war schnell klar, dass ich neben einer starken Persönlichkeit ein gutes Französisch, am besten mit einem ‚Accent Parisien', brauchte, um ernst genommen zu werden." Modeljobs, bei denen sie etliche Stars kennenlernt und wilde Partys in der Modeszene erlebt, betrachtet Alexandra mit einer gewissen Distanz. „Ich hatte mein Studium und wollte auch keinen Kontrollverlust." Nach einem Jahr und mit einem Zwischenabschluss des französischen Grundstudiums der Rechtswissenschaften in der Tasche, beschließt sie zurück nach Deutschland zu gehen, um dort das juristische Studium fortzusetzen. „Ich hatte schon immer, trotz meines Drangs in die Welt hinauszugehen, nach einer gewissen Zeit das Bedürfnis, mich in der Heimat wieder zu erden."

Von Paris aus einen Studienplatz in Deutschland zu erlangen, ist in dieser Zeit nur auf dem Postweg möglich. Zuständig für die Zulassung an einer Hochschule ist die Zentrale Vergabestelle für Studienplätze, kurz ZVS, bei der man sich innerhalb einer vorgegebenen Frist bewerben muss. Ob das aus dem fernen Paris zeitlich noch geklappt hat, ist der Studentin zunächst nicht wirklich klar. Bei einem Telefonat mit ihrer Mutter erfährt sie, dass sie tatsächlich einen Bescheid bekommen hat. „Ich bat sie, mir den Brief vorzulesen, und erfuhr zu meinem Entsetzen, dass ich zum Studium im Wintersemester nach Saarbrücken sollte." Doch sie weiß auch, dass sie zunächst diesen Weg gehen muss, und beschließt, sich von dort aus neu zu orientieren. „Als ‚Pariser Göre' fiel ich in Saarbrücken natürlich sofort auf", gesteht Alexandra lachend. Wie sich bald herausstellt, trifft sie an ihrem Studienort andere junge Menschen, denen es ähnlich gegangen ist wie ihr. „Sie kamen aus Hamburg, Berlin oder München, und hatten sich auch zu spät darum gekümmert, wohin sie zum Studium gehen wollten. Es waren interessante, intelligente junge Leute. Mit ihnen verbrachte ich die schönsten zwei Semester meiner Studienzeit. Wir haben viel gefeiert und Freundschaften für das Leben geschlossen. Zudem habe ich dort auch eine meiner großen Lieben getroffen, der heute ein renommierter, erfolgreicher Rechtsanwalt ist."

Nach der Zeit in Saarbrücken entschließt sich die Jurastudentin, nach Berlin zu wechseln. Weil sie die Westberliner Universität zu langweilig findet, sucht sie sich die Humboldt-Universität in Ostberlin aus. „Als ich mit einem klapprigen, geliehenen Fahrrad zum Gendarmenmarkt fuhr, um mich einzuschreiben, führte mich mein Weg über die

> **"**
> Ergreife Kairos,
> wenn es Dir Deine Intuition sagt.
> **"**
>
> Wahlspruch von Dr. Alexandra Brandenberg

Friedrichstraße und Unter den Linden. Die Gegend, die damals kurz nach der Wende sehr heruntergekommen und fast menschenleer war, glich einer Geisterstadt. Ich fuhr auf dem Asphalt um riesen Schlaglöcher herum, und das Hauptgebäude der Humboldt-Universität verkörperte die düstere Kühle des gerade verblichenen Kommunismus." Nichtsdestotrotz ist Berlin in diesen Jahren der „Place to be", der Menschen aus der ganzen Welt anzieht. Neue Clubs und junge Leute auf der einen Seite, ein knallhartes Studium auf der anderen – so erlebt Alexandra ihre Zeit in der neuen, jungen Metropole, während sie mit Jobs in der Gastronomie ihre finanzielle Unterstützung von zuhause aufbessert. „In dieser Phase bin ich mental an meine Grenzen gestoßen und musste lernen, das auszuhalten. Ich war sehr diszipliniert, wollte das Jurastudium natürlich sehr gut abschließen und überall funktionieren. Und ich merkte schon, wenn ich das schaffe, dann werde ich daran wachsen, das wird mich stärken und weiterbringen." Sie nimmt Stellen als studentische Hilfskraft in Kanzleien an, um sich noch mehr auf ihr Studium zu fokussieren, das sie mit der Ersten juristischen Staatsprüfung erfolgreich abschließt. Alexandra merkt nach einer Weile, dass Berlin nicht dauerhaft ihr Ziel ist und sie sich im Studium weiter qualifizieren möchte. Darum wechselt sie an die Heinrich Heine Universität nach Düsseldorf, um einen LL.M.-Abschluss zu erlangen. Darauf lässt sie das Referendariat und die Zweite juristische Staatsprüfung folgen.

Die frischgebackene Volljurisitin entschließt sich, im Bereich öffentliches Verwaltungs- und Europarecht zu promovieren und eine Stelle als Lehrbeauftragte an ihrer Universität in Düsseldorf anzunehmen. Mit großer Begeisterung hält sie Vorlesungen für Studierende und veröffentlicht zusammen mit ihrem Doktorvater in Fachzeitschriften Beiträge zu rechtlichen Fragestellungen. Wie jeden Tag, steht sie auch sonntagmorgens um sechs Uhr früh auf, um in der Bibliothek an ihrer Promotion zu arbeiten.

Ihre erste Stelle als Rechtsanwältin tritt die promovierte Juristin nicht in Deutschland, sondern in einer amerikanischen Sozietät in Brüssel an. „Das war genau das, was ich wollte: auf internationalem Parkett mit außergewöhnlichen Persönlichkeiten auf Augenhöhe in wirtschaftlich renommierten Projekten zusammenzuarbeiten und finanziell selbständig und sorgenlos zu sein", erklärt Alexandra Brandenberg rückblickend. Sie pendelt viel zwischen Brüssel und New York und arbeitet mit Anwälten aus aller Welt zusammen. „Ich konnte mich als Frau intellektuell und fachlich in diesem Umfeld behaupten. Es war eine atemberaubende Zeit!" Nach zwei Jahren stellt sie ihr Leben wieder einmal auf den Prüfstand. „Wirst du eine ‚Brüsselanerin' in der ‚EU-Bubble' mit internationalen Kollegen und gehobenen EU-Beamten, oder möchtest Du in Deutschland als Rechtsanwältin im klassischen Sinne Fuß fassen?", fragt sich Alexandra Brandenberg und stellt selbstkritisch fest, warum sie in Brüssel dauerhaft nicht glücklich werden würde: „Ich habe immer genau gewusst, in welcher intellektuellen Liga ich spiele, und gesehen, dass es auch Ligen gibt, in denen ich nicht mithalten kann." In Deutschland in einer Kanzlei zu arbeiten, erscheint ihr erstrebenswert, weshalb sie schließlich zurück in die Heimat kehrt. Bei einer renommierten britischen Großkanzlei in Düsseldorf avanciert Alexandra Brandenberg zu einer erfolgreichen Junganwältin mit eigenen Projekten und entsprechender Verantwortung. Sie führt jetzt einige Jahre ein Leben, das erfolgreich und zugleich straff getaktet ist. Jeden Morgen steht sie um fünf Uhr auf, trainiert und schwimmt in ihrem Fitnessstudio, bevor sie ins Büro an der Königsallee geht.

Als sie eines Morgens einen historischen Jaguar in dezentem Grau vor der Kanzlei stehen sieht, aus dem ein älterer Herr aussteigt, sagt ihr die Intuition, genau in diesem Moment etwas unternehmen zu müssen. „Diese stilvolle Lebensqualität hat mich beeindruckt." Sie notiert spontan „Tolles Auto, Chapeau!" auf der Rückseite ihrer Visitenkarte, die sie hinter den Scheibenwischer des Old-

timers klemmt. „Das war der Beginn einer großen Liebe, die mich viele Jahre begleitet und geprägt hat." Das Erlebnis bestärkt sie in der Erkenntnis, im richtigen Moment mutig zu ein und das Richtige zu tun. Ihr beruflicher Weg führt Alexandra Brandenberg in das Tochterunternehmen eines Kunden der Großkanzlei, bei der man ihr ein spannendes Angebot unterbreitet. „Ich wollte eher das Unternehmerische aus Sicht des Managements kennenlernen als das Juristische, was ich schon kannte." Gemeinsam mit ihrem neuen Lebenspartner zieht sie nach Köln. Dort wird auch ihr erstes Kind, Tochter Marie-Louise, geboren, dem zwei Jahre später Tochter Anne-Catherine folgt. Ein traumhaftes Haus in Köln am Rhein soll das Glück vollenden, doch dann erkrankt ihr Partner schwer und stirbt, als die Kinder zwei und vier Jahre alt sind.

Heute bekleidet Alexandra Brandenberg weiterhin eine leitende Funktion im Tochterunternehmen des größten deutschen Energieversorgers und ist Mitglied der Geschäftsleitung. Sie ist sehr zufrieden und erfreut sich daran, ihre Aufgaben flexibel auch im Home Office wahrnehmen und das Leben mit den Kindern dadurch gut unter einen Hut bringen zu können. „Wenn es die Kinder nicht gegeben hätte und die disziplinierte, berufliche Alltagsroutine mit all der Verantwortung, hätte ich mich vermutlich nach dem schweren Verlust des Partners aufgegeben. Der starke Wille und die über das Leben angeeignete Disziplin trägt mich jedoch beruflich und privat erfolgreich durch das Leben, nach dem Motto: Mein selbstbestimmter Lebensweg!"

LEBENSDATEN

Geboren 1973 in Duisburg. Zwei Kinder
1981 Grundschule und Gymnasium in Moers, Abitur 1994
10/1994 bis 02/1995, Studium mit Abschluss Certificate of Proficiency in English an der Cambridge Universität
10/1994 bis 05/1995, Studium Rechtswissenschaften (DEUG) an der Universität Paris, Panthéon Sorbonne
10/1995 bis 03/2001, Studium der Rechtswissenschaften und English Studies (FRS English) erstes juristisches Staatsexamen, Humboldt Universität zu Berlin
10/2002 bis 11/2003, Master of Laws Studiengang
LL.M.-Abschluss im Gewerblichen Rechtsschutz an der Heinrich Heine Universität Düsseldorf
01/2004 bis 02/2006, Referendariat und zweite juristische Staatsprüfung
03/2006 bis 08/2007, Promotion (Dr. iur.) im Bereich EU- und Telekommunikationsrecht an der Henrich Heine Universität Düsseldorf
02/2006 bis 04/2008, Lehrbeauftragte und wissenschaftliche Mitarbeiterin Heinrich Heine Universität Düsseldorf
05/2008 bis 03/2010, Associate Hunton & Williams Brüssel
04/2010 bis 04/2014, Senior Associate Clifford Chance Düsseldorf
05/2014 bis heute, Leitung Rechtsabteilung und Mitglied der Geschäftsleitung bei der EWV Energie- und Wasser-Versorgung GmbH

DANIELA BRINK

Eigene Erfahrung, eigene Geschichte

Leistungsphasen beschreiben alle einzelnen Tätigkeitsschritte eines Architekten, die vorbereitend und baubegleitend bei einem Bauvorhaben anfallen. Kurz nachdem Daniela Brink beim Aachener Architekturbüro K2 ihre erste Stelle als diplomierte Architektin angetreten hatte, übertrug der Mitinhaber Joachim Kranendonck der jungen Berufseinsteigerin die Verantwortung für die Leistungsphasen eines großes Bauprojektes bei einem Aachener Pharmaunternehmen. Eineinhalb Jahre lang war Daniela Brink mit dem Projekt beschäftigt, bei dem sie nach der Planung auch die Bauleitung übernahm. Eine herausfordernde Zeit, in der sie weder abends noch am Wochenende auf die Uhr schaute, um die zahlreichen Überstunden zu zählen.

„Es gelang mir, gut mit den Handwerkern zu kommunizieren", erläutert die Architektin einen besonders wichtigen Bereich ihrer damaligen Tätigkeit. „Dass ich sie nach der Devise ‚Gentleman, komm, hilf mir mal!' behandelt habe, brachte den Erfolg. Ich glaube, es geht um Wertschätzung und Respekt, und wenn diejenigen, welche die Arbeiten vor Ort ausführen, merken, dass beides vorhanden ist und wir gemeinsam auf ein Ziel hinarbeiten, dann machen sie alles für einen." Zuweilen gab sie den Handwerkern auch das Gefühl, im Zweifelsfall etwas besser zu wissen. „Mir wurde bestimmt manchmal ein X für ein U verkauft, weil mir die Erfahrung fehlte, aber mit der Zeit lernte ich immer mehr dazu. Ich glaube, man muss in solch einer Situation mit sich selber ein bisschen Nachsicht üben und dann auch sagen: ‚Schwamm drüber!'"

Nach der Fertigstellung des Baus erlebte Daniela Brink eine besondere Überraschung. „Bei der Eröffnungsfeier habe ich von dem Projektleiter des Pharmaunternehmens einen Blumenstrauß überreicht und ein riesiges Dankeschön bekommen. Ich dachte, die Blumen wären für meinen Chef bestimmt, der neben mir stand. Man hat mich quasi ein bisschen nach oben gehoben – das war meine erste sehr positive Erinnerung. Ich hatte das Erfolgserlebnis, nach einer langen Zeit des Schuftens die Fertigstellung des Baus feiern zu können, und das war großartig."

Folgt man wissenschaftlichen Studien, suchen sich Nesthäkchen bevorzugt kreative Berufe aus. Und wer im Sternzeichen Fische geboren ist, gilt laut Astrologen als ein sensibles Wesen, für das die Welt eigentlich viel zu böse ist. Unter diesen Vorzeichen wird Daniela Brink im März 1976 als jüngste von drei Geschwistern geboren. „Meine Mutter hatte die furchtbare Sorge, dass ich so ein empfindsamer Fisch werde", erinnert sich die heute 47-jährige erfolgreiche Architektin. „Daher hat sie mir von klein auf den Satz eingebläut: ‚Was du willst, das kannst du.' Der Satz ist hängen geblieben, aber ich glaube, es braucht auch die eigene Erfahrung und die eigenen Geschichten, um selbst festzustellen, dass man eigentlich alles erreichen kann, was man möchte."

Ihre Kindheit und Jugend verbringt Daniela mit Geschwistern und Haustieren in einem Einfamilienhaus in Kaarst, das idyllisch an einem Feldrand liegt. Manfred Brink, ihr Vater, arbeitet im Finanzministerium in Düsseldorf, Mutter Inge kümmert sich bis zum 14. Geburtstag der Jüngsten um die Kinder und kehrt danach ins Berufsleben zurück. „Als Nesthäkchen habe ich eine gute Erziehung genossen, die relativ streng war, aber mich nicht eingeschränkt hat in meinen Freiheiten", beschreibt sie diesen Lebensabschnitt. In der nahe gelegenen Astrid-Lindgren-Grundschule glänzt Daniela mit guten Noten, wird auch zur Klassensprecherin gewählt und wechselt nach der vierten Klasse aufs Georg-Büchner-Gymnasium. Kreative Impulse erhält sie von Inge Brink, die gerne malt und schneidert, und von ihrer Großmutter Ursula, bei der sie häufig an den Wochenenden zu Gast ist. „Wir haben uns manchmal zusammen Gebäude angeschaut, und sie schenkte mir später einmal ein Buch über Friedensreich Hundertwasser. Dessen Architektur fand ich nicht unbedingt schön, aber seine Philosophie hat mich begeistert. Er trat zeitlebens als Gegner der ‚geraden Linie' und jeglicher Standardisierung auf. Seine Architektur zeichnete sich durch die Einbeziehung der Natur aus. So bezeichnete Hundertwasser Bäume, für die Raum eingeplant wird, und die aus dem Fenster wachsen, als Baummieter. Sie sind weithin sichtbar und kommen vielen Menschen zugute, erzeugen Sauerstoff, verbessern das Stadt- und Wohnklima und sind eine perfekte Staubschluck- und Staubfilteranlage." Während der Pubertät entwickelt die Schülerin eine gewisse Abneigung gegenüber allem, was mit Autorität zu tun hat. Sie liefert sich Wortgefechte mit ihrem Vater, den sie autoritär findet, und vernachlässigt ihre schulischen Leistungen, die bis dahin hervorragend waren. „Meine Eltern fragten sich irgendwann, was sie noch mit mir anstellen könnten, und beschlossen schließlich, mich machen zu lassen – in der Hoffnung, dass ich auf die Nase fallen und daraus lernen würde." Zwar passiert Daniela genau das nicht, doch heute kann sie von sich sagen: „Heilsam war meine schlechte Abiturnote. Damit hatte ich tatsächlich nicht gerechnet." Lediglich im Kunst-Leistungskurs kann sie eine gute Zensur vorweisen.

Einen kreativen Beruf auszuüben, ist schon früh Danielas Wunsch. „Zunächst wollte ich Goldschmiedin werden." Als sie während eines Beratungsgespräches beim Arbeitsamt diese Idee vorträgt, bekommt sie jedoch die lapidare Antwort: „Da verdient man aber nichts." Im Herbst 1995 beginnt Daniela Brink stattdessen eine Ausbildung zur Bauzeichnerin beim staatlichen Bauamt Düsseldorf, die sie mit einer hervorragenden Note abschließt. Ein halbes Jahr arbeitet sie in diesem Beruf weiter und bewirbt sich währenddessen um einen Studienplatz für Architektur an der Fachhochschule Düsseldorf und an der RWTH Aachen, letztere eine der wichtigsten deutschen Kaderschmieden für Architekten. „Ich habe es kaum für möglich gehalten, aber tatsächlich einen Platz in Aachen bekommen!" Was sie an der Architektur besonders fasziniert, ist der Prozess, der sich vom ersten Gedanken bis zur Fertigstellung erstreckt, und dass man all den Fleiß, den man in ein Projekt gesteckt hat, hinterher in Form eines Bauwerks sehen kann.

Nach den ersten Semestern geht die Studentin im Rahmen des Erasmus-Programms für ein Jahr nach Florenz, eine Zeit, die sie als besonders prägend empfindet. Aus architektonischer Sicht ist die Stadt mit ihren vielen historischen Bauten traumhaft. Man lernt außerordentlich viel über Harmonielehre und Baugeschichte. „Für mich persönlich bedeutete das einen Entwicklungsschub, auch wenn

die Florentiner Uni nicht so fortschrittlich war wie die RWTH." Um nicht ins Hintertreffen zu geraten, absolviert Daniela Brink alle erforderlichen Kurse, die in italienischer Sprache gehalten werden, findet aber auch Zeit das Studentenleben zu genießen – nicht zuletzt dank des Stipendiums und der finanziellen Unterstützung ihrer Eltern. „In diesem Jahr bin ich reifer geworden und habe noch mehr gelernt, mir selbst zu vertrauen, und Verantwortung für mich selber zu übernehmen."

Bereits im Grundstudium hat Daniela Brink begonnen, als Werkstudentin zwei Tage in der Woche in dem Aachener Architekturbüro K2 zu arbeiten, das die Architekten Klaus Kampmann und Joachim Kranendonck 1998 gegründet haben. „Ich wollte wissen, wie es ist, in dem Job zu arbeiten, bevor ich ins Berufsleben einsteige, und meine Chancen auf dem Arbeitsmarkt verbessern." Von Anfang an findet sie ihre Tätigkeit für K2 interessant und verantwortungsvoll – ganz anders als jene, die sie nach der Ausbildung im öffentlichen Dienst eher als Negativbeispiel erlebt hat. Nach ihrem Florenz-Aufenthalt nimmt sie daher diesen Nebenjob wieder auf und lernt später noch ein zweites Architekturbüro als Werkstudentin kennen. Mit dem Diplom in der Tasche bewirbt sich die junge Architektin 2004 bei den Chefs von K2, zu denen sie immer Kontakt gehalten hat, und wird sofort eingestellt. Gerne übernimmt sie eigene Verantwortung für neue Projekte, mit denen sie betraut wird und an denen sie wachsen kann. Besonders im Pharmabereich sammelt sie wertvolle Erfahrungen.

Im Jahr 2009 stellt sich Daniela Brink nach einer privaten Trennung die Frage, ob sie in ihrer aktuellen Umbruchstimmung nicht auch ihre beruflichen Bindungen auf den Prüfstand stellen sollte. Als ein Headhunter sie anspricht, scheint die Chance auf einen interessanten Wechsel gegeben. „Er wollte mich für einen Job nach Frankfurt vermitteln, an ein junges Unternehmen, das sich im Pharmabereich mit Haus- und Prozesstechnik etabliert hatte und nun eine eigene Architektursparte aufbauen wollte. Ich fühlte mich geschmeichelt und bin zu einem Kennenlerngespräch gefahren." Das Angebot, eine eigene Abteilung aufzubauen, gefällt Daniela Brink zunächst, auch wenn sie glaubt, noch ein bisschen zu jung dafür zu sein. „Bei einem zweiten Gespräch wurde es sehr konkret und ich bekam einen Vertrag vorgelegt, fragte mich jedoch, ob ich das bin." Sie sucht das Gespräch mit ihrem Mentor Joachim Kranendonck und informiert ihn über das Angebot des anderen Büros. „Ich sagte, dass ich eigentlich gar nicht weg, aber gerne über meine Perspektiven bei K2 sprechen wollte. Wir haben uns also hingesetzt und geredet. Das Ergebnis war, dass ich mehr Verantwortung übernehme und vielleicht später in die Geschäftsführung gehen könnte." Auf Basis einer mündlichen Willenserklärung bleibt Daniela Brink bei ihrem Arbeitgeber und übernimmt erste Aufgaben in der Geschäftsführung. „Ich wurde in unternehmerische Prozesse eingebunden und nahm beispielsweise an Vorstellungsgesprächen teil. So bin ich in diese Aufgaben hineingewachsen und 2013 offiziell Geschäftsführerin und Gesellschafterin geworden."

> **"** Make no little plans -
> they have no magic to stir men's blood. **"**
>
> Daniel H. Burnham, Architekt und Stadtplaner, 1846-1912

Als Architektin übernimmt Daniela Brink jetzt noch größere Verantwortung. Von 2013 bis 2018 leitet sie das größte Projekt, was K2 bis dahin gemacht hat – den Umbau eines Pharma-Produktionsgebäudes im laufenden Betrieb. „Die Herstellungskosten betrugen 50 Millionen Euro; wir waren Generalplaner und ich der Chef des Planungsteams, das größer war als unser Büro." Der Umbau erfolgt in 250 Bauabschnitten über zweieinhalb Jahre, in denen das Team vor Ort immer mal wieder andere Gegebenheiten vorfindet als jene, die in den Bestandsplänen ausgewiesen sind. „Damit sind unser ganzes Konstrukt und der ganze Zeitablauf in die Schieflage geraten. Wir mussten alles geradeziehen und gemeinsam mit den Bauherren eine Struktur und einen Planungs- und Bauablauf entwickeln, wie wir auf diese Dinge reagieren können. Die Produktion lief weiter, während wir das Gebäude von links auf rechts gedreht haben. Für mich war klar: Ich muss mich da durchbeißen, komme was wolle, aufgeben galt nicht. Wir haben es hinbekommen, aber es hat länger gedauert als geplant. Mich kann seitdem nichts mehr schocken." Viel Zeit fürs Privatleben bleibt Daniela Brink in dieser Zeit nicht. In besonders schwierigen Phasen erfährt sie von ihrem neuen Partner und heutigen Ehemann Manfred Finkhäuser wertvolle Unterstützung. „Er ist ein toller Gesprächspartner, ein geerdeter, ruhiger Mensch, der zuhört und einem die Panik nimmt."

Im Jahr 2019 verabschiedet sich einer der Gründer aus dem Büro. „Wir haben zu zweit mit unserem heute 45-köpfigen Team weitergemacht und sind trotz Corona gewachsen." Während pandemiebedingt große Projekte im Bereich Flughäfen wegbrechen, kommen aus der Pharma-Branche neue hinzu. „Es hat sich als positiv erwiesen, dass wir verschiedene Standbeine haben. Wir mussten niemanden entlassen und keine Kurzarbeit anmelden."

Das Aufgabenfeld von K2 mit Niederlassungen in Wiesbaden und Köln beinhaltet heute die gesamte Bandbreite der Architekturthemen mit Schwerpunkten im Verwaltungs- und Industriebau sowie im hochwertigem Interior Design. „Wir verfolgen einen ganzheitlichen Ansatz und geben Unternehmen ein Gesicht", beschreibt Daniela Brink die Philosophie ihres Architekturbüros. „Wir bauen nicht nur eine Hülle, sondern gestalten auch die Welt im Gebäude so, dass der Mensch, der darin arbeitet, sich wohlfühlen und sich damit identifizieren kann. Um dorthin zu kommen, sind wir einen weiten Weg gegangen und haben uns auch intern strukturell entwickelt. Früher galt eher ‚ein Mitarbeiter, ein Projekt', weil die Projekte kleiner waren. Heute gibt es Projektteams und auch Schwerpunktteams, welche die Projekte je nach Leistungsphasen durchlaufen. Was wir dadurch geschafft haben, ist ein Großteil der Qualitäts-

sicherung, weil das Wissen in den Teams bleibt und gefördert wird, und sich die Teams auch immer weiterentwickeln. Wir möchten, dass sie immer up to date bleiben und sich die Mitarbeiter fortbilden, auch weil das unsere Kunden von uns erwarten." Als Mitglied der Deutschen Gesellschaft für Nachhaltiges Bauen (DGNB) informieren Daniela Brink und ihre Kollegen Bauherren daher über die Möglichkeiten, Bauten ressourcenschonend zu errichten und zertifizieren zu lassen. „Gerade realisieren wir auf dem Frankfurter Flughafen ein großes Projekt, bei dem wir die Bürobereiche so in neue Arbeitswelten umbauen, wie es in der Nachhaltigkeitsagenda des Auftraggebers angedacht ist." Solche großen Aufgaben bekommt man nur dann gut hin, wenn man auf ein motiviertes Team setzen kann. Über neuen Plänen sitzt Daniela Brink deshalb in ihrer jetzigen Position weniger. „Ich kommuniziere eigentlich den ganzen Tag, rede mit Mitarbeitern genau wie auch mit Auftraggebern und Subunternehmen oder höre zu. Ich habe mich dafür entschieden. denn das macht mir Freude, auch mit den damit verbundenen Herausforderungen."

Im Urlaub jedoch herrscht Schweigen, denn 2018 hat die erfolgreiche Architektin gemeinsam mit ihrem Mann während eines Urlaubs auf den Seychellen den Tauchschein gemacht. „Seitdem tauchen wir in fast jedem Urlaub, gerne an exoti-

schen Zielen. „Diese Zeit, in der man sich in dieser faszinierenden Unterwasserwelt bewegt, einfach stumm bleibt und nur guckt, ist für mich das Allergrößte. Nach so einer Reise sind die Batterien wieder aufgeladen."

LEBENSDATEN

Geboren 1976 in Düsseldorf, verheiratet seit 2016
Aufgewachsen in Kaarst
1995 bis 1998 Lehre als Bauzeichnerin beim Staatlichen Bauamt in Düsseldorf
1998 bis 2004 Studium der Architektur an der RWTH Aachen. Abschluss Diplom.
Ab 2000 Werkstudentin bei Architekten K2, Aachen
2001 bis 2002 Auslandsjahr in Florenz
2003 Werkstudentin im Architekturbüro Wolf Blass Schölzel, Aachen
November 2004 Anstellung bei Architekten K2
2009 Übernahme von Geschäftsführer-Aufgaben
2013 Beteiligung an K2 und offiziell Geschäftsführende Gesellschafterin
Seit 2020 Doppel-Spitze mit Joachim Kranendonck

2022 Vorträge über Neue Arbeitswelten / Gastvortrag an der Uni Weimar zu Neuen Laborwelten

ADELHEID DIEFENTHAL

Auf Augenhöhe mit den Männern

Die Zahl der Gesetze und Verordnungen hat in der Bundesrepublik Deutschland und der Europäischen Union trotz aller Beteuerungen zu einer „Verminderung der Regeldichte" in den letzten rund zehn Jahren ständig zugenommen. Wer, wie Adelheid Diefenthal, die als Geschäftsführerin den familieneigenen Entsorgungsfachbetrieb Diefenthal ATS GmbH in Zülpich leitet, täglich mit den Regelungen für ihr Gewerbe umgehen muss, kann ein Lied davon singen.

Dabei scheint alles auf den ersten Blick recht übersichtlich: Einen ersten Rechtsrahmen für die aktuelle Abfallwirtschaft in der EU haben das Europäische Parlament und der Rat 2008 festgelegt. Darin werden „Maßnahmen festgelegt, die dem Schutz der Umwelt und der menschlichen Gesundheit dienen, indem die Erzeugung von Abfällen und die schädlichen Auswirkungen der Erzeugung und Bewirtschaftung von Abfällen vermieden oder verringert, die Gesamtauswirkungen der Ressourcennutzung reduziert und die Effizienz der Ressourcennutzung verbessert werden…"

Was einfach und sinnvoll klingt, wird beim zweiten Hinsehen kompliziert: Das einst 30-seitige Papier aus Brüssel hat sich hierzulande dank zahlreicher Gesetze und Gesetzesänderungen, denen wiederum Anwendungsverordnungen folgten, zu einem wahren Monsterregelwerk ausgewachsen – nicht zuletzt dank des bürokratischen Eifers deutscher Behörden. „Frankreich hat ca. 400 Regelungen für die Abfallwirtschaft, während wir bestimmt auf das Zehnfache kommen", erklärt Adelheid Diefenthal. Noch ein Problem: Wird eine Gesetzesänderung veröffentlicht, muss sie in ihrem Betrieb die neuen Paragraphen direkt in der Praxis anwenden – und zwar so, wie eine erst später erscheinende Anwendungsverordnung es vermutlich vorschreibt. „Wir müssen daher immer ein Stück voraus denken." Seminare sollen Anwender wie Adelheid Diefenthal dabei unterstützen. Kaum zu glauben, was man dort schon mal erleben kann: „Es ging um eine Novellierung der Bioabfallverordnung. Der Referent war selbst der Verfasser. Ein Garten- und Landschaftsbauer stellte ihm die konkrete Frage, wie er als Ein-Mann-Unternehmen die Verordnung umsetzen sollte. Der Referent gab zur Antwort: ‚Davon habe ich keine Ahnung. Ich habe nur das Gesetz entworfen, warten Sie bitte auf die Anwendungsverordnung.' Ich war erschüttert, dass wir in der Gesetzgebung so weit von der Praxis entfernt sind."

Die ungeschriebenen Gesetze der ersten zwei Nachkriegsjahrzehnte schrieben Frauen und Männern feste Rollen vor. Männer wurden in der Regel als Hauptverdiener und Familienernährer angesehen, während von Frauen erwartet wurde, sich hauptsächlich um den Haushalt und die Kinder zu kümmern. Der 1927 geborene Friedrich Windmüller will nicht so richtig in dieses Klischee passen. Zwar geht der gelernte Kaufmann in der Woche seiner beruflichen Tätigkeit für die deutsche Niederlassung eines großen amerikanischen Bau- und Landmaschinenunternehmens nach, doch am Wochenende erlebt man ihn als modernen Hausmann zuhause in Rheinbach beim Wäscheaufhängen oder kochend am Herd stehen. Dass seine Frau schon mit 18 Jahren einen Führerschein sowohl für Motorräder als auch für Autos besitzt, passt auch nicht so recht zum Geist der Zeit. „Ich bin in einer emanzipierten Familie groß geworden", sagt Adelheid Diefenthal, die 1959 in Bonn als Adelheid Maria Windmüller geboren wurde. „Mit klassischen Rollenbildern wurde ich erst als Erwachsene konfrontiert."

Bei ihrem Vater erlebt Adelheid auch, was es heißt, hoch motiviert und verantwortungsvoll den Beruf auszuüben. „Mein Vater ist seinem Beruf mit Leidenschaft nachgegangen. Ihm war keine Stunde zu früh oder zu spät." Als Verkaufsleiter für Westdeutschland ist er viel unterwegs, verlässt montagmorgens das Haus und kehrt freitags zurück, um sich am Wochenende um seine Familie zu kümmern. Als weltoffene Menschen empfangen die Windmüllers gerne Gäste. „Durch die Tätigkeit meines Vaters gingen Menschen verschiedenster Nationalitäten bei uns ein und aus." Da er nur selten zuhause ist, verbindet Friedrich Windmüller geschäftliche Reisen gerne damit, Adelheid und deren zwei Jahre jüngeren Bruder Friedhelm mitzunehmen, wann immer das möglich ist. „Wir durften selbst planen, was wir gerne sehen wollten", beschreibt sie diese bereichernden Erfahrungen. Weil der amerikanische Arbeitgeber viel Wert darauf legt, dass seine Mitarbeiter in guten Häusern absteigen, logieren sie im Bayerischen Hof in München oder im Kempinski in Westberlin. „Abends sind wir immer toll Essen gegangen und haben dabei auch Geschäftsfreunde kennengelernt. Das war wirklich beeindruckend." Was Adelheid von diesen Reisen ebenfalls mitnimmt, sind das Erlebnis Kunst, der offene Umgang mit anderen Menschen und Mentalitäten und das Erkennen von historischen Hintergründen. Ihr großes Interesse an Kultur und Reisen entwickelt sich in diesen Jahren ihrer Kindheit und Jugend.

Nach der vierten Klasse an einer katholischen Grundschule wechselt Adelheid auf ein Internat der Ursulinen nach Boppard. Was die Zeit dort mit sich bringt, ist eine sehr frühe Selbstständigkeit und Abnabelung vom Elternhaus. Sie lernt eigene Entscheidungen zu treffen. Die ersten zwei Jahre bei den Nonnen, die noch ihre Habits tragen, empfindet die Schülerin als sehr streng. Im Nachhinein betrachtet, erlebt sie die Zeit positiv. „Ich habe hier eine Form der humanistischen Bildung erlebt, das Zusammenspiel von moralischem Engagement und kritischem Denken – eine weitere Grundlage für meinen Lebensweg." Im Internat spürt sie auch, wie sich die Zeiten ändern. „Es gab Theaterspielgruppen, Klavierunterricht, die Bewegung der Ökumene, offene Diskussionen und Gottesdienste, die wir mit Beat und Gospel-Musik gestalteten." Bis heute pflegt sie den Kontakt zu fünf ehemaligen Mitschülerinnen aus dieser Zeit. Nach der 10. Klasse kehrt Adelheid nach Rheinbach zurück. „Während der Oberstufe wollte ich näher an meinem Zuhause sein und habe bis zum Abitur am Städtischen Gymnasium Rheinbach eine gemischte Klasse besucht. Mein Freundeskreis war somit weit verstreut und ich habe schon früh gelernt, Freundschaften über weitere Distanz zu pflegen."

Mit siebzehn Jahren besucht die Gymnasiastin, deren Urgroßeltern mütterlicherseits einen landwirtschaftlichen Hof hatten, gemeinsam mit einer Freundin einen Ball der Casino-Gesellschaft Meckenheim. Diese Gesellschaft dient unter anderem dem kulturellen und gesellschaftlichen Austausch und pflegt in diesem Zusammenhang die Ballkultur. Beim Tanzen lernt Adelheid den fünf Jahre älteren Hermann Josef Diefenthal kennen, dessen Eltern ebenfalls aus der Landwirtschaft kommen. Sie haben ihren Hof jedoch verpachtet, 1965 die Firma L. Diefenthal für Grubenentleerungen und Kanalreinigung gegründet und später mit der landwirtschaftlichen Klärschlammverwertung für Kommunen und Verbände begonnen. Bei Adelheid und Hermann Josef ist es Liebe auf den ersten Blick. Sie werden ein Paar und entdecken viele gemeinsame Interessen. „Schon bald bat mein Mann mich, gemeinsam mit ihm in die Firma seiner Eltern einzusteigen. Wir hatten Visionen, wollten etwas bewegen und das Unternehmen weiter aufbauen." Eine Ausbildung in einem Notariat erscheint Adelheid Windmüller als der richtige Weg, sich nach dem Abitur für die zukünftigen Aufgaben zu qualifizieren – das Interesse für juristische und kaufmännische Themen hat sie von ihrem Vater geerbt. Bei dem Rheinbacher Notar Dr. Hans Siegen absolviert sie die zweijährige Ausbildung zur Notarfachangestellten und bildet sich anschließend zur Inspektorin im Notardienst weiter.

In der ersten Zeit wohnt Adelheid noch bei ihren Eltern und pendelt zu ihrem Freund nach Zülpich. Als sie 1981 heiraten, wird ihr gemeinsames Zuhause ein Gebäudeteil, der an die Landhausvilla der Schwiegereltern grenzt, und den sie nach eigenen Vorstellungen ausbauen lassen. Oft lockt

es sie auch in die Ferne. „Wir haben zu zweit die Welt erobert, reisten in die USA, nach Afrika und in mein Lieblingsland Italien, um Kunst, Kultur, Musik und gutes Essen zu genießen." Nachdem ihr Mann Adelheid eine Reise zur Birkhahnjagd nach Österreich geschenkt hat, möchte sie unbedingt den Jagdschein machen und erlebt zum ersten Mal, wie es ist, sich in einer von Männern geprägten Welt zu bewegen. „Der Lehrer, der Waffenkunde unterrichtete, prüfte mich als Frau besonders kritisch. Als er merkte, dass ich weiß, worum es geht, hatte ich gewonnen und habe anschließend stets seine Wertschätzung erfahren. Später im Beruf habe ich das oft genauso erlebt."

In der Entsorgungswirtschaft herrscht ein anderer Ton als im Notariat. Als Adelheid Diefenthal beginnt, im Betrieb der Schwiegereltern mitzuarbeiten, lernt sie damit umzugehen, was ihr nicht schwerfällt. „Sobald mein Gegenüber verstand, dass wir auf dem gleichen Wissensstand sind, konnten wir auf Augenhöhe diskutieren." Ihre Schwiegereltern heißen die junge Frau sehr willkommen und setzen große Hoffnungen in die Schwiegertochter, die als Angestellte in ihrem Unternehmen arbeitet. Die Zusammenarbeit muss sich natürlich erst einspielen, was aber im Laufe der Zeit immer besser gelingt. „Es gab auch Momente, in denen wir Entscheidungen getroffen haben, bei denen sie zunächst die Hände über dem Kopf zusammengeschlagen haben – etwa als es darum ging, bei einem Milchverarbeitungsbetrieb die komplette Entsorgung von Abwässern zu übernehmen. „In meinen Augen ging es dar-

um, dass der Betrieb weiter wächst, während sie vor allem das schnelle Wachstum abschreckte. Schließlich fanden sie die Entscheidung gut und sind den Weg mitgegangen. Hinterher haben wir oft gemeinsam über ihre Reaktion gelacht, weil es für uns den ersten Step in Richtung Industrie bedeutete." Der nächste große Schritt erfolgt, als neue Gesetze und damit verbundene Auflagen für Kläranlagen dazu führen, dass der Klärschlamm gepresst werden muss, um entweder deponiert zu werden oder in die Verbrennung zu gehen. „Wir haben uns in dieses Metier eingearbeitet und 1989 die erste mobile Kammerfilterpresse eingesetzt, welche auf allen Kläranlagen einsetzbar war. Der gesamte Aufbau sowie die Technik wurde mit Unterstützung eines Ingenieurbüros in unserem Hause entwickelt und ausgeführt – ein Millionenprojekt." Adelheid Diefenthal befasst sich nun auch mit allen juristischen Fragen, welche die Firmenentwicklung mit sich bringt, kümmert sich um die Zertifizierung und steigt in ihren Branchenverband ein, um in den Ausschüssen Einfluss auf die Umsetzbarkeit künftiger Gesetzgebungsvorhaben und Verordnungen nehmen zu können.

„Zu dem Zeitpunkt hatten meine Schwiegereltern das Vertrauen in uns bereits gewonnen. Mein Schwiegervater war immer als sehr technisch orientierter Mensch der Meinung, Stillstand sei Rückschritt, und meine Schwiegermutter war zu sehr Kauffrau, um positive Entwicklungen abzulehnen." Dennoch fällt es beiden naturgemäß nicht immer leicht, die Geschicke der Firma nicht mehr allein zu steuern. Doch weil sie die Entwick-

> **//** Das Geheimnis der Freiheit ist der Mut. **//**
>
> Perikles

lung des Unternehmens voranbringen wollen, legen sie schließlich die Leitung in die Hände der nächsten Generation, die beste Voraussetzungen mitbringt. „Mein Mann war der Visionär und der Techniker, der über den Tellerrand hinausschaut. Ich konnte organisieren, strukturieren, planen, juristische und genehmigungstechnische Grundlagen klären und alle notwendigen Parameter für die praktische Umsetzung vorbereiten und ausführen." In einer Zeit, in der sich das Umweltbewusstsein grundlegend ändert und der Umstieg auf die Kreislaufwirtschaft in neue Gesetze gegossen wird, ist das von unschätzbarem Wert. Auch im Privaten stehen Veränderungen an. Im Jahr 1987 kommt der erste Sohn, Tim Kilian, zur Welt, und 1989 der zweite, Simon Jannis. Adelheid Diefenthal arbeitet jetzt halbtags und erhält Hilfe von einer zuverlässigen Kinderfrau, die ihr die Kinder vormittags abnimmt. „Ich wollte wenigstens die paar Stunden ganz für die Kinder da sein", erklärt sie ihre bewusste Entscheidung, warum sie keine Arbeit mit nach Hause nimmt.

Im Jahr 1990 gründen Adelheid Diefenthal und ihr Mann eine Kompost- und Düngerwerk zur Herstellung von organischem Dünger und Bodensubstraten sowie der Verwertung von Klärschlamm zur Renaturierung von Braunkohleabbaugebieten in den neuen Bundesländern. Zusammen mit der RWTH Aachen und dem Agrarwissenschaftler Dr. Karim Wasiri haben sie im Rahmen einer Studie diese Verwertungsmöglichkeit ermittelt und übernehmen die Entsorgung der Stadt Aachen und des Aggerverbands. „Dr. Wasiri hatte erkannt, dass wir mit dem Klärschlamm durch Verbrennung eine wichtige Ressource aus der Hand gaben, die einen hohen Anteil an verwertbarem Kali und Phosphor enthielt. Wir verfügten über einen Pool von Schlämmen und einen Pool von Landwirten, die auf Kunstdünger verzichtet haben und

mit Hilfe dieses Klärschlamms düngten. Parallel dazu haben wir sogenannte Saugspülkombinationen angeschafft und für die Stadt Bonn die gesamte Kanalreinigung übernommen." Heute ist die Verwertung längst Geschichte, worauf sich Adelheid Diefenthal und ihr Mann – wie auch auf alle anderen Änderungen – eingestellt haben. „Der Gesetzgeber stellt an die Abfallwirtschaft ständig neue Herausforderungen, denen wir uns angenommen haben. Im Dienste der Umwelt gilt es, sich stetig weiterzuentwickeln, Ressourcen zu schonen und zu nutzen, unnötige Transporte zu vermeiden und durch innovative Technik neue Herausforderungen zu meistern. Diese gesamte Entwicklung muss immer wieder auch auf den juristischen Prüfstand gestellt werden: Erfüllen wir alle Auflagen? Welche Novellierungen stehen an? Worauf müssen wir uns frühzeitig und vorausschauend anpassen? Das waren und sind meine Aufgaben im Unternehmen." Der Bereich interne Kommunikation liegt ihr besonders am Herzen. „Die Mitarbeiter müssen in Veränderungen und Entscheidungen frühzeitig eingebunden werden, um diese auch mittragen zu können. Unsere Techniker und Fahrer sind unsere Visitenkarte nach außen, ohne dieses Team brauchen wir nicht antreten. Unser Team, das immer noch hauptsächlich aus Männern besteht, ist das Herzstück des Unternehmens. Wir als kleine Mittelständler bewegen uns zwischen den Großen der Branche und nutzen die Möglichkeit, ganz nah am Mitarbeiter und am Kunden zu sein." Damit das auch zukünftig so bleibt, sind 2015 beide Söhne aus eigenem Willen mit ins Geschäft eingestiegen.

In einer völlig anderen Welt bewegt sich Adelheid Diefenthal in ihrer Freizeit. Sie und ihr Mann widmen sich dem Tanzsport und hier besonders den Standardtänzen. Nach einem ersten Besuch auf

dem Wiener Opernball haben beide mittlerweile den Wiener Philharmoniker-Ball für sich entdeckt und dort einen Pianisten der Wiener Staatsoper kennengelernt, der ihnen schon viele Türen in der Weltstadt geöffnet hat.

Die Welt der Kultur und des Reisens, die Adelheid Diefenthal durch ihren Vater kennen und lieben gelernt hat, pflegt die Kunst- und Musikliebhaberin auch auf andere Weise. „Wir haben 2015 einen Literaturkreis in Köln gegründet, in dem wir mit acht Frauen aus unterschiedlichen Berufen über Bücher sprechen." Seit sie als Jugendliche mit der Spiegelreflexkamera des Vaters das Fotografieren für sich entdeckt hat, pflegt sie dieses Hobby auf Reisen in die ganze Welt. Gemeinsam mit ihrem väterlichen Freund Henry Karnine, Fotograf beim WDR, reist sie 2012 nach New York, wo sie den Times Square im Regen fotografiert und 2014 nach Indien, um die dortige Kultur in Bildern festzuhalten. „Dabei habe ich festgestellt, dass mich Gesichter besonders faszinieren, und fotografiere seitdem gerne auch Menschen." Auf ihren vielen Reisen hat Adelheid Diefenthal noch eine weitere für sie wichtige Erfahrung machen können: „Ich konnte mich anderen Kulturen öffnen und deren gelebte Religiosität wie auch Spiritualität entdecken. Deswegen nenne ich es für mich gerne das Universum. Denn in jeder Glaubensrichtung findet man Wahrheiten und Dinge, die so wichtig sind, dass wir sie nicht übergehen sollten." Wenn Adelheid Diefenthal ihren privaten und geschäftli-

chen Lebensweg heute betrachtet, resümiert die erfolgreiche Unternehmerin: „Meine Haltung war die, immer wieder zu reflektieren und zu hinterfragen, was ich für mich mitnehmen kann."

LEBENSDATEN

Geboren 1959 in Bonn. Verheiratet, zwei Kinder
ab 1970 Ursulinenschülerin im Internat
des Klosters Marienberg in Boppard
ab 1975 Besuch der Ursulinenschule Hersel
ab Klasse 11 Städtisches Gymnasium Rheinbach ,
1979 Abitur
1979 bis 1981 Juristische Aus- und Weiterbildung
im Notariat Dr. Hans Siegen, Notarfachangestellte
und Inspektorin im Notardienst
1981 Einstieg in die Diefenthal GmbH
1995 Gründung der IAT Gesellschaft für Innovative Abscheider Reinigung
Geschäftsführung: Adelheid Diefenthal
2015 Gründung der Diefenthal ATS GmbH und
Einstieg und Beteiligung der Söhne
Tim und Simon Diefenthal

Aktuelle Position:
Geschäftsführerin der Diefenthal ATS GmbH

RICARDA FREIFRAU VON DIEPENBROICK-GRÜTER

Wie der Zufall es will

Die Regionale „links und rechts der Ems" war ein Projekt des Landes Nordrhein-Westfalen zur Förderung vor allem der touristischen und kulturellen Infrastruktur in der Region zwischen Warendorf und Rheine. Gefördert wurden auch Restaurierungsarbeiten an Haus Marck, einem Wasserschloss bei Tecklenburg in unmittelbarer Nähe zum Teutoburger Wald, das von einer historischen Gräftenanlage umgeben ist.

„Ich habe mich zunächst mit Händen und Füßen gewehrt, doch ein Professor Spital-Frenking rief an, der mit Engelszungen auf mich eingeredet hat, dass ich doch bitte dieses Anwesen restaurieren lasse", erklärt Ricarda Freifrau von Diepenbroick-Grüter, warum sie sich als Besitzerin schließlich doch überzeugen ließ.

Haus Marck wurde eingerüstet und mit Plastikplanen zugehängt, als die Arbeiten begannen. Währenddessen liefen die Trauungen, die hier zahlreich stattfinden, weiter. „Ich habe den Standesbeamten bewundert, wie er das trotz dieser Umstände hinbekommen hat!" Eine große Baustelle: So blickte Ricarda Freifrau von Diepenbroick-Grüter damals auch auf ihre persönliche Situation. „Ich fühlte mich überlastet: Als Mutter von zwei kleinen Kindern, als Verwalterin des Hauses mit einem riesigen Kostenapparat und als Betreuerin des Patenonkels, der an Parkinson und Demenz erkrankt war." Ihr Mann kannte einen Coach und riet ihr, sich bei ihm professionelle Hilfe zu holen, und Ricarda Freifrau von Diepenbroick-Grüter ließ sich darauf ein.

„Ich hatte damals beispielsweise mit meinem Mann gemeinsam einen Schreibtisch. Solche Gewohnheiten, die sich über die Jahre eingeschliffen hatten, haben wir nicht gesehen, und auch nicht, was wir verändern können." Der Coach als Außenstehender machte sie darauf aufmerksam, welche Qualität die Familie in ihrem Umfeld hatte. „Er war sehr angetan und hat gespürt und verstanden, was mir fehlte. Dafür zeigte er mir Lösungsideen auf." Ein wesentlicher Punkt war die fehlende Privatsphäre. Viele Menschen betraten das Wasserschloss ungefragt durch das große Eingangstor. „Die Akustik in diesem Bogen ist so gut, dass ich auf meinem Sitzplatz jedes Geräusch und jedes Gespräch hörte. Ich fühlte mich wie im Zoo." Der Rat des Coaches sorgte für Abhilfe. Ricarda Freifrau von Diepenbroick-Grüter ließ ein schmiedeeisernes Tor vor der Brücke zum Schloss errichten, dass seitdem ungebetene Gäste fernhält und dafür sorgt, dass die Kommunikationsspezialistin ihren Ruhepol im eigenen Haus findet.

Seit über 200 Jahren wird Haus Marck von der Familie Freiherr von Diepenbroick-Grüter bewohnt. Dem Erhalt des Hauses und der umliegenden Natur gilt seitdem das Hauptinteresse der Familie. Von Generation zu Generation wird diese Einstellung weitervermittelt an diejenigen, die diese anspruchsvolle Aufgabe weiterführen können und wollen. Als Ricarda Freifrau von Diepenbroick-Grüter als jüngste von drei Schwestern geboren wird, ist ihr diese Rolle noch nicht zugedacht. Unbeschwert wächst sie in Dortmund in einem Zweifamilienhaus mit großem Garten auf. „Wir waren nie wohlhabend, doch meine Eltern haben immer gesagt, wir besitzen andere Werte. Meine Mutter konnte zu Hause bleiben und sich um uns kümmern." Wenn auch konservativ, zeigen sich die Eltern tolerant und führen ein Haus der offenen Türen, in dem oft Freundinnen oder Freunde ungefragt mit am Tisch sitzen. Hartwig Freiherr von Diepenbroick-Grüter und seine Frau bieten ihren Kindern statt Reichtum intellektuelle Anregungen, schenken ihnen Abonnements für Konzerte und Theater. Auch Bräuche und Traditionen werden in der evangelischen Familie gepflegt, vor allem an den kirchlichen Feiertagen. Über die Wochenenden fährt man regelmäßig nach Haus Marck, wo der Vater einen alten Pferdestall zum Feriendomizil umgebaut hat. Das Wasserschloss, das als Verhandlungsort eine tragende Rolle im Westfälischen Frieden spielte, wird von Goswin bewohnt, dem Patenonkel von Ricarda.

Als das junge Mädchen aufs Gymnasium kommt, muss sie sich nur kurz dumme Sprüche wegen ihres adeligen Namens anhören. Schnell wird die kontaktfreudige Ricarda genauso normal behandelt wie alle anderen. Mit zwölf Jahren reist sie mit ihrer Kusine nach London, um dort eine Tante zu besuchen. „Wir sind allein nach Brighton und nach London in die City gefahren." Begeistert erinnert sie sich an weitere Städtereisen nach München, Berlin und Wien. Mit 17 Jahren fragt Goswin sein Patenkind, ob es sich vorstellen könnte, das Anwesen zu übernehmen. Er hat ein besonders inniges Verhältnis zur jüngsten Tochter seines Bruders. „In meinem jugendlichen Leichtsinn habe ich gesagt: ‚Klar, das mach ich.' " Rückhalt gibt Ricarda ihr Freund, der aus einer Familie im Westerwald kommt und sich mit Landwirtschaft auskennt. „Hier brauchst du ja immer zwei patente Hände und einen bodenständigen Menschen. Als wir dann länger zusammen waren, habe ich ihn gefragt, ob er sich vorstellen könnte, Haus Marck mit zu übernehmen. Mein Freund und späterer Mann hat ‚Ja' gesagt."

Nach dem Abitur am Dortmunder Humboldt-Gymnasium bewirbt sich Ricarda auf eine Au-pair-Stelle in Brüssel, um ihre Französischkenntnisse zu vertiefen. „Ich habe in einer sehr netten, zufällig auch adeligen Familie gelebt." Ihr neues Zuhause wird allerdings nicht die Hauptstadt von Belgien, sondern Versailles, wohin ihr Gastvater als Militärangehöriger versetzt wird. Einen Berufswunsch hat die Abiturientin bereits ins Auge gefasst. Sie möchte eine Ausbildung zur Buchhändlerin machen. Während eines Schülerpraktikums hat sie in den Beruf hineingeschnuppert und festgestellt, dass er ihr Spaß machen könnte. Allerdings sind Ausbildungsplätze rar gesät. Der Zufall hilft: Als Ricarda und ihr Freund dessen Tante in Schwetzingen besuchen und sie von ihrem Berufswunsch erzählt, berichtet diese von einer netten Buchhandlung in der Nachbarschaft. „Geh doch einfach mal hin", schlägt die Tante vor. Gesagt, getan. Bei einem Pizzaessen erhält sie die Zusage. „Das ist etwas, was mein Leben prägt. Alles, was mir zufällig in den Schoß fällt, nehme ich an. Daraus sind die tollsten Dinge entstanden – einfach, weil ich offen war dafür." Drei Jahre wohnt und arbeitet Ricarda in Schwetzingen; eine Zeit, die sie als sehr intensiv erlebt und die sie prägt. Die Auszubildende lernt den Verleger Siegfried Unseld kennen und viele Autoren, die zu Lesungen in die Buchhandlung kommen.

Die ausgebildete Buchhändlerin geht 1990 nach Mainz, wo sie Buchwissenschaften, Kulturwissenschaften und Kunstgeschichte belegt. Ihr Freund lebt ebenfalls hier und studiert Medizin. Wieder kommt der Zufall ins Spiel, als Ricarda hört, dass man sich über das Erasmus-Programm für ein Semester im europäischen Ausland bewerben kann. Gemeinsam mit einer Kommilitonin fährt sie nach Dijon, um dort weiterzustudieren. „Weil dort Prüfungen für andere Studenten stattfanden und zeitweise gestreikt wurde, haben wir eigentlich nur gefeiert", gibt sie zu. Im Jahr 1993 heiraten Ricarda Freifrau von Diepenbroick-Grüter und ihr Partner Volker, der eine Anstellung als Arzt in Bochum gefunden hat, und ziehen nach Dortmund, wo ihre zwei Söhne zur Welt kommen. In ihrer Rolle als Hausfrau und Mutter fühlt sich die junge Frau in diesem Moment gut. Gleichwohl freut sie sich, als sie an einem Studienprojekt der Volkskundlerin Dr. Ulrike Frede mitarbeiten kann, dessen Ergebnisse in dem Buch „Schlösser und Kastelen: Leben in historischen Adelssitzen im deutsch-niederländischen Raum" publiziert wird.

Dass sie irgendwann ins Haus Marck ziehen würden, ist den Eheleuten klar. Zwar übt der Patenonkel keinen Druck aus, doch sähe er es natürlich gerne, wenn seine Nachfolgerin und ihr Mann so bald wie möglich das Anwesen übernähmen. Seit dem Tod von Ricardas Großeltern lebt er allein in dem Herrenhaus. Anfang der 2000er Jahre renovieren Ricarda Freifrau von Diepenbroick-Grüter und ihr Mann das Anwesen, um einziehen zu können, wenn sie so weit sind. „Der passende Zeitpunkt kam, als meinem Mann eine Stelle in Münster angeboten wurde. Wir

überlegten erst, ob ich noch in Dortmund bleiben sollte, bis die Kinder eingeschult wurden, haben uns dann aber relativ spontan überlegt, dass wir zusammen gehen."

Goswin adoptiert seine Patentochter. Haus Marck hat er ihr bereits vorher vererbt. Im Gegenzug sagt Ricarda Freifrau von Diepenbroick-Grüter zu, für ihren Patenonkel bis zu dessen Tod da zu sein und die Verwaltung von Haus Marck zu übernehmen. Der Anfang gestaltet sich schwierig, weil die Wohnbereiche noch nicht klar getrennt sind und es zunächst nur eine gemeinsame Küche gibt, die auch von den Hausangestellten des alten Herrn genutzt werden. „Das haben wir ziemlich schnell geändert." Als Goswin 2010 zum Pflegefall wird, richtet ihm die neue Hausherrin eine kleine Wohnung im Erdgeschoss des Hauses ein, wo er bis zu seinem Tod von Pflegekräften betreut wird.

Die Verwaltung des Besitzes, zu dem neben dem Anwesen ein land- und forstwirtschaftlicher Betrieb gehört, ist eine Mammutaufgabe. Während die Ackerflächen verpachtet sind, übernimmt die Familie die forstwirtschaftlichen Arbeiten selbst. Führungen und Schlosskonzerte werden seit dem 1970er Jahren auf Haus Marck durchgeführt. Kurz nach ihrem Einzug lernt Ricarda Freifrau von Diepenbroick-Grüter einen jungen Mann kennen, der ein Konzert auf Haus Marck organisiert hat und hier eine neue Veranstaltungsreihe etablieren möchte. Ihm schenkt sie das Vertrauen – bis heute. „Meine Hauptaufgabe war und ist es, das Haus instandzuhalten, neben den Kindern und der Verwaltung.

Das waren Stunden, Tage und Wochen, die wir mit Architekten und Handwerkern verbracht haben. Baustelle ist eigentlich ein Dauerthema." Weil Schlösser, Herrenhäuser und ähnliche Anwesen nicht nur als Privatbesitz, sondern auch als Kulturgut gelten, an dem die Öffentlichkeit ein Interesse hat, möchte die NRW-Stiftung eine Stiftung aus dem Besitz machen. Zwar flössen dann Gelder vom Land, doch dafür müssen die Eigentümer auch etwas abgeben. „Das hat aber vorne und hinten nicht geklappt", erklärt Ricarda Freifrau von Diepenbroick-Grüter.

Im Jahr 2003 beginnen im Zuge der Regionale die Planungen für die große Renovierung des Anwesens, die sich bis ins Jahr 2008 hinzieht. Die Beschäftigung damit sowie mit ihren kleinen Kindern lasten die Hausherrin voll aus. „Als die Kinder älter wurden, wusste ich hingegen, dass jetzt noch mal etwas passieren muss." Nach einem eher zufälligen Gespräch mit einer Freundin im Jahr 2014 erfährt sie von der Möglichkeit, sich innerhalb von drei Tagen zur Knigge-Trainerin ausbilden zu lassen. „Die Inhalte kannte ich mehr oder minder. Wichtig war mir zu lernen, wie man solche Seminare organisiert. Historisch war ich auch nicht so bewandert und habe viele Bücher über das Thema gelesen." Eine sechsmonatige Ausbildung zur Kommunikationstrainerin und zur Trainerin für Businessetikette schließt Ricarda Freifrau von Diepenbroick-Grüter an, weil sie weiteres Basiswissen erwerben möchte. Mittlerweile hat sie auch Karriere als Dozentin gemacht. Als sie ihr ehemaliger Ausbilder bei der IHK fragt, ob sie

" Das Schöne leben!

Leitsatz von Ricarda Freifrau von Diepenbroick-Grüter "

seinen Kurs übernehmen würde, sagt sie gerne zu. „Plötzlich habe ich Außenwirkung gezeigt; ich habe mich mehr geöffnet und ich habe auch das Haus mehr geöffnet. So ergab das eine das andere." Ricarda Freifrau von Diepenbroick-Grüter schließt sich Netzwerken wie Frauen unternehmen, Inner Wheel und den Soroptimistinnen an. „Ich liebe diese Netzwerkveranstaltungen, weil es immer wieder neue Kontakte gibt, von denen man vorher nichts ahnt, und Haus Marck, das vorher kaum jemand wahrnahm, weil es immer im Privatbesitz blieb, wurde bekannt. Es war ein Neustart und sehr spannend, wie gut das Haus angenommen wurde." Mit weiteren Zertifizierungen als Image- und Stilberaterin, Online-Trainerin und systemischer Coach erweitert die agile Unternehmerin in den folgenden Jahren ihre Kompetenzen. Ihr Motto: „Mit Stil zum Ziel!" Die Anerkennung, die sie erfährt, bestätigt Ricarda Freifrau von Diepenbroick-Grüter darin, den richtigen Weg gegangen zu sein. Nach einem privaten Kniggeseminar für eine Familie berichtet ihr die Mutter eines halbwüchsigen Sohnes dankbar von dessen Reaktion: „Mama, das war das beste Weihnachtsgeschenk ever – von diesem Geschenk werde ich den Rest meines Lebens etwas haben. Ich werde mit Sicherheit in Geschäftsessen gehen, muss mich gedanklich nicht mit Gläsern und Bestecken auseinandersetzen, sondern kann mich voll und ganz auf mein Gegenüber, einen potentiellen Kunden, einlassen." Einer weiteren Klientin, einer Fotografin, die in ihren Bildern Unsichtbares sichtbar macht, verhilft sie durch eine Stilberatung, selbst

sichtbar zu werden, was zum Schlüssel für deren künstlerischen Erfolg wird. „Mir ist es wichtig, das Schöne auch bei anderen zu zeigen und sie zu stärken, dass sie ihre innere Haltung, ihre innere Schönheit nach außen tragen. Das tun sie durch Farben, durch Kleidung, die ihnen gut stehen. Die innere Haltung wird gespiegelt durch die äußere Ausstrahlung und umgekehrt; das macht mir viel Freude."

Ricarda Freifrau von Diepenbroick-Grüter ist dankbar für all die Zufälle, die sie bis hierhin gebracht haben. „Ich mache gerne andere Menschen glücklich. Ich erlebe hier viele Brautpaare, die alle strahlen. Der schönste Tag im Leben, das ist etwas unglaublich Positives. Dafür gebe ich meine Energie, und ich sehe auch, was bleibt. Wenn nach 20 Jahren Mitarbeiter von früher immer noch gerne kommen, bedeutet das eine gewisse Konstante. Alles ist zwar modernisiert, aber ansonsten wie immer. Das hat etwas Beruhigendes, Wohltuendes. Ich kann für die kommenden Generationen hier ein Stück Kulturgeschichte erhalten. Ich finde, das ist meine Lebensaufgabe." Die Zukunft ihres Besitzes sieht Ricarda Freifrau von Diepenbroick-Grüter positiv. „Meine Motivation sind auch die Fußstapfen, die ich hinterlassen kann." Sohn Antonius hat sich dafür entschieden, eines Tages Haus Marck zu übernehmen, während Sohn Justus andere Pläne entwickelt. „Antonius möchte es mit dem gleichen Selbstverständnis machen wie wir; vielleicht haben wir ihm das in die Wiege gelegt. So ein Anwesen behält man und verkauft es nicht!"

LEBENSDATEN

Geboren 1967 in Dortmund; verheiratet,
zwei Kinder

1987 bis 1990 Ausbildung zur Buchhändlerin
in Schwetzingen

1990 bis 1998 Studium der Kulturwissenschaften,
Buchwissenschaften und Kunstgeschichte an der
Johannes-Gutenberg-Universität Mainz und der
Université de Bourgogne in Dijon. M.A.

1996 bis heute selbständig als Eigentümerin von
Haus Marck, Verwaltung von Land- und Forst-
wirtschaft, Event-Managerin

2014 Trainerin für Business-Etikette IHK,
Knigge Akademie Essen

2015 Kommunikationstrainerin (IHK),
IHK Akademie Münster

2016 Zertifizierung persolog® Persönlichkeits-
Modell

2018 bis 2023 Zertifizierung durch CorporateColor
als Image -und Stilberaterin

2021 Zertifizierung als Online-Trainerin IHK

2023 Zertifizierung zum systemischen Coach,
Institut für persönliche Bildung Hamburg

EHRENÄMTER

Inner Wheel Club Tecklenburger Land
Soroptimistinnen Steinfurt-Bagno
Stiftung für Kultur, Kunst und Bildung Lengerich
Literaturverein Osnabrück
Bürgerbündnis Tecklenburg

JUDITH DOBNER
Substanz statt Hype

Ein kölsches Mädchen, das sich beruflich nur mit Pils, Alt und Mineralwasser beschäftigt? „Das kann nicht sein", dachte sich Judith Dobner, die nach ihrem Einstieg als Kundenberaterin bei der Kölner Agentur Counterpart deren Beveragekunden wie Brinkhoffs No. 1, Schlösser Alt und Pineo betreute. Also stellte sie den Kontakt zu Alexander Rolff von der Cölner Hofbräu P. Josef Früh KG her – und erhielt tatsächlich die Chance, bei einem Pitch kurz vor Weihnachten 2005 die eigenen Konzepte zu präsentieren.

„In dem alten Früh-Brauhaus am Dom gab es einen Konferenzraum unter dem Dach – alles ganz klein und hutzelig", erinnert sich Judith Dobner. „Dort habe ich für die Inhaber Hermann Müller Senior und Alexander Rolff sowie Marketing- und Vertriebsleiter Dirk Heisterkamp präsentiert. Der Senior hatte Spaß an Marketing und Werbung, war aber auch ein echter Kölscher. Ich präsentierte also und redete und redete voller Inbrunst, bis er auf einmal sagte: ‚Stop, Mädchen! Halt dein Wort an!' Ich dachte nur: ‚Oh Gott, was ist jetzt passiert?' Er riss alle Fenster auf und verkündete: ‚Der dicke Pitter läutet!' Viele der Anwesenden haben gar nicht verstanden, was los war; für mich jedoch war völlig klar: Wenn der dicke Pitter – die Petersglocke im Kölner Dom – läutet, muss ich still sein, müssen wir alle innehalten. Müller senior und ich lauschten also völlig versonnen dem dicken Pitter. Die meisten anderen haben es, glaube ich, nicht so richtig verstanden. Als das Geläut endete, sagte der alte Herr: ‚Das ist ein feierlicher Moment und ein sehr gutes Zeichen, wenn der dicke Pitter läutet, während Counterpart präsentiert – und jetzt kannst du weitermachen.' Wenige Tage später erhielten wir die Nachricht, dass wir den Früh-Etat gewonnen hatten. 13 Jahre lang durften wir für die Brauerei arbeiten."

Sie gehörten einst zur Domstadt wie Kölsch und „Bloodwoosch" – die klassischen Traditionsbetriebe, die Köln über Jahrzehnte so sympathisch gemacht haben: Gummi Grün und Filz Gnoss, Plissee Becker und Schirm Busch. „Leider sind heute fast alle nicht mehr da", bedauert Judith Dobner, die selbst mit einem solchen Betrieb verbunden ist: Buchstaben Dobner direkt an der Kölner Oper, ein Geschäft, das ihr Vater viele Jahre erfolgreich führte. Da Buchstaben Dobner eine Mischung aus Fachgeschäft mit Dekoartikeln wie auch Handwerksbetrieb mit Werbebeschriftungen war, bestand der Kundenstamm einerseits aus Dekorateuren der großen Einzelhandelsbetriebe und Modehäuser der Stadt wie Kämpgen, Modehaus Sauer, C&A oder Weingarten und auf der anderen Seite aus Theatermachern, Filmausstattern, Requisiteuren des WDR, Stylisten und Produktionsfirmen im Filmbusiness. „Es gab eine Zeit lang kaum eine WDR-Show oder Filmproduktion, in der nicht auch Dekobestandteile oder Schriften aus unserem Geschäft stammten. Wir Kinder waren mächtig stolz, wenn wir wussten, dass in bekannten Serien, Spielshows oder Kinofilmen Elemente aus unserem Laden auftauchten", erinnert sich die Tochter.

Am Familientisch lernt die junge Judith Höhen und Tiefen echten Unternehmertums kennen. „Ich wusste also, was es heißt, selbständig zu sein. Auf der anderen Seite hat mich der Kundenstamm meines Vaters fasziniert, denn auch die großen Karnevalsgesellschaften oder klassische Handwerksbetriebe kauften bei Buchstaben Dobner ein." Jeder kennt jeden; man hilft sich und kann sich auf einen Handschlag verlassen. Wenn mal etwas schief gegangen ist, wächst recht schnell wieder Gras über die Sache. „Es gab immer viel Schwadronier und Palaver, Verzällcher, Anekdötchen, Witze und kölsche Schwad. Dennoch wurde viel und konsequent gearbeitet, wenn auch teilweise mit der berühmten rheinischen Leichtigkeit." Diese sehr bunte, sehr bodenständige und teils sehr kölsche Kundenmelange infiziert die junge Judith Dobner nachhaltig mit kölscher Kultur und prägt die Kommunikationsexpertin und CEO der Counterpart Group bis heute.

Eine sehr besondere Kundin damals ist Alexandra Kassen, Gründerin und Prinzipalin des Kleinkunst-Theaters Senftöpfchen in Köln. „Mein Vater hat viele Jahre die Beschriftung fürs Theater gemacht. Für Außenstehende wirkte sie oft streitbar, aber mit meinem Vater kam sie sehr gut klar." Dass seine Tochter Judith während ihrer Jugend ein großes Faible fürs Theater und Kabarett entwickelt und bei diversen Theaterprojekten mitwirkt, bleibt der Theaterchefin nicht verborgen. Eines Tages bietet sie an, dass die Vierzehnjährige an einem freien Tag ihre Bühne nutzen darf. „Wir haben unsere eigene Show mit Magie und Tanz für Freunde und Bekannte auf die Beine gestellt. Mein Bruder war ein sensationeller kleiner Michael Jackson." Kein Wunder, dass sich Judith als logische Konsequenz ausmalt, nach dem Abitur Regie zu studieren.

Unabhängig zu sein ist ein weiteres Ziel, das Judith Dobner hartnäckig verfolgt. „Ich habe seit meinem zwölften Lebensjahr immer nebenher gearbeitet. Ob nun jeden Samstag im väterlichen Betrieb, nach der Schule in einer Parfümerie, auf Messen als Hostess, als Barkeeperin in einer Kölner Kultkneipe oder als Kellnerin bei Filmpremieren, es hat mir immer Spaß gemacht, mein eigenes Geld zu verdienen." Auf der anderen Seite lautet die recht eindringliche Empfehlung ihrer Lehrer, die Schülerin solle unbedingt ihr sprachliches Talent weiterverfolgen und in diese Richtung gehen. Auf diesen Rat hört Judith Dobner schließlich und schreibt sich 1996 an der Universität zu Köln für das Studium der Germanistik, der Sprachwissenschaften und für Französisch auf Magister ein. Gerne hätte sie in Paris studiert, doch die finanzielle Belastung können ihre Eltern nicht stemmen.

Die Weichen für ihre berufliche Karriere stellt Judith Dobner 1997. Sie steigt in einer Kölner Fullservice-Werbeagentur als Junior-Kundenberaterin ein und absolviert eine Ausbildung zur Fachfrau für Marketingkommunikation. „Ich merkte auch hier schnell, dass mir Arbeiten und konkret etwas zu schaffen Spaß macht und Erfüllung bringt." In der Agentur kann sie ihr Talent ausleben, auf Menschen zuzugehen, Projekte übernehmen und kreativ sein, wobei die Herausforderungen gerne groß sein dürfen. Schon bald ist es so weit: Die junge Mitarbeiterin soll gemeinsam mit einer Senior-Beraterin eine Million Dosen Danone Actimel in Baden-Württemberg und Bayern im Rahmen von Straßenpromotions und Events an den Mann und die Frau bringen. „Wir standen vor dieser Aufgabe, die eigentlich unlösbar schien, und mussten wirklich einen schlauen Plan aufstellen, wie wir das schaffen." In Fußgängerzonen, vor jedem Supermarkt und auf Volksfesten wie der Cannstatter Wasen sollen Promotion-Teams, ausgestattet mit gebrandeter Kleidung und Fahrzeugen mit Sonderaufbauten in Form einer Actimel-Flasche, die Produktproben verteilen. „Wir haben alle Genehmigungen eingeholt und die Teams geschult, wie die Abläufe sind, wie sie Bericht erstatten müssen, wie sie Leute ansprechen, wie sie die Produkte verteilen usw. Abends fuhren die Teams mit dem Equipment und den Wagen vom Parkplatz des Hotels. Wir haben uns angeschaut und gesagt: ‚Wir haben es geschafft.' Es dauerte keine zwei Minuten, da rief schon der erste an, der in eine Tiefgarage gefahren war und den ganzen Aufbau seines Fahrzeugs abgerissen hatte." Nach drei Monaten ist die Aufgabe erledigt – trotz unzuverlässiger Promotoren, wütenden Ökoaktivisten

und zahllosen Telefonaten mit Behörden. „Als wir das überstanden haben, habe ich gedacht, jetzt kann mich eigentlich gar nichts mehr umwerfen." Ein Irrtum, wie sich später herausstellt.

Nach einigen Jahren in Werbeagenturen wechselt Judith Dobner in einen gänzlich anderen Bereich. Sie wird von der Startup-Firma „Think 4 You" abgeworben, die Software und die damit verbundenen Beratungsleistungen verkauft. „Ich war für den Aufbau des Marketings mit verantwortlich. Das war total spannend, weil es mal nicht Werbung war, und hat mich unfassbar fasziniert, weil es keine Prozesse oder Vorlagen gab. Es musste alles wirklich neu entwickelt werden." Die Kenntnisse bringt sie mit, denn aus den Agenturen hat sie gute Prozesse mit auf den Weg bekommen. Doch schon bald merkt die Werbefachfrau, dass das, was sie vermarktet, immer nur dieses eine Unternehmen und immer das gleiche Produkt ist. „Da ist mir aufgefallen, wie spannend es eigentlich ist, in einer Agentur zu arbeiten, wo man eine Vielfalt an Menschen, Produkten und Aufgaben kennenlernt, und wo immer wieder etwas Neues passiert. Um das zu erfahren, musste ich erst den Weg auf die Unternehmensseite gehen." Als der Mutterkonzern ins Straucheln gerät, beschließt Judith Dobner, sich umzuorientieren. Im Jahr 2002 steigt sie als Key Accounterin bei der Kölner Agentur Counterpart ein, zunächst nur als Schwangerschaftsvertretung für ein Jahr.

Für Früh Kölsch verantwortet sie 13 Jahre lang die Markenarbeit und die bekannte Kreativkampagne auf rotem Fond mit den humorigen Headlines, für die Counterpart eine Reihe Preise einheimst. 2004 wird sie ins Executive Board der Agentur berufen und ist ab 2005 Mitglied der Geschäftsleitung. „Im ‚Dreigestirn' mit zwei weiteren Kollegen haben wir uns die Verantwortung und Geschäftsleitungsaufgaben geteilt. Das fühlte sich gut und sicher an." Doch dann kommt es zum absolut ungeplanten GaU: Ein Kollege verlässt die Firma, weil er die einmalige Chance bekommt, in einem großen Netzwerk eine besondere Aufgabe zu übernehmen. Der andere erkrankt plötzlich schwer und kann die Geschäfte nicht mehr weiterführen. „Von heute auf morgen stand ich allein da. Aus drei mach eins – würde der Werber so schön sagen." Die Aufgaben von ehemals drei Geschäftsleitungsmitgliedern liegen jetzt komplett in Judith Dobners Hand. „Um die Projekte und Kunden nicht zu gefährden, habe ich in der darauffolgenden Zeit gearbeitet wie eine Wahnsinnige und im Grunde drei Schichten gefahren. Dass ich arbeiten konnte wie ein Tier, wusste ich. Ob und wie ich das schaffen sollte, blieb mir ein Rätsel. Rückblickend weiß ich nur, dass ich inhaltlich, zeitlich und mental absolut an meine Grenzen gestoßen bin, sämtliche Komfortzonen verlassen habe und in vielen Dingen ein Maß an Verantwortung übernommen habe, das riesig war."

80 Stunden in der Woche in der Agentur, durcharbeiten an Samstagen, Sonntagen und spät nachts – das fordert seinen Preis. Ein Kreislaufkollaps wirft Judith Dobner 2006 um, sie kommt ins Krankenhaus. „Erschöpfung" heißt damals die Diagno-

> **"** Erst bei Ebbe sieht man,
> wer keine Badehose anhat. **"**
>
> Warren Buffet

se für ihr Burn-out. Dass sie im Krankenbett gesund wird, glaubt sie indes nicht, und entlässt sich nach kurzer Zeit selbst. „Ich habe mich dann beraten lassen und viel über das Thema gelesen. Was ich gelernt habe, ist, dass es Jahre braucht, bis die Akkus wirklich wieder so voll sind, dass sie mal ein bisschen was durchhalten. Daraufhin habe ich für mich Strategien entwickelt, wie ich damit umgehe, habe viel Yoga gemacht, mich viel mit meinen Pferden beschäftigt und das ‚Nein' gelernt im Sinne von ‚Nee, das mache ich jetzt nicht auch noch, weil Judith das ja immer gemacht hat.'"

Doch die Umstände werden nicht einfacher. Judith Dobner muss registrieren, dass die Wirtschaftskrise 2008 und 2009 viele Agenturen beutelt – auch die eigene. „Wir mussten uns erstmalig in der Historie von Counterpart von Mitarbeitern trennen. Das kannten wir bis dahin gar nicht." Es ist eine Zeit, in dem sie zu dem Gründer der Agentur, Michael „Mikel" Maasmeier ein besonderes Vertrauensverhältnis entwickelt. „Über diese besondere, harte Phase sind wir zum Paar geworden. Beruflich haben wir die Krise genutzt, um gestärkt daraus hervorzugehen, und haben mit unserem ambitionierten Kernteam in der Agentur umgebaut, Prozesse neu ausgerichtet und das Wachstum wieder angekurbelt. Das geht natürlich umso besser, wenn ein Großteil der Kollegen langjährig an Bord ist und mitzieht." Es gelingt ihnen, die Agentur wieder nach vorne zu bringen, neue Kunden, neue Prozesse, neue Mitarbeiter und neue Geschäftsfelder zu entwickeln und im Jahr 2021 das 30-jährige Jubiläum zu begehen. Ihr Erfolgsrezept: „Wir nehmen ernst, dass es bei unseren Kunden um existenzielle Themen geht und ein Marketingbudget ein hohes Gut ist, mit dem wir besonnen und vor allem zielgerichtet umgehen sollten. Daher steht auf der ersten Seite unserer Präsentationen auch ‚30 Jahre Substanz statt Hype'!"

Seit 2005 verantwortet Judith Dobner die Geschäftsleitung der Counterpart Group und ist 2019 in der logischen Konsequenz zur alleinvertretungsberechtigten Geschäftsführerin der Group ernannt worden. Ihr Führungsteam besteht aus fünf Kolleginnen und Kollegen. „Frauen in Führungspositionen sind seit jeher bei Counterpart absoluter Standard und ich möchte das weiter fördern und ausbauen. Wir haben also eine ehrliche, authentische und ungezwungene Quote von 60 Prozent Frauen – und im Führungsteam steht es 5:3 für die Frauen!" Für Judith Dobner sind menschliches, achtsames Führen, Respekt und Wertschätzung oberste Prämissen ihrer Arbeit. Besonders wichtig ist ihr, junge weibliche Talente zu fördern und Frauen von Anfang an die Zuversicht zu geben, dass sie es bis in Führungspositionen schaffen können. „Es sind viele kleine Gesten und Verhaltensweisen, die wir als Frauen auf der Karriereleiter erlernen müssen, und dabei möchte ich von Anfang an als Mentorin für andere mitwirken." Ein Studienabschluss sei für eine Karriere nicht zwingend erforderlich, weiß sie aus eigener Erfahrung – auch wenn sie lange damit gehadert hat, ihr eigenes Studium nicht abgeschlossen zu haben. „Mir begegnen viele gute Talente, die zwanghaft meinen, sie müssten nach dem Bachelor unbedingt noch einen Master machen. Das ist bestimmt toll, aber es gibt auch die, bei denen ich einfach sage: ‚Mach einfach weiter Karriere!' Mit mir als gutem Beispiel will ich zeigen: Das geht auch ohne Master und Doktortitel."

Wichtig findet Judith Dobner auch die Neuausrichtung der Arbeitswelt auf Themen wie hybrides Arbeiten und Flexibilität für Mütter und Familien. Und: „Gerade als Agentur ist es wichtig, nachhaltig, respektvoll und verantwortungsbewusst zu agieren. Darum werden wir aus eigener Entscheidung nicht für bestimmte Produkte und Branchen tätig. Wir haben die Agentur klimaneutral aufgestellt und arbeiten deutlich an ‚Green products and services'. Entsprechend richte ich das Unternehmen im Rahmen der digitalen Transformation neu aus." Dank ihres engagierten Management-Teams, dass mit Judith Dobner gemeinsam diesen Prozess hin zu einer digitalen, hybriden Agentur vollzogen hat, kann die Chefin heute einen Teil ihrer Arbeit ortsungebunden erledigen.

So sorgsam wie mit der Agentur geht Judith Dobner heute auch mit ihrem Privatleben um. Gemeinsam mit ihrem Mann Mikel hat sie sich als Refugium ein Haus in einem kleinen südfranzösischen Dorf gekauft, das sie sowohl beruflich wie auch privat nutzt. Erklärtes Ziel der Kölner Powerfrau: Mehr Zeit zu finden für sich und ihre Familie, zu der auch zwei „Beutekinder" aus der ersten Ehe ihres Mannes gehören, sowie ein Tierschutzhund namens Pepita, genannt Pepa.

LEBENSDATEN

Geboren 1976 in Köln
Schulzeit in Brühl. Katholische St. Franziskus Grundschule,
erzbischöfliches St. Ursula Gymnasium
Ab 1996 Studium der Germanistik, Sprachwissenschaften und Französisch
an der Universität zu Köln
Parallel zum Studium Kundenberaterin in einer Kölner Fullservice-Werbeagentur
Ausbildung bei der IHK Köln zur Fachfrau für Marketingkommunikation
Von 1999 bis 2002 Aufbau des Marketings für das Start Up Think 4 U
2002 Einstieg als Key Accounterin bei der Kölner Agentur Counterpart
2004 Berufung ins Executive Board der Agentur
Ab 2005 Mitglied der Geschäftsleitung
2019 Ernennung zur alleinvertretungsberechtigten Geschäftsführerin

2021 30-jähriges Jubiläum der Agentur

ENGAGEMENTS

Beisitzerin am Schiedsgericht für Wettbewerbsstreitigkeiten der IHK zu Köln
Engagiert in Tierschutzthemen

AUSZEICHNUNGEN

Seit 2019 vier Jahre in Folge „Top Arbeitgeber des Mittelstands" Focus
2 x RedDot Design Award
3 x German Design Award
1x ADC
3x Best 18/1
1x Plakat des Jahres
1x Beste Verkehrsmittelwerbung
Seit 2 Jahren Kununu TOP Company

PRIVAT
Verheiratet mit Michael "Mikel" Maasmeier

CAROLA ENGELBERTS

Mit Struktur zur Unabhängigkeit

Ein Jahr, nachdem ihre Tochter Pia geboren wurde, begann Carola Engelberts, Behandlungs- und Betreuungskonzepte zu entwickeln, die auf die besonderen Bedürfnisse von Kindern zugeschnitten sind. In den folgenden Jahren durchlief die Zahnärztin etliche Fortbildungen, weil sie mit den in Deutschland gängigen Konzepten nicht glücklich war. „Alles was ich gelernt habe, musste die arme Pia über sich ergehen lassen", gibt sie zu. „Doch mein Mann sagte ihr: ‚Sei dankbar, dass die Mama die vielen Fortbildungen gemacht hat, weil Du sonst heute vielleicht einen niedrigeren IQ hättest.'" Tatsächlich hatten die Eltern erlebt, wie Pia als Kleinkind schnarchte, weil sich der Kiefer nicht richtig entwickelte. „Aus unserem Studium wussten wir nicht, was zu tun wäre." Bei einem Kongress in Wien suchte Carola Engelberts Rat bei Kollegen, denen sie Bilder des Kiefers zeigt. „Brackets" lautete deren Empfehlung, der sie jedoch nicht folgte. Mit einem myofunktionellen System aus Australien, welches die natürlichen Muskelkräfte nutzt, um die Kiefer der Kinder wieder regelrecht wachsen zu lassen, versuchte sie es stattdessen. Später wurden auch die Mandeln entfernt, doch das Schnarchen fing wieder leicht an. „Sie atmete durch den Mund, wodurch weniger Sauerstoff in den Körper kam, und musste lernen, durch die Nase zu atmen und ins Zwerchfell zu trainieren." Tatsächlich kann die schlechtere Sauerstoffversorgung des Gehirns durch falsche Atmung die geistige Entwicklung eines Kindes hemmen, was 10 bis 15 IQ-Punkte weniger zur Folge hat.

Im Teenageralter traten neue Symptome auf. Pia wurde immer wieder schlagartig schlecht und verpasste viel von der Schule. „Ich bin von Arzt zu Arzt gelaufen und musste mir anhören, ich wäre eine oberehrgeizige Mutter, die das Kind unter Druck setzt." Als die Tochter sie eines Tages bat, die Jalousien herunterzulassen, weil es ihr zu hell war, recherchierte Carola Engelberts spontan im Internet nach „Atypische Migräne Teenager" und fand etliche englischsprachige Artikel, in denen der Zusammenhang solcher Symptome mit einem verkürzten Zungenband erläutert wurde. „Zu diesem Zeitpunkt hatte ich mich bereits mit der Thematik beschäftigt und einen Zungenbandkurs absolviert. Daher konnte ich die Trennung bei meiner Tochter durchführen."
Pia war ab diesem Moment völlig symptomfrei und hat nicht mehr geschnarcht.

Anfang der 1970er Jahre wurde der Wohnpark am Bockenberg in Bergisch Gladbach-Bensberg erbaut, mit großzügigen Grünanlagen, einem Schwimmbad für die Bewohner, einer Sauna, Tiefgarage und einem Gewerbezentrum mit Bäcker, Supermarkt, Bistro, Arztpraxen und Friseur. Eine Luxusimmobilie, in der Joachim Sperbel, Finanzdirektor bei der Klöckner-Humboldt-Deutz AG Köln, mit seiner Frau Iris und seinen beiden Töchtern eine Wohnung bezieht. Carola, 1973 geboren, erlebt die Siedlung, die im Volksmund „Klein-Manhattan" genannt wird, zunächst aus einem sehr positiven Blickwinkel. „In der Mitte der Hochhäuser lag der Kindergarten, den Kinder aus ganz unterschiedlichen sozialen Schichten besuchten. So lernten sich auch deren Eltern untereinander kennen. Die Verkäufer im Sparmarkt nannten uns beim Namen, und in den Tiefgaragen konnten wir fantastisch Räuber und Gendarm spielen." Doch das Konzept funktioniert nur in den ersten Jahren. Familien der aufstrebenden Mittelklasse verlassen die Siedlung, um eigene Häuser zu bauen, wodurch die Zahl der Sozialwohnungen steigt und Läden schließen. Als der Vater die Familie verlässt, ziehen Iris Sperbel und ihre Töchter in eine Neubauwohnung nach Moitzfeld. Carola nimmt aus dieser Zeit wichtige Erfahrungen mit. „Diese Trennung meiner Eltern hat mich dazu gebracht, bis heute sehr viel Wert auf Eigenständigkeit zu legen."

Gut erinnern kann sich Carola daran, dass sie als 10- bis 12-jähriges Kind wegen schlechter Zähne behandelt werden musste. „Beim Zahnarzt fand ich es immer toll, dass der mit seinem Stuhl hin- und hergerollt ist, dabei Schubladen geöffnet und auch noch mit mir geredet hat – und es nicht weh tat." Ihre ersten Schuljahre am Albertus-Magnus-Gymnasium hat sie indes in weniger guter Erinnerung. „Dort gab es sehr alte Lehrer. Nach der 10. Klasse besuchte ich das Herkenrath-Gymnasium, an dem junge, innovative Pädagogen unterrichteten." In ihrer Freizeit beschäftigt sich der Teenager intensiv mit Leistungsturnen und Tennis. Mit 16 Jahren macht sie ihren Trainerschein beim Tennisverband Mittelrhein und gibt neben der Schule Trainingsstunden. „Ich habe eigentlich immer gearbeitet, obwohl ich das gar nicht musste. Ich habe Zeitungen ausgetragen und Babys gesittet." Carolas fünf Jahre ältere Schwester Susanne beginnt nach dem Abitur ein Studium der Zahnmedizin in Bonn. Sie selbst möchte später einmal Humanmedizin studieren, doch ihr Vater will unbedingt, dass seine jüngere Tochter eine Banklehre macht, worin er sie unterstützen kann. „Meine Schwester galt als die Schlaue und ich als die Sportliche." Immerhin öffnet Joachim Sperbel seiner Tochter dank seiner guten Beziehungen Tür und Tor. Bei allen Banken in Köln darf sie Eingangstests machen, was sie jedoch schrecklich findet. „Es waren aufgeplusterte Leute, die es schick fanden, im Anzug zur Arbeit zu gehen – so war ich einfach nicht." Ebenso bewusst ist ihr, dass sie solch eine Karriere auf die Unterstützung ihres Vaters bauen würde.

Mit einem mittelmäßigen Notendurchschnitt im Abitur beginnt Carola eine Ausbildung als Medizinisch-Technische Assistentin in Köln mit dem Ziel, anschließend Medizin zu studieren. „Im Rahmen der Ausbildung musste ich ein Praktikum im Krankenhaus machen und fand das ganz schrecklich – Patienten, die nie richtig gesund wurden, dann die Hierarchie unter Ärzten und Schwestern, und ich war das allerunterste Glied." Menschen schnell helfen, Schmerzen beseitigen und bald Ergebnisse sehen geht dagegen in der Zahnmedizin. „Das gab den Ausschlag für meinen Berufswunsch – und das Handwerkliche, was mit dem Beruf verbunden ist." Carola meldet sich noch während der Ausbildung für den Mediziner-Test an, der ihr den Zugang zu einem Studienplatz ermöglichen soll. Ohne große Vorbereitung geht sie in die siebenstündige Prüfung, in der Mathematikkenntnisse, räumliches Vorstellungsvermögen und Textfragen geprüft werden, und Konzentration sowie ein gutes Gedächtnis entscheidend für den Erfolg sind. „Ich habe exzellent abgeschnitten, weil ich die Themen total interessant fand", meint sie rückblickend. „Nun konnte ich in Bonn, wo auch meine Schwester studierte, mit dem Studium der Zahnmedizin anfangen."

Die erste eigene Wohnung der Studentin liegt in der Bonner Altstadt – dort, wo im Frühjahr unzählige Kirschbäume blühen. „Sie war nur 18 Quadratmeter groß und hatte Schimmelpilz an der Wand. Der Freund der Vormieterin, ein Schreiner, hatte ein Hochbett eingebaut, darum ging es mit dem Platz. Ich habe es geliebt, dort zu wohnen." Dank ihrer MTA-Ausbildung kann Carola bereits ab dem 1. Semester an der Uniklinik in Bonn Nachtdienste übernehmen, um sich ein bisschen Geld nebenher dazu zu verdienen, obwohl sie nicht drauf angewiesen ist. Teil des Studiums ist während dieser Zeit auch eine Ausbildung als Zahntechnikerin. Das Handwerkliche macht Carola besonders viel Freude. „Bereits als Kind habe ich mit einer Nachbarin in der Hochhaussiedlung Weihnachtsgeschenke für die ganze Familie gebastelt." Neben dem Studium arbeitet sie auch für eine Schweizer Dentalfirma auf Fachmessen und gibt bis zu ihrem 26. Lebensjahr Kurse mit den Produkten für Zahnarztpraxen in ganz Europa. Wie man solche Nebentätigkeiten mit einem anspruchsvollen Studium vereinbaren kann? „Wenn man das macht, was man liebt, geht das", erklärt Carola Engelberts lachend.

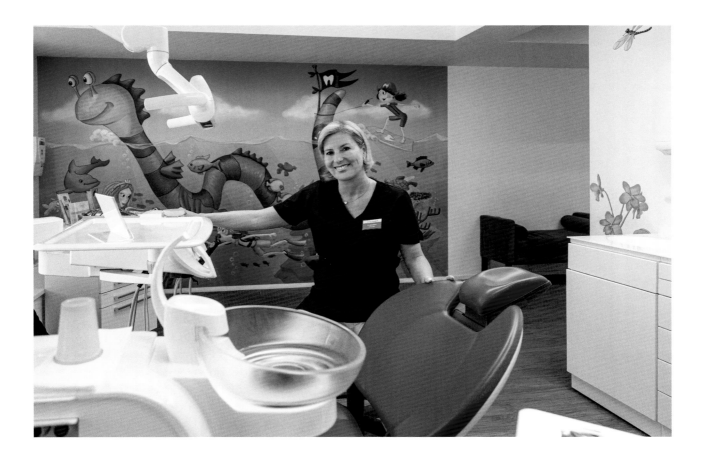

Nach ihrem erfolgreich bestandenen Examen nimmt die junge Zahnärztin ihre erste Stelle bei ihrem früheren Zahnarzt in Bensberg an. Sie stürzt sich in die Arbeit, obwohl die Bedingungen nicht so günstig sind. „Ich habe das Zimmer ohne Klimaanlage bekommen und die Auszubildende als Assistenz." Schnell merkt Carola Engelberts, dass ihr noch viel Erfahrung in der Behandlung von Patienten fehlt. Wenn sie nicht weiter weiß, ruft sie aus dem Umkleideraum ihren Partner an, der selbst Zahnarzt ist. Kennengelernt hat sie den ein Jahr älteren Ulrich Engelberts während des Studiums in Bonn und ist mit ihm danach in eine gemeinsame Wohnung in der Kölner Ehrenstraße gezogen. Er arbeitet mittlerweile als Zahnarzt bei seinem Schwager in Köln, träumt aber von einer eigenen Praxis, die er 2001 mit einem Studienfreund unter dem Namen „Richmodent" in der Richmodstraße eröffnet. Seiner Frau schlägt er vor, ebenfalls mit einzusteigen. „Weil ich nur Assistenzstellen außerhalb von Köln bekommen hätte, kam ich sehr schnell nach, wollte aber unabhängig bleiben und habe in den gemeinsamen Räumlichkeiten meine eigene Praxis eröffnet." Die drei jungen Zahnärzte beginnen bei Null. „Wir hatten wirklich Kissenabdrücke, weil wir zwischendurch geschlafen haben, bis mal ein Patient kam", erinnert sich Carola Engelberts an die schwierigen Anfänge. Mit Öffnungszeiten von 7 bis 22 Uhr und samstags von 8 bis 16.30 Uhr, Kinderpuppennachmittagen zur Prophylaxe sowie einer eigenen Homepage machen sie auf sich aufmerksam, allerdings mit Nebenwirkungen. „Ein Kollege zeigte uns an, weil solche Öffnungszeiten

damals unüblich waren, und ein anderer hat unsere Homepage kopiert – mit eigenen Bildern, aber samt unserer Rechtschreibfehler in den Texten."

Relativ schnell expandiert die Praxis, vor allem durch Mund-zu-Mund-Propaganda. „Gestartet sind wir mit anfangs vier Mitarbeitern und 200 Quadratmetern, nun sind es 67 Mitarbeiter und eine Praxisfläche von 1.800 Quadratmetern", erläutert Carola Engelberts, die sich im Jahr 2006 auf Endodontie (Wurzelbehandlungen) spezialisiert. „Jetzt wusste ich, wie man Kinderzähne behandelt, was man nicht wirklich an der Universität lernt." Die Zahnärztin muss jedoch feststellen, dass sie nur ca. 80 Prozent sehr gut behandeln kann, und entwickelt den Ehrgeiz, auch die anderen 20 Prozent sicher und gut zu versorgen. Daher belegt sie sämtliche Fortbildungen, die es gibt, spezialisiert sich 2009 auf Kinderzahnheilkunde und gründet die Marke „Richmokids". Seit dem 20-jährigen Firmenjubiläum unterstützt eine Bronzefigur namens Heinz Dentist der Kölner Künstlerin Heike Haupt die spezialisierten Kinderzahnärzte und Kinderzahnärztinnen der Praxis mit seinem strahlenden Lächeln.

Bereits 2007 hat Carola Engelberts mit einem myofunktionellen System aus Australien begonnen, welches die natürlichen Muskelkräfte nutzt, um die Kiefer der Kinder regelrecht wachsen zu lassen, wodurch sich als Nebeneffekt auch die Zähne geradestellen. „Sofort bemerkte ich, dass ich durch diese Methode schnellere, bessere und nachhaltigere Ergebnisse bekam als mit klassi-

Man muss sich trauen, gegen klassische Denkweisen zu handeln.

Wahlspruch von Carola Engelberts

scher Kieferorthopädie. Ich gründete daraufhin 2010 Europas größtes Myobracezentrum und gab viele Jahre Kurse für diese Firma." Sie kehrt der klassischen Kieferorthopädie den Rücken, macht keine Brackets mehr und entwickelt ihr eigenes kieferorthopädisches Konzept „Richmosmile", bei dem immer erst die Ursache von schiefen Zähnen therapiert wird, dem dann, falls noch nötig, etwas klassische Kieferorthopädie folgt. „Man muss sich trauen, gegen klassische Denkweisen, die man an der Uni lernt, zu recherchieren, und diese auch einzusetzen", beschreibt Carola Engelberts ihren Ansatz. Auch die Problematik eines verkürzten Zungenbandes bei Babys wird im Studium in Europa fast gar nicht thematisiert. In vielen Ländern, wo Stillen viel häufiger stattfindet, ist das ganz anders. Die Symptome eines verkürzten Zungenbandes können nämlich im Laufe des Lebens zum Beispiel Schmerzen und Probleme der Mutter beim Stillen, Koliken und Spucken bei Babys, gestörte Sprachentwicklung bei Kindern, Würgereiz und Essprobleme, Kopf-und Nackenschmerzen bis hin zu Migräne, Tinnitus, Schnarchen und sogar Apnoen sein. „Dazu kann man je nach Restriktion auch schlecht küssen, vermeidet dies und kann dadurch wiederum Probleme in Beziehungen oder beim Sex haben, was vollkommen tabuisiert wird in unserer Gesellschaft." Carola Engelberts besucht deshalb international alle Fortbildungen zu diesem Thema und erlernt bei einem HNO-Arzt in Los Angeles eine spezielle operative Technik, welche zu sofortigen guten Ergebnissen führt. Heute trennt sie in ihrer Praxis Zungenbänder bei Babys ab 2 Tagen bis ins hohe Lebensalter. Vor allem über gut vernetzte Mütter in Facebook- und Instagram-Gruppen spricht sich diese wirksame Technik schnell herum, und Stillberaterinnen überweisen ihr von ihnen betreute Frauen.

Im Unterschied zu den immer mehr aufmachenden Zahnarztketten führen Carola Engelberts und ihr Mann heute ein zahnmedizinisches Zentrum,

das sie selbst als große, moderne „Dorfpraxis" bezeichnen, in der das persönliche Gespräch mit den Patienten extrem wichtig ist. Gemeinsam mit ihren angestellten Zahnärztinnen und Zahnärzten versorgen sie alle Patienten standardisiert hochwertig und modern. „Wir therapieren in jedem Bereich atemwegsfokussiert", betont die Zahnärztin den Ansatz der Praxis. Ihre Angestellten kommen aus unterschiedlichen Ländern und Kulturen und bilden gut funktionierende Teams. „Die angestellten Ärzte halten uns den Rücken frei, sie sorgen für das Grundrauschen, so dass wir die schönen Dinge machen können, auf die wir Lust haben." Dass ihr mittelständisches Unternehmen eines Tages so groß werden würde, hat sich im Laufe der Jahre eher von selbst ergeben. Carola Engelberts aktuelles Hauptprojekt ist ihr standespolitisches Engagement, um etwas für die bessere Patientenversorgung zu bewirken. Über den Verband der Zahnärztinnen plus (= plus Männer) wurde sie für fünf Jahre in die Vertreterversammlung gewählt. Um interdisziplinär alle Beteiligten an einen Tisch zu holen, hat sie außerdem die Deutsche Gesellschaft für orofaciale Myofunktion (DGMyo) mit innovativen Ärzten, Ernährungswissenschaftlern und einem Anwalt gegründet.

Bedingt durch das große Arbeitspensum ist das Privatleben der beiden Zahnärzte straff organisiert. „Mein Mann oder ich bringen die Kinder morgens in die Internationale Friedensschule in Köln, die sie ganztags besuchen. Danach gehen wir eine Runde mit unseren Hunden und anschließend in die Praxis." Ihre langen Arbeitstage aus den ersten Jahren haben Carola Engelberts und ihr Mann inzwischen reduziert, doch im Wesentlichen nur, um weitere Fortbildungen zu besuchen und sich sozial zu engagieren. „Wir haben unseren Mietvertrag noch 20 Jahre und wollen nie in Rente gehen", betonen beide unisono. Vielleicht ist dann die Nachfolge schon geregelt: Tochter Pia will nach dem Abitur Zahnmedizin studieren und hat bereits den Medizinertest bestanden.

LEBENSDATEN

Geboren 1973. Verheiratet, 2 Kinder
1980 evangelische Grundschule Bensberg
1984 bis 1989 Albertus Magnus Gymnasium
Bensberg
1989 bis 1993 Gymnasium Herkenrath
mit Abschluss Abitur
1993 bis 1995 Ausbildung zur medizinisch
technischen Assistentin (MTA) an der Rheinischen
Akademie Köln
1996 bis 2001 Studium der Zahnmedizin an der
Rheinischen Friedrich-Wilhelms-Universität Bonn
2001 Neun Monate Assistenzzeit in einer
Zahnarztpraxis in Bensberg
danach gemeinsam mit ihrem Mann
eigene Praxis Richmodent in Köln, mittlerweile
12 angestellte Zahnärzte und Zahnärztinnen
2006 Spezialisierung auf Endodontie
(Wurzelbehandlungen)

ENGAGEMENT

Unterstützung von Kölner Projekten für Kinder
2018 „MiniMolars Cambodia"
Gründung Deutsche Gesellschaft für
orofaciale Myofunktion (DGMyo) mit
interdisziplinären Kolleginnen und Kollegen

SUSANNE FASSBENDER

Kompetenz und Freude im Job

Wie sollten sich Mitarbeiterinnen und Mitarbeiter eines Maklerbüros während der Arbeit kleiden? „Bei uns tragen die Damen Kostüm, die Herren Krawatte", erklärt Susanne Faßbender. „Ich halte das auch heute noch für absolut wichtig, weil wir mit großen Vermögenswerten handeln." Es gehe darum, seinem Gegenüber Respekt zu zollen, indem man ihm in vernünftiger Kleidung – nicht overdressed – entgegentritt. Dass junge Azubis sich damit schwertun, erlebt sie indes immer wieder. „Als Sneaker hergestellt wurden, die mit dem Engel & Völkers-Logo gebranded waren, kam die Frage auf, ob man diese nicht im Büro tragen dürfe. Das trügen heutzutage doch selbst Fernsehmoderatoren. Ich antwortete: ‚Wir sind aber keine Fernsehmoderatoren. Nein, die dürft ihr natürlich nicht im Büro tragen, die könnt Ihr Euch für die Freizeit bestellen.'"

Eine junge Frau, die bei der Immobilienmaklerin in Euskirchen ihre Ausbildung absolvierte, tat sich besonders schwer mit den ihr ungewohnten Kleiderregeln. Nach dem erfolgreichen Abschluss ihrer Ausbildung lud Susanne Faßbender sie daher ein, mit ihr in Köln einkaufen zu gehen. „Ich sagte, ich kaufe Dir jetzt Anzüge, mit denen Du immer gut angezogen bist, wenn Du zum Kunden gehst. Der Gedanke des Unternehmensgründers Christian Völkers war ja, jeden Tag so gekleidet zu sein, dass wir sofort mit dem Kunden zum Notar gehen könnten – und zum Notar geht man nun mal nicht im T-Shirt, auch wenn Kunden das heute manchmal tun." Für Susanne Faßbender, die schon im Elternhaus gelernt hatte: „Wie Du kommst gegangen, so wirst Du empfangen", eine Selbstverständlichkeit. In Vertriebsschulungen hieß der alte Satz in neuen Worten: „Für den ersten Eindruck gibt es keine zweite Chance. Du weißt nie, wen Du antriffst, und dann bist Du im Hosenanzug oder im Kostüm einfach immer besser gekleidet." Während des Einkaufs argumentierte die Mitarbeiterin, ihre Figur ließe solche Kleidung einfach nicht zu, was die Chefin sofort entkräftete: „Wir gehen zum Änderungsschneider und lassen die Kleidung so ändern, dass sie Dir passt." Ein Procedere, das in Vergessenheit geraten zu sein scheint. Mittlerweile ist die Mitarbeiterin für Susanne Faßbender im Vertrieb tätig – und hat selbst erfahren, was ein vernünftiges Standing wert ist, schon allein wegen ihres jugendlichen Alters. Sie hat gespürt, was es bedeutet, kritisch taxiert zu werden, und sagt heute selbst: „Wenn ich Kostüm oder Anzug trage, fühle ich mich tatsächlich wohler, es bietet mir einen gewissen Schutz."

Als Geburtsort Euskirchen oder Mechernich im Ausweis ihrer Kinder stehen zu haben, kam für Elisabeth Goris nie in Frage. „Wenn sie eines Tages in die Welt hinauswollen, steht dort Köln!" Als die Wehen einsetzen, fährt sie ins Heiliggeist-Krankenhaus nach Köln-Longerich, wo 1978 Tochter Susanne geboren wird und sechs Jahre später deren Bruder Heiner. Vater Engelbert arbeitet als Bankdirektor in Köln, während sich Mutter Elisabeth zu Hause in Erftstadt-Erp um den Haushalt und die heranwachsenden Kinder kümmert. Später betreibt sie ein kleines Einzelhandelsgeschäft in Zülpich, wo sie selbst groß geworden ist. „Meinen Großeltern gehörte dort ein Bauernhof, auf dem ich fast jedes Wochenende verbrachte", erinnert sich Susanne Faßbender dankbar. „Ich saß auf einem Strohballen und schaute meiner Großmutter zu, wie sie die Tiere versorgte." Zu ihr entwickelt das junge Mädchen eine besondere Beziehung, spürt eine gewisse Seelenverwandtschaft, weil sie einander in vielem ähneln.

Als Susanne aufs Gymnasium kommt, muss sie täglich mit dem Bus nach Zülpich fahren. Nach der Schule verbringt sie nun noch mehr Zeit auf dem großelterlichen Hof – bis ihr Leben völlig unerwartet auf den Kopf gestellt wird. „Während eines Schüleraustauschs bekam ich in Frankreich starke Gelenkschmerzen, die zunächst kein Arzt diagnostizieren konnte. Ich konnte plötzlich nicht mehr laufen. Dann kamen die Bauchschmerzen." Es dauert, bis die Autoimmunerkrankung Morbus Crohn als Ursache für die Beschwerden feststeht – eine

chronisch-entzündliche Darmerkrankung, welche die Lebensqualität erheblich einschränken kann. Es folgen mehrere Krankenhausaufenthalte, während denen der Teenager nicht zur Schule gehen kann. „Ich hatte sehr gute Zensuren, darum war das in den ersten beiden Jahren kein Problem. Doch ich konnte keinem meiner Mitschüler erzählen, wie es mir wirklich ging." Ihr wird sogar unterstellt, nur zu simulieren. Tröstlich sind die täglichen Besuche der Eltern, und dass sich die Großmutter eines Tages von Zülpich mit Bus und Bahn nach Köln aufmacht, um ihrer Enkelin beizustehen. „Sie konnte ganz gut die Wolken beiseiteschieben und immer nach vorne gucken. Das hat mich geprägt." Susanne übersteht schmerzhafte Untersuchungen und eine lebensbedrohliche Situation nicht zuletzt dank des Chefarztes Prof. Dr. med. Wolfgang Kruis, der ihr entgegen anders lautenden Prognosen verspricht, dass sie eines Tages ein normales Leben werde führen können. „Der Mann hat Recht behalten", erklärt Susanne Faßbender, die seit zwölf Jahren schubfrei ist.

Nach dem Fachabitur bewirbt sich die junge Frau um eine Ausbildung als Hotelkauffrau, trotz der kritischen Anmerkung des Vaters, damit könne man doch kein Geld verdienen. „Ich bin sehr froh, dass ich den Beruf trotzdem erlernt habe, und würde ihn auch meiner Tochter empfehlen, weil er trotz vieler Einschränkungen Spaß macht und einen Menschen prägt: Du lernst Dienstleistung, Du lernst kochen, Du lernst Betten machen, Du lernst Klos putzen – und das zu unmöglichen Zeiten. Danach weißt Du, was Arbeit ist." Im Hopper Hotel

St. Antonius in Köln erlebt Susanne häufig die Crews internationaler Stars, die dort zu Gast sind. Während sie am Empfang den Check-in übernimmt, muss sie immer wieder gegen die Symptome ihrer Krankheit kämpfen – und die Ignoranz der Ausbilderin. Dennoch schafft sie ihren Abschluss und wechselt in das Fünf-Sterne-Hotel Arabella-Sheraton nach München – eine Zeit, die sie endlich genießen kann. Um sich beruflich weiterzuentwickeln, kehrt Susanne Faßbender 2002 ins Rheinland zurück und absolviert an der Europäischen Wirtschafts- und Sprachenakademie in Köln Fortbildungen im kaufmännischen Bereich. Einen neuen Arbeitsplatz hat sie bei Pernod Ricard Deutschland im Vertrieb gefunden. „Zuerst habe ich am Empfang gearbeitet, doch der Vertriebsdirektor sagte mir: ‚Eigentlich gehörst Du hier nicht hin, sondern musst nach draußen zu unserer Kundschaft.'" Es folgt eine spannende Zeit, in der die gelernte Hotelkauffrau als Promotionleiterin für Ramazotti arbeitet und mit mehreren freien Mitarbeiterinnen Events betreut. In dieser Zeit lernt sie ihren Mann Christian kennen, der ebenfalls in der Getränkebranche arbeitet. Als Tochter Elisabeth 2006 geboren wird, geht Susanne Faßbender ein Jahr in Elternzeit. Ihre Krankheit kann sie mittlerweile mit Medikamenten im Griff behalten und kehrt für kurze Zeit in einen Job in der Getränkeindustrie zurück. „Eines Tages erzählte mir mein Vater von einem interessanten Kontakt, der Firma Engel & Völkers, und meinte, das wäre ein guter Arbeitgeber für mich." Trotz erster Bedenken bewirbt sie sich in dem Kölner Büro des international agierenden Immobilienunternehmens auf eine Assistenzstelle. „Im Vorstellungsgespräch bekam ich gesagt, dass ich doch viel besser für den Vertrieb geeignet sei, allerdings auf freiberuflicher Basis arbeiten müsse." Engelbert Faßbender, selbst immobilienaffin, redet seiner Tochter gut zu und verspricht Unterstützung, wenn sie anfangs noch kein Geld verdient.

Susanne Faßbender gelingt der Start in die Selbständigkeit relativ schnell, nicht zuletzt dank der vielschichtigen Fortbildungen, die ihr das Unternehmen bietet. Sohn Ferdinand wird 2010 geboren. Nun erlebt sie selbst, wie wertvoll die Unterstützung durch Großeltern ist, die gerne die Kinder der berufstätigen Eltern zu sich nehmen. Im Jahr 2013 meldet sich die Kreissparkasse Euskirchen bei Susanne Faßbender, um sie für deren Immobilienabteilung abzuwerben. „Es war das erste Mal, dass ich sagte, ich könnte die Stelle aufgrund meiner Erkrankung nicht annehmen. Ich wollte das nie an die große Glocke hängen." Umso erstaunter hört sie die Antwort: „Wir nehmen Sie trotzdem. Mit dem Erfahrungsschatz, den Sie mitbringen, sind Sie so viel wert für uns. Krank werden kann jeder." Endlich steht sie nicht mehr unter dem Druck, die Krankheit verbergen zu müssen, was sie als einen Moment der Befreiung empfindet. Ihrem neuen Arbeitgeber rechnet sie das hoch an. Den Wunsch, erneut in die Selbständigkeit zu gehen, erfüllt sich die zwischenzeitlich zertifizierte Immobilienvermittlerin im Jahr 2017. „Ich habe den Engel & Völkers Partner in Brühl angesprochen, ob er kein Interesse hätte, über den Raum Euskirchen nachzudenken. Ich würde den Bereich für ihn freiberuflich betreuen." Tatsächlich hat ihr Gesprächspartner bereits die entsprechenden Lizenzen erworben, um dorthin zu expandieren. Im August 2017 eröffnet der Shop in der Euskirchener Innenstadt, mit Susanne Faßbender als stiller Teilhaberin. Gleichzeitig übernimmt sie Geschäfts- und Büroleitung. „Leider hat meine Großmutter das nicht mehr mitbekommen, denn sie war Anfang des Jahres verstorben."

Zwei Jahre später erwirbt Susanne Faßbender die Anteile ihres Geschäftspartners und eröffnet einen weiteren Engel & Völkers Shop in Düren. „Wir hatten zu zweit angefangen und kamen in kurzer Zeit auf ein Team von 15 Mitarbeitern." Vater Engelbert berät sie und hat mittlerweile Prokura. Mutter Elisabeth erledigt die Buchhaltung. Nach der Gründung der GmbH läuft es zunächst gut für die engagierte Immobilienkauffrau – bis die Corona-Pandemie ihr Geschäft vor riesige Herausforderungen stellt. „Die Büros waren urplötzlich leer, und alles musste auf Homeoffice umgestellt werden. Als wir das einigermaßen überwunden hatten, haben wir ‚erfolgreich' an der Flut teilgenommen." Als schließlich noch die Folgen des Kriegs in der Ukraine spürbar werden, verändert sich der Markt von Susanne Faßbender deutlich. „Früher gab es einen Verkäufermarkt, weil jeder eine Immobilie finanzieren konnte. Heute verlangen die Banken wieder 25 Prozent Eigenkapital und prüfen die Finanzierung und die Immobilie sehr ge-

nau. Damit ist der Verkäufermarkt zurückgegangen." Umso wichtiger sei es, einen kompetenten Makler an seiner Seite zu haben, um den Eigentümer vor gewissen Risiken zu schützen und einen vernünftigen Preis zu erzielen. Lachend erzählt die Maklerin, wie es ihr ergeht, wenn sie zu Menschen kommt, die ihrem Berufsstand kritisch gegenüberstehen. „Mein größtes Hobby ist, diese Kunden so zu überzeugen, dass sie später sagen: ‚Frau Faßbender, ich freue mich auf den Präsentationstermin'."

Freude im Job ist Susanne Faßbender auch als Arbeitgeberin wichtig. „Wir verbringen so viel Zeit mit unserem Job. Da ist ein gutes Miteinander wichtig. Wenn ich mitbekomme, dass nicht offen miteinander, sondern hinter dem Rücken der anderen geredet wird, kann ich sehr ungemütlich werden." Die älteste Mitarbeiterin ist 66 Jahre alt, die jüngste 17 – ihre eigene Tochter Elisabeth. Sie kümmert sich neben der Schule um den Social-Media-Auftritt. Was die Unternehmerin auch weiß: „Wenn ich meinen Mann nicht hätte, könnte ich nicht in diesem Ausmaß arbeiten und auch nicht das Unternehmen allein führen. Christian kümmert sich um alles, was nicht kaufmännisch ist – Haus und Hof, Kinder." Während der gemeinsamen Freizeit steht die Familie im Mittelpunkt, und für die bekennende Rheinländerin spielt der Karneval eine große Rolle – nur Sohn Ferdinand kann sich nicht dafür begeistern.

LEBENSDATEN

Geboren am 1978 in Köln. Verheiratet, zwei Kinder
1985 Janusz-Korczak-Grundschule in Erp
1989 Städtisches Gymnasium Zülpich
1992 Diagnose Morbus Crohn
1997 Fachhochschulreife
1998 bis 2001 Ausbildung Hotelkauffrau (IHK),
Hopper Hotel St. Antonius, Köln
2001 bis 2002 Arabella-Sheraton, München
2002 bis 2006 Pernod Ricard Deutschland
2006 bis 2007 Elternzeit
2007 bis 2009 sonnencreative GmbH
2009 bis 2013 Engel & Völkers Köln,
selbst. Immobilienmaklerin
2013 bis 2017 S Finanz Euskirchen /
Tochtergesell. KSK Euskirchen, Immobilienvertrieb
2014 Weiterbildung zur zertifizierten
Immobilienvermittlerin (IHK)
2017 bis 2019 Engel & Völkers Euskirchen,
Shoperöffnung August 2017,
EVPB Immobilien GmbH
2019 bis 2023 Übernahme Engel & Völkers Euskirchen und Shop-Eröffnung Düren (Nov. 2019),
EV Faßbender Immobilien GmbH
Seit Juli 2019 alleinige geschäftsführende Gesellschafterin der EV Faßbender Immobilien GmbH

ENGAGEMENT

Rotary Club Euskirchen seit 2018
ehrenamtliches Mitglied der Vollversammlung der
IHK Aachen

NORA GANTENBRINK

Auszeiten
für das Leben

Während der Corona-Pandemie stieg die Nutzung sozialer Medien erheblich an. Nicht nur die 16- bis 29-Jährigen nutzten nun Facebook, Instagram, Tiktok und WhatsApp vermehrt, sondern auch die 30- bis über 65-Jährigen, um sich zu informieren, zu vernetzen und auszutauschen. Gleichzeitig veränderte sich das Koch- und Ernährungsverhalten in Deutschland deutlich. In vielen Haushalten entstand der Bedarf, das Mittag- und Abendessen frisch und einfach zuzubereiten und sich gesund zu ernähren. Der ideale Zeitpunkt also, mit guten Rezepten Follower zu gewinnen.

Mit solchen strategischen Überlegungen ging Nora Gantenbrink nicht zu Werk. „Alle redeten von Instagram. Ich wollte wissen, was dran ist, und habe mir gesagt: Das kann ich auch." Sie nannte ihren Account noras_kitchenlove, kochte, fotografierte und schrieb ihr erstes eigenes Rezept für eine Spargel-Quiche.

„Für all diejenigen, die gerne auch mal vegetarisch essen und Spargel lieben, ist die Spargelquiche ideal: Einfach fertigen Blätterteig aus der Frischetheke in einer Auflaufform auslegen. Ca. 500 g Spargel klein schneiden und in der Form verteilen. Eine Masse aus 3 Eiern, 150 ml Sahne, 100 ml Milch, mit Salz, Pfeffer, Muskat und Thymian würzen und darüber gießen. Mit Parmesan bestreuen. Bei ca. 170 Grad Umluft ca. 40 Minuten in den Ofen." Der Beitrag erhielt 115 Likes. Es folgten Kochvorschläge für buntes Ofengemüse und Strammen Max, rotes Hühnercurry und Käse-Schinken-Lasagne.

Bis heute hat die ausgebildete Wirtschaftsprüfungsassistentin über 500 Rezepte ins Internet gestellt – von regional bis exotisch. Längst hat sie Qualität und Optik der Beiträge professionalisiert und es so geschafft, dass über 7.000 Menschen regelmäßig ihrem Account folgen.

Als mittleres von sieben Kindern wird Nora Gantenbrink 1980 im sauerländischen Menden geboren. Ihr Vater ist damals geschäftsführender Gesellschafter der BEGA Gantenbrink-Leuchten KG, ein mittelständisches Unternehmen, das Lichtlösungen für alle Bereiche der Architektur herstellt und weltweit vertreibt. Die Mutter, studierte Realschullehrerin, hat nach dem dritten Kind ihre Stelle aufgegeben. „Mein Vater hat wenig mit uns über seine Tätigkeit gesprochen", erinnert sich Nora Gantenbrink. „Doch wir haben natürlich mitbekommen, dass er viel beschäftigt war und oft an den Wochenenden ins Büro ging, weil er dort mehr Ruhe hatte."

Die Familie wohnt auf dem Firmengelände in Halingen, einer kleinen Gemeinde, die seit der kommunalen Neugliederung in Nordrhein-Westfalen zu Menden gehört. „Wir waren jeden Nachmittag draußen, es sei denn, es hat gestürmt", beschreibt Nora Gantenbrink ihre unbeschwerte Kindheit. „Wir tobten im Wald herum, haben Baumhütten und Staudämme gebaut oder auf der Straße Hüpfkästchen gespielt." Gemeinsam mit ihrer älteren Schwester geht sie zum Bauern, wo sie mit den Ferkeln spielen. Mit sieben Jahren entdeckt sie ihre Liebe zum Reiten, die sie mit ihren Schwestern teilt.

Nach dem Besuch der Katholischen Grundschule in Halingen besucht Nora das Heiliggeist-Gymnasium in Menden und später bis zum Abitur das Landschulheim Schloss Heessen, ein Internat, wo sie im Jahr 2000 ihr Abitur besteht. Eine genaue Vorstellung von ihrer beruflichen Zukunft hat sie da noch nicht. „Ich überlegte mir, in die Touristikbranche zu gehen, und bewarb mich bei der International School of Management in Dortmund um einen Studienplatz in Tourismus- und Eventmanagement." Die Abiturientin erhält die Zusage, lässt sich jedoch zurückstellen, um in der Praxis zu testen, ob die Branche etwas für sie sein könnte. In Andalusien macht Nora ein Praktikum im Club Aldiana, wo sie während ihres dreimonatigen Aufenthaltes an der Rezeption und in der Kinderbetreuung eingesetzt wird. „Ich habe festgestellt, dass das nicht meins ist!" Als sie Weihnachten bei ihren Eltern verbringt, macht ihr der Vater deutlich: „Nora, bevor du wieder zurückgehst, musst du wissen, was du tust." Er vermittelt seiner Tochter ein Vorstellungsgespäch bei der Firma Gautsch in Münster, ein Elektro- und Haushaltswaren-Großhändler. Hier erhält sie einen Ausbildungsplatz als Groß- und Außenhandelskauffrau, den sie im August 2001 antritt. „Ich bin sehr gerne dorthin gegangen und dafür auch nach Münster gezogen. Ich hatte eine kleine, süße Wohnung mit Blick auf den Kanal." Während der Woche genießt Nora Gantenbrink das Leben in der Großstadt, und an den Wochenenden fährt sie nach Hause, um sich um ihr Pferd zu kümmern.

Nach zweieinhalb Jahren beendet Nora die Ausbildung und arbeitet noch einige Zeit in dem Unternehmen, bis sie den Entschluss fasst, an einer regulären Universität zu studieren. „Ich habe mich für Betriebswirtschaftslehre beworben, aber nur einen Studienplatz in Magdeburg bekommen. Meine jüngere Schwester wollte zeitgleich anfangen zu studieren und bekam ebenfalls in Magdeburg einen Platz. Dorthin wollten wir beide nicht und haben uns in Münster für Volkswirtschaftslehre eingeschrieben, wofür es keinen Numerus clausus gab." Zunächst belegt Nora Gantenbrink einen Diplom-Studiengang, jedoch mit mäßigem Erfolg. „Ich war nicht faul, aber irgendwie lief es nicht." Obwohl sie viel lernt, fällt sie immer wieder durch Prüfungen. Mit ihren Eltern redet sie offen über die Probleme und findet Verständnis. „Solange du hingehst und dich bemühst, ist alles gut."

Schließlich platzt der Knoten. „Ich habe das Studium nicht mehr so ernst genommen, und ab dem Moment ging es auf einmal." Nach dem Vordiplom wechselt sie in den Bachelor-Studiengang und erwirbt im Jahr 2010 ihren Abschluss. „Im Nachhinein habe ich mir oft gedacht, ich wäre besser in der Großhandelsfirma geblieben und hätte mich dort weiterentwickeln können." In Gesprächen mit den Eltern und einem befreundeten Steuerberater entwickelt Nora Gantenbrink die Idee, sich in einer Wirtschaftskanzlei zu bewerben. Doch zunächst nimmt sie sich eine Auszeit, hilft ihrer Mutter im Haushalt, besucht die Geschwister und kümmert

sich intensiv um ihr Hobby, das Reiten. Im September 2011 tritt sie ihre erste Stelle als Steuer- und Prüfungsassistentin bei der HLB AuditTeam Dortmund AG an. Die Trennung von Münster fällt ihr schwer, weil sie dort mit ihren Geschwistern gelebt und ihre Ausbildung gemacht hat.

Ihr neues privates Umfeld findet sie in Menden. „Ich hätte die Wohnung von meiner Schwester im Dortmunder Kreuzviertel übernehmen können, weil sie, als ich in Dortmund anfing, mit ihrem Partner nach München gezogen ist. Der Vermieter hatte sich schon gefreut." Doch als die junge Frau in sich geht, stellt sie fest, dass sie lieber dort leben möchte, wo ihre Freunde sind. Das Büro in der Innenstadt von Dortmund erreicht sie in 45 Minuten mit dem Auto. Die Arbeit in der Kanzlei, die sich mit Wirtschaftsprüfung, Steuerberatung und Rechnungswesen befasst, bedeutet für Nora Gantenbrink eine Vierzig-Stunden-Woche, doch kein Nine-to-five-Job. „Ich wurde direkt für eine Prüfung beim Mandanten eingeteilt. In solchen Fällen geht man nicht um 17 Uhr." Sechs Jahre bleibt sie in dem Unternehmen. Um sich auch anderweitig zu orientieren, wechselt sie 2018 zu der Dortmunder help & hope Stiftung, in der sie sich um die Bereiche Finanzen, Controlling und Buchhaltung kümmert. „Es war ein traumhaftes Arbeitsumfeld im Grünen, aber ich fühlte mich nicht ausgelastet."

Im Jahr 2021 verlässt sie daher während der Pandemie die Stiftung, um sich eine mehrmonatige Auszeit zu nehmen, in der sie oft ihre Geschwister besucht, mit deren Kindern Homeschooling und Ausflüge macht und ihren Hobbys nachgeht. Ihrem alten Arbeitgeber signalisiert sie, dass sie in die Kanzlei zurückkehren würde, wenn Bedarf besteht.

Im November 2021 ist es dann so weit. „Sie hatten mich angefragt und ich habe zugesagt. Das war im Grunde wie nach Hause kommen. Ich kannte dort noch viele Mitarbeiter und konnte sofort loslegen." Der Umgang mit nüchternen Zahlen ist nichts, was Nora Gantenbrink abschreckt. „Ich mag es, wenn ich bei einem Neumandat das Prüfprogramm neu aufsetze, alles in eine Reihenfolge bringe und Strukturen anlege." Was ihr weniger gefällt, ist das Arbeiten remote. „Ich brauche Leute um mich herum. Selbst wenn sie nur mal eben ‚Hallo!' sagen, wenn sie an meiner Tür vorbeikommen. Ich fahre darum lieber die halbe Stunde ins Büro und abends wieder nach Hause." Was sie noch nicht kennt, ist das in der Zwischenzeit deutlich gestiegene Arbeitspensum. „Dass ich auch an meinen freien Tagen oder am Wochenende arbeiten musste, hatte ich früher nie erlebt. Es war so, dass ich vom ersten bis zum letzten Tag wirklich gut zu tun hatte. Es hat mir aber viel Spaß

> **"** Genieße den Augenblick,
> denn der Augenblick
> ist Dein Leben! **"**
>
> Wahlspruch von Nora Gantenbrink

macht." Ebenfalls 2021 startet Nora Gantenbrink mit ihrem Instagram-Account noras_kitchenlove. Mit dem Kochen, was ihr von Anfang an Freude bereitet, befasst sie sich schon seit Studentenzeiten, doch die Ergebnisse mit Fotos und Texten zu dokumentieren, ist neu für die Sauerländerin. Im Juni 2022 nimmt sie erneut für fünf Monate eine Auszeit, um sich intensiver mit dem Foodbloggen und ihren Hobbys zu befassen. „Ich koche große Mengen und fülle mir immer etwas ab. Das übrige nehme ich mit zu meiner Reitstelle, wo man sich sehr darüber freut. Im Gegenzug bekomme ich immer leckeren Salat oder Gemüse."

Manchmal kocht sie auch zwei Gerichte am Tag, hört dabei Musik und überrascht ihre Nachbarschaft schon mal mit einem orientalischen Kichererbsen-Ragout. Ihr Arbeitsplatz als Foodbloggerin ist eine normale Haushaltsküche, als bevorzug-

te Küchengeräte nennt sie ihren Kitchen-Aid mit zahlreichen Aufsätzen und den Pürierstab. Mittlerweile hat sie einen professionellen Account und erhält Anfragen von Lebensmittelfirmen, deren Produkte sie bewerben soll.

Den erlernten Beruf gibt sie nicht auf. Sieben Monate in der Kanzlei zu arbeiten und fünf Monate anderen Dingen nachzugehen, ist für Nora Gantenbrink ein idealer Rhythmus. Mit dem Arbeiten anfangen zu können, wenn die dunkle Jahreszeit beginnt, und eine Aufgabe zu haben, bei der man seinen Geist anstrengen muss, ist genau das richtige für sie. Andererseits genießt die Mitvierzigerin ihr Leben in der freien Zeit, mit ihrer großen, mittlerweile 30-köpfigen Familie, und mit ihren Hobbys, zu denen auch das Rennradfahren gehört. Unlängst hat sie beim Wettbewerb „Stadtradeln" in drei Wochen 1.627 Kilometer erradelt.

LEBENSDATEN

Geboren 1980 in Menden im Sauerland,
aufgewachsen in Halingen

2000 Abitur am Landschulheim Schloss Heessen

2001 bis 2004 Ausbildung zur Groß- und Außenhandelskauffrau bei der H. Gautzsch GmbH & Co.
KG in Münster
2004 bis 2010 Studium der Volkswirtschaftslehre
an der Westfälischen Wilhelms Universität
Münster, Vordiplom und Bachelor of Sience
2011 bis 2017 Steuer- und Prüfungsassistentin
bei der HLB AuditTeam Dortmund AG/Husemann
& Partner
01/2018 bis 04/2021: Controlling & Finanzen bei
der help & hope Stiftung in Dortmund
11/2021 bis 05/2022: Wirtschaftsprüfungsassistentin bei HLB AuditTeam Dortmund AG
11/2022 bis 05/2023: Wirtschaftsprüfungsassistentin bei HLB AuditTeam Dortmund AG

MANUELA GILGEN

Der Wille, nach vorne zu gehen

Die Geschichte der Bäckerei & Konditorei Gilgen's beginnt 1880 mit einem 100-Kilogramm-Sack Roggen – das Startkapital, welches Franz-Josef Gilgen von seinen Eltern bekam, um gemeinsam mit seinem Sohn und den Töchtern eine Bäckerei in Hennef-Uckerath zu eröffnen. Während die Männer vorwiegend in der Backstube standen oder mit der Kutsche Waren auslieferten, kümmerten sich die Frauen um den Verkauf und die Führung der Geschäfte. 1948 führten Marga und Josef Gilgen den Familienbetrieb fort und übergaben ihn 1979 ihrem Sohn Franz-Josef, der ihn gemeinsam mit seiner Frau Manuela zur aktuellen Größe ausbaute. Ein erfolgreiches Modell: In etlichen deutschen Handwerksbetrieben sind bis heute mitarbeitende Unternehmerfrauen aktiv und bilden dort mit ihren Männern eine gut funktionierende „Doppelspitze". Laut einer Studie für den Bundesverband der UnternehmerFrauen im Handwerk e.V. sind sie meistens kaufmännisch tätig und übernehmen vielfältige Management- und Personalführungsaufgaben. Dementsprechend tragen die Frauen zum Erfolg und Fortbestand des Unternehmens sowie zum Erhalt und zur Schaffung von Arbeitsplätzen bei.

„Mitarbeitende Unternehmerfrau" trifft auf Manuela Gilgen allerdings in keiner Weise zu. Sie hat Gilgen's entscheidend geprägt. Als gelernte Bürokauffrau begann sie 1994 bei Gilgen's Tortenkutsche in Hennef, wo ein Jahr zuvor die neue Backstube fertiggestellt worden war. Zehn Filialen des Unternehmens gab es zu diesem Zeitpunkt bereits. „Ich übernahm die Aufgabe, die Strukturen der Verwaltung aufzubauen", erklärt sie ihre damalige Aufgabe. „Es war learning by doing." So kam eines Tages eine Verkäuferin mit einem Stapel Papier ins Büro, um von Hand Plakate zu schreiben. Kurzentschlossen schaffte die junge Bürokauffrau einen Plotter an, um künftig die Plakate selbst drucken zu können. Fünf Brotprodukte ließ sie dafür fotografieren – und musste erschreckt feststellen, dass der Fotograf 1.200 D-Mark dafür berechnete. „Bei 125 Produkten im Sortiment dachte ich mir: ‚Wer soll das bezahlen?', und kaufte eine Digitalkamera, mit der ich selbst fotografierte." Manuela Gilgen entwickelte schnell ein gutes Auge für Produktfotos, lernte auch, mit einem Grafikprogramm die Werbung für die Filialen zu gestalten, obwohl sie nie eine Ausbildung als Grafikerin absolviert hatte, und widmete sich darüber hinaus der Digitalisierung der Verwaltung. Im Jahr 2001 heiratete sie Franz-Josef Gilgen, den Urenkel des Gründers. „Als die Entscheidung anstand, im Familienbetrieb mit in die Geschäftsleitung einzusteigen, war es für mich reine Formsache, denn ich war sowieso schon mit Leib und Seele dabei, um gemeinsam unseren Traum von Expansion und Wachstum wahr werden zu lassen."

Manuela Müller wird 1971 in einem kleinen Dorf im Westerwald geboren. Vater Manfred arbeitet als Schlosser, Mutter Anita ist Hausfrau. Als jüngste von vier Geschwistern genießt Manuela viele Freiheiten und das Leben in der ländlichen Umgebung. „Alles, was sich meine Schwestern erst hatten erkämpfen müssen, durfte ich." Ihre Spielkameraden sind die Jungen aus dem Dorf. Mädchen in ihrem Alter sind rar. Mit fünf Jahren kommt Manuela in die Schule, wo sie in ihrer Klasse bis zum Ende der Hauptschule immer die jüngste bleibt. „Auf der Hauptschule wirkte sich der Altersunterschied besonders aus, weil einige Mädchen schon deutlich älter waren, einen Freund hatten und rauchten." Für eine Ausbildung direkt nach der Schule ist Manuela noch nicht bereit, als sie ihr Abschlusszeugnis in der Tasche hat, und entscheidet sich daher für den Besuch der zweijährigen Berufsfachschule in Wissen. Im Jahr 1988 beginnt sie eine Ausbildung zur Bürokauffrau in einem Mineralölhandel, die dank ihrer schulischen Vorbildung nur zwei Jahre dauert. Vier weitere Jahre bleibt sie in der Firma und nutzt ihre Freizeit, um sich an der Volkshochschule weiterzubilden. „Ich habe verschiedene Office-Anwendungen erlernt und auch MS Access, mit dem man eigene Datenbankanwendungen programmieren kann. Mir war immer wichtig, in der Persönlichkeitsentwicklung weiterzukommen."

Ein früherer Schulfreund ihres späteren Mannes empfiehlt Manuela 1994, sich bei Gilgen's Tortenkutsche in Hennef zu bewerben. „Er meinte, ich könnte dort später Verkaufsleiterin werden. Da ich jedoch Bürokauffrau gelernt hatte, was ich auch gerne machte, habe ich sehr lange darüber nachgedacht." Ihr Entschluss fällt schließlich zugunsten eines Wechsels – nicht zuletzt, weil Manuela etwas bewegen und anspruchsvollere Aufgaben übernehmen will. „Ich kam von einem ‚Anzugträgerladen' in einen Handwerksbetrieb, was ein großer Unterschied ist", beschreibt Manuela Gilgen ihre ersten Eindrücke im neuen Büro. „Der Chef ging morgens um 4 Uhr in die Snackabteilung, um Brötchen zu belegen. Um 10 Uhr kam er ins Büro, in dem sich seine Schwester um die Tagesabrechnungen und die Buchhaltung kümmerte. Was darüber hinausging, landete auf seinem Tisch. Ich habe gedacht, irgendwas läuft hier schief." Die junge Angestellte beginnt damit, die Verwaltung effektiver aufzubauen, die Digitalisierung einzuleiten und Franz-Josef Gilgen zu entlasten. Um ihre Arbeit noch wirksamer zu gestalten, bezieht sie ein eigenes Büro, wo sie die Planungen konzentriert weiterentwickelt. „Ich bin eine Macherin", erklärt sie ihre Motivation. „Ich wollte möglichst viele Dinge wegarbeiten und habe erst im Laufe der Jahre gelernt, etwas schon mal liegen zu lassen, weil man nicht alles auf einmal schaffen kann. Heute beschäftigen wir 25 Menschen in der Verwaltung."

Als sie 1998 mit ihrem künftigen Ehemann Franz-Josef Gilgen zusammenzieht, hat Manuela Gilgen genügend berufliche Erfahrungen gesammelt und ist bereit, in eine Führungsrolle hineinzuwachsen. Das muss sie auch, denn der Traditionsbetrieb befindet sich nicht zuletzt wegen der Shop-in-Shop-Filialen in Supermärkten ständig auf Expansionskurs. Im Jahr 2001 wird die gemeinsame Tochter Francesca geboren, was für die Macherin eine Zwangspause bedeutet. „Ich besuchte mit Francesca Krabbelgruppen, in denen die Eltern oftmals andere Gesprächsthemen hatten als ich. Dieser für mich neue Alltag mit einem Kind ließ mir zuhause die Decke auf den Kopf fallen." Die junge Mutter beginnt, zwei halbe Tage in der Woche im Büro zu arbeiten, während eine Freundin auf Francesca aufpasst. Später nimmt sie ihre Tochter mit ins Büro. „Oft saß sie unter dem Schreibtisch und hat gespielt, während ich die Löhne fertig machen musste." Momente, in denen sich Manuela Gilgen manchmal als Rabenmutter fühlt. „Nach dem damals noch weit verbreiteten Modell ‚Der Mann ist der Ernährer' wollte ich allerdings nicht leben; es hätte mich nicht glücklich gemacht. Heute fördere ich die Frauen in unseren Geschäften und habe Verständnis für ihre Doppelbelastung in Familie und Beruf, weil ich das aus eigener Erfahrung kenne." Ihren Hut zieht sie vor den alleinerziehenden Teilzeitauszubildenden. „Beim Bewerbungsgespräch für die Verwaltung sage ich ihnen: ‚Wenn Sie morgens Stress haben, dann geben Sie gerade Bescheid, dass sie ein Viertelstunde später kommen', denn wir wollen natürlich, dass unsere Mitarbeitenden ohne ein schlechtes Gewissen bei uns eintreffen." Für den Verkauf ist Gilgen's auf Frauen angewiesen, die ihre Kinder morgens in den Kindergarten bringen und dann in den Filialen in den Schichten von 8 bis 12 Uhr arbeiten. Auch ihnen ermöglicht Manuela Gilgen mit flexiblen Arbeitszeiten für Mütter, ihren Beruf auszuüben.

Im Jahr 2008 firmiert das Unternehmen in „Gilgen´s Bäckerei & Konditorei GmbH & Co. KG" um und setzt weiter auf Expansion. Franz-Josef und Manuela Gilgen führen gemeinsam die Geschäfte. Heu-

te ist die Firma mit 43 Filialen weit über Hennefs Grenzen hinaus vertreten. 611 Menschen aus 35 Nationen – vor allem Frauen –, darunter 74 Azubis und ein dualer Student, arbeiten für Gilgen´s Bäckerei & Konditorei. „Bei 400 kannte ich noch alle mit Namen, doch dann musste ich trotz großer Anstrengungen kapitulieren."

Mitarbeiterentwicklung liegt der Geschäftsführerin besonders am Herzen. Gilgen's ist im Rhein-Sieg-Kreis einer der größten Ausbildungsbetriebe. Durch ein intensives Ausbildungskonzept werden die Azubis mit Respekt und Wertschätzung gefordert und gefördert. „Unser Motto lautet: ‚Uns interessiert nicht, wo du herkommst, sondern wo du hinwillst'. Ich habe einen guten Draht zu jungen Leuten und hole sie dort ab, wo sie stehen. Deshalb ist Gilgen's auf TikTok vertreten." Den Schritt dorthin hat Manuela Gilgen trotz einiger Widerstände durchgesetzt. „Die Älteren im Haus haben nicht verstanden, warum wir das machen wollten. Ich habe sehr lange darüber nachgedacht, den Auftrag an eine Agentur zu geben, hatte daher eine schlaflose Nacht und sagte mir schließlich: Worüber denke ich überhaupt nach? Wenn wir neue Auszubildende haben wollen, müssen wir diesen Weg gehen." Heute weiß sie, dass die Entscheidung richtig war. Mit 14.000 Abonnenten und Videos, die teilweise über zwei Millionen Mal geguckt wurden, hat das Unternehmen einen hohen Bekanntheitsgrad bei den jungen Leuten erreicht und Aufmerksamkeit geschaffen für die zahlreichen Aus- und Weiterbildungsmöglichkeiten im eigenen Haus. Doch dabei soll es nicht bleiben. Gerade erst hat sie mit drei Kollegen aus dem Führungsteam an einem Zukunftsworkshop für Bäckereien teilgenommen. „Ich merkte, dass ich überhaupt nicht ungeduldig zu sein brauchte. Mir ist einmal mehr klar geworden, wie weit wir schon sind. Die anderen hatten noch nicht einmal angefangen. Ich kann nicht von mir behaupten, dass ich per se technisch interessiert bin. Mir ist das Thema Technik im Sinne von Möglichkeiten zu Fortschritt, Veränderung, über den Tellerrand zu schauen und weiter zu sein als die Mitbewerber, wichtig. Dabei treibt mich der Spaß an Herausforderungen und Neuem an. Eine stagnierende, monotone Arbeitsweise wäre nichts für mich. Hierbei lege ich Wert darauf, dass ich mich bei Zukunftsthemen durchsetze und durchhalte."

Diese Denkweise zahlt sich aus. Den Preis für das beste mittelständische Unternehmen im Bezirk der Industrie- und Handelskammer (IHK) Bonn/ Rhein-Sieg – den „Ludwig" – erhält das Hennefer Familienunternehmen im Jahr 2016. Überzeugt hat die Jury das Konzept von Gilgen´s, das Backen und Konditorei noch als traditionelles Handwerk versteht, sich zugleich aber durch Innovationen in den Filialen und bei den Produkten auszeichnet. Gilgen´s bietet nicht nur fair gehandelten Kaffee, Trinkschokolade und Tee in allen Filialen an, sondern engagiert sich darüber hinaus auch in Sachen Gesundheitsförderung der Mitarbeitenden und macht sich stark für die Vereinbarkeit von Familie und Beruf. Es gibt, neben den spe-

„Stillstand ist Rückschritt.„

Wahlspruch von Manuela Gilgen

ziellen Arbeitszeiten für Mütter, Teilzeit-Azubis, Selbstbehauptungskurse und Rückenschulungsangebote. „Gilgen´s hat herausragende Leistungen in den Bereichen Gesamtentwicklung, Schaffung von Arbeits- und Ausbildungsplätzen, Modernisierung, Innovation, Service, Kundennähe, Marketing sowie regionales Engagement gezeigt", sagt IHK-Präsident Wolfgang Grießl bei der Preisverleihung im Tanzhaus Bonn.

Sich auf diesen Lorbeeren auszuruhen, ist Manuela Gilgens Sache jedoch nicht. „Fünf Bälle gleichzeitig in der Luft halten, das brauche ich." Beim Bonner Marktplatz „Gute Geschäfte", wo in lockerer Atmosphäre Unternehmen mit sozialen Organisationen sowie Vereinen zusammenkommen und ein gegenseitiges Engagement aushandeln, hat sie Frühstücke für Waisenkinder und den ersten Preis für die beste Partnerschaft gesponsert. Als zehnte CSR-Botschafterin des CSR-Kompetenzzentrums Rheinland, das von der IHK Bonn/Rhein-Sieg in Kooperation mit der Hochschule Bonn-Rhein-Sieg getragen wird, geht sie bei der Information und Sensibilisierung der gesellschaftlichen Verantwortung von Unternehmen mit gutem Beispiel voran und motiviert damit andere Unternehmerinnen und Unternehmer, es ihr gleichzutun. „Für uns ist es wichtig, sich sozial und nachhaltig zu engagieren. Als Familien- und Traditionsunternehmen in Bonn/Rhein-Sieg möchten wir der Region etwas zurückgeben", sagt die CSR-Botschafterin, die regelmäßig einen Teil des Erlöses von einem „Brot des Monats" für soziale Zwecke spendet. Der heimatliche Fußballverein trägt Trikots des Bäckereiunternehmens, und Kindergärten sowie Schulkassen aus der Region sind zu einem Besuch in der Backstube herzlich willkommen.

Eine besondere Leidenschaft von Manuela Gilgen ist die Gestaltung neuer Läden. Die Geschäftsführerin, die sich selbst als pragmatisch und ordentlich, aber auch kreativ bezeichnet, kann sich in leere Räume hineindenken und diese gedanklich einrichten. Dazu passt, dass sie auch in ihrer schmal bemessenen Freizeit gerne das eigene Heim dekoriert. Weiteren Ausgleich bieten ihr die tägliche Fahrt zur Arbeit mit dem Fahrrad sowie autogenes Training. Von Reisen, die das Ehepaar schon in viele Regionen der Welt geführt hat, bringt sie zuweilen Inspirationen mit, die sie in ihre Arbeit einfließen lässt.

Wenn sie auf ihre Karriere ohne Abitur und Studium zurückblickt, denkt Manuela Gilgen in manchen Momenten: „Hättest du mal weiter die Schule besucht! Doch damals war das für mich die beste Entscheidung, weil ich einfach arbeiten wollte und mir nicht vorstellen konnte, die Schulbank noch weiter zu drücken. Aber wäre mein Leben dann besser? Mein Weg wäre sicherlich ganz anders verlaufen. Ob ich allerdings die Chance bekommen hätte, für 600 Menschen in der Unternehmensführung verantwortlich zu sein, weiß man nicht."

LEBENSDATEN

Geboren 1971 in Altenkirchen. Verheiratet, eine Tochter
1976 bis 1986 Grund- und Hauptschule
1986 bis 1988 Handelsschule
1988 bis 1990 Ausbildung zur Bürokauffrau in einem
mittelständischen Unternehmen
Mehrere Weiterbildungen, u. a.
Ausbildereignungsprüfung
1994 Wechsel zu Gilgen's Bäckerei & Konditorei
Seit 2008 gemeinsam mit ihrem Ehemann
Franz-Josef Gilgen in der Geschäftsführung

EHRENÄMTER

CSR-Botschafterin

AUSZEICHNUNGEN DES UNTERNEHMENS

Top Arbeitgeber 2023 im Kununu-Ranking
Gesamtsieger im Mittelstandspreis „Ludwig"
der IHK Bonn
3. Platz als Top Ausbildungsbetrieb der Handwerks-
kammer zu Köln
Energy Efficiency Award 2017
Energieinnovationspreis NRW 2016
Familienbewusstes Unternehmen 2015
2. Platz beim Fairtrade Award 2014

SABINE HEMSING-THIEL

Die innere Stimme führt zur Kunst

Die Verhandlungen über eine Beendigung des 30-jährigen Krieges brachten diplomatische Delegationen aus ganz Europa ins westfälische Münster. Im Gefolge des holländischen Gesandten Adriaan Pauw befand sich der Maler Gerard ter Borch, der 1646 mit Pauw nach Münster reiste und in den folgenden zwei Jahren viele der Anwesenden porträtierte. Durch seine Kunst erlangte er die Aufmerksamkeit des spanischen Gesandten Graf von Peñeranda, der den niederländischen Künstler in seine Dienste nahm. Am 15. Mai 1648 wurde Gerard ter Borch daher Augenzeuge des geschlossenen Separatfriedens zwischen den Niederlanden und Spanien. Das Ereignis hielt er in seinem berühmten Gemälde „Der Friedensschluss zu Münster" fest. Das Ölgemälde zeigt den Augenblick der feierlichen Beeidigung des Vertragswerks im Rathaussaal von Münster und ist ein Symbol für den Frieden und die Diplomatie, die erreicht wurden. In der heutigen Welt, die oft von Konflikten und Spannungen geprägt ist, hat das Motiv nichts von seiner Symbolkraft verloren.

Anfang November 2022 trafen sich erneut europäische Diplomaten in Münster: Die Außenministerinnen und –minister der G7-Staaten kamen im historischen Rathaus in Münster zusammen. Tagungsort war wieder der berühmte Friedenssaal, wo bereits der Westfälische Frieden 1648 besiegelt worden war. Das Auswärtige Amt richtete auch ein temporäres Privatbüro für die deutsche Außenministerin Annalena Baerbock ein. Für die Ausstattung wählte man das berühmte Motiv von Gerard ter Borch, das die Münsteraner Künstlerin Sabine Hemsing-Thiel am Computer individuell verfremdet und mit knalligen Farben in die heutige Zeit transformiert hatte.

Zur großen Freude der Künstlerin ist ihr Bild auch heute noch in Münster präsent, etwa im Clemenshospital als Triptychon, das einen angenehmen Kontrast zu der eher nüchternen Einrichtung eines Seminarraums bildet, oder im Café 1648 in der 12. Etage des Stadthauses, einer der schönsten Orte in Münster mit Blick bis zum Teutoburger Wald.

Am 31. August 1965 kam Bundeskanzler Ludwig Erhard während seines Bundestagswahlkampfs nach Münster und hielt eine Rede auf dem Domplatz. Darin erklärte er die Nachkriegszeit für beendet und erntete bei den Münsteranern große Zustimmung, die große Anstrengungen unternommen hatten, um ihre fast völlig zerstörte Stadt wieder aufzubauen. Es muss ein Dienstag gewesen sein, denn dass der 29. August ein Sonntag ist, weiß Sabine Thiel ganz genau. Schließlich ist sie selbst zwei Tage vor dem hohen Besuch geboren worden. „Ich merke, dass ich ein Sonntagskind bin", sagt sie voller Überzeugung, auch wenn ihre Kindheit von einem Schicksalsschlag bestimmt ist.

Vater Wilfried Hemsing ist kaufmännischer Angestellter und bewohnt mit seiner Frau Bärbel, Tochter Sabine und deren drei Jahre jüngerer Schwester Stephanie eine kleine Mietwohnung in einem zeittypischen Mehrfamilienhaus ohne Balkon oder Terrasse. Zum Spielen ist hier kein Platz, dafür draußen vor der Tür umso mehr: In der Mitte des Häuserkomplexes befindet sich ein großer Garagenhof, auf dem sich alle Kinder der Nachbarschaft treffen und Völkerball, Verstecken oder Federball spielen. Der Bürgersteig ist so breit, dass Sabine darauf mit ihren Freundinnen Rollschuh fahren kann. Natur erfährt sie im Kleingarten der Familie in der Nähe, wo Obst, Gemüse und Blumen angebaut und Kindergeburtstage gefeiert werden. „Dort hatte ich ein eigenes Beet, das ich pflegen durfte, und es gab einen großen Spielplatz für die Kinder des Vereins." Sabine behält diesen Abschnitt ihrer Kindheit als sehr schöne Zeit in Erinnerung.

Einen Wendepunkt in ihrem Leben erfährt das junge Mädchen, als der Vater mit nur 39 Jahren plötzlich an einem Herzinfarkt verstirbt – da ist sie gerade einmal zwölf Jahre alt. Nun muss ihre Mutter den Lebensunterhalt verdienen, was in den 70er Jahren keinesfalls eine Selbstverständlichkeit ist. Glücklicherweise erhält sie eine gute Anstellung bei der Firma Nordwestlotto, was andererseits bedeutet, dass Sabine und ihre Schwester nach der Schule von der Großmutter betreut werden. „Meine Oma war selbst früher auch allein-erziehend gewesen. Ich erlebte sie als eine starke Persönlichkeit. Dieses Aufwachsen in einem Frauenhaushalt hat mich darin bestärkt, dass man sein Leben als Frau allein schaffen kann und dafür nicht unbedingt einen Mann braucht – auch wenn ich mit meinem sehr glücklich bin. Dieses selbständige Denken gebe ich auch an meine Tochter weiter."

Nach der Grundschule besucht Sabine das Johann-Conrad-Schlaun-Gymnasium in Münster, dessen Namensgeber als der bedeutendste Baumeister des Westfälischen Barocks gilt. Mathe-matik und Erdkunde sind ihre Leistungsfächer – „mit dem Gedanken: Bei einem muss ich etwas mehr, beim anderen etwas weniger lernen" –, und auch Kunst wählt sie später als Abiturfach. Als kreatives Hobby entdeckt sie das Stricken. Ihre Mutter, die sich einmal wöchentlich mit ihrer Freundin zum Handarbeiten trifft, gibt ihrer Tochter eine perfekte Ausbildung. Dank dieser Qualifikation erhält der Teenager von der Münsteraner Modeunternehmerin Siggi Spiegelburg, die 1979 ihre erste Boutique in der Stadt eröffnet hat, den Auftrag, professionell Pullover zu stricken. „Ich bekam Millimeterpapier, auf dem sie die Entwürfe der Pullis aufgezeichnet hatte, Anschließend bin ich mit ihr oben auf den Dachboden gegangen, wo die Wolle in Strängen hing. Die Strickarbeit konnte ich zuhause erledigen." Besonders stolz ist Sabine, als ein von ihr gestrickter Pullover zum ersten Mal im Schaufenster von Siggi Spiegelburgs Kultladen im Oerschen Hof in Münster ausgestellt wird.

Als sie ihr Abitur bestanden hat, folgt Sabine ihren kreativ-handwerklichen Talenten jedoch zunächst einmal nicht. Noch unentschlossen, was den späteren Berufsweg betrifft, entscheidet sie sich wie viele andere junge Frauen für eine Ausbildung zur Bankkauffrau. Studieren ist in der Familie kein Thema. „Im August 1985 habe ich bei der Sparkasse in Münster angefangen, merkte aber schon nach den ersten Wochen: Das bin ich nicht." Sabine erkennt, dass sie auf ihre innere Stimme hören muss, um authentisch leben zu können. Unterstützung erfährt sie von ihrem neuen Freund Christoph Thiel, der in Berlin Architektur studiert und den sie an ihrem letzten Schultag kennengelernt hat. „Er hatte zwei Jahre vor mir am gleichen Gymnasium Abitur gemacht, absolvierte gerade ein Praktikum in Münster und kam an die Schule, um mal zu gucken, ‚was die Kleinen machen'. Es war Liebe auf den ersten Blick."

Trotz der Einsicht, beruflich auf dem falschen Pfad zu sein, bringt Sabine ihre Ausbildung zu Ende. Von ihrem ersten Gehalt nach der Ausbildung schenkt sie Christoph ein wertvolles Buch über den österreichischen Architekten Otto Wagner. „Dann habe ich aufgehört, in der Sparkasse zu arbeiten, und direkt mit einem Architekturstudium in Hamburg begonnen." Beworben hat sich Sabine zunächst für den Studiengang Design. Sie hat eine Mappe angefertigt, unter anderem mit dem Entwurf für einen Wasserhahn, dessen Griff sie als Hahnenkopf modelliert hat. Die Konkurrenz ist groß, und etliche andere Bewerber haben ihre Mappen begleitet von Professoren erstellt. Als sie eine Absage erhält, hat die junge Frau jedoch schon einen Plan B parat: Über die Zentrale Vergabestelle für Studienplätze hat sie sich an der gleichen Hochschule für Architektur beworben und dafür die Zusage bekommen. Was die Freude noch größer macht: Freund Christoph wechselt ebenfalls

nach Hamburg, um dort weiterzustudieren. Beide beziehen nah beieinander gelegene Räumlichkeiten bei der Wohnungsgenossenschaft für Schiffzimmerer. „Meine Wohnung war 55 Quadratmeter groß mit Küche, Schlafzimmer, Wohnzimmer und Bad, hatte aber nur einen Kohleofen. Die Küche musste ich mit dem Backofen heizen. Christoph hatte keine Heizung und kein Badezimmer, sondern nur eine Toilette – dafür aber einen Balkon. So haben wir uns dann super kombiniert." Zum Studentenleben gehört auch ein kleiner, orangefarbener Schwarz-Weiß-Fernseher mit Antenne, der mal hier, mal dort zum Einsatz kommt.

Im Jahr 1992 kehren Sabine und Christoph nach Münster zurück, wo sie heiraten, und wo kurz darauf Sohn Felix geboren wird. Der junge Familienvater hat sein Studium abgeschlossen und baut nach zwei Jahren als angestellter Architekt im Büro von Professor Harald Deilmann – einem der bedeutendsten Architekten der Nachkriegsmoderne in Deutschland – gemeinsam mit seiner Frau ein eigenes Architekturbüro auf. Mit ihren Professoren in Hamburg hat Sabine Hemsing-Thiel abgesprochen, dass sie wegen des Kindes pausieren und später ihre Diplomarbeit auch in Münster schreiben darf, die sie schließlich auch erfolgreich zu Ende führt. Im Jahr 2001 wird der zweite Sohn, Leon, geboren, und 2005 Tochter Viola. „Ich wollte nicht jeden Tag acht Stunden im Büro sitzen, sondern hauptsächlich für meine

Kinder da sein", erläutert Sabine Hemsing-Thiel ihren weiteren Werdegang. „Ich habe mich darum darauf spezialisiert, dass ich meinem Mann in den Bereichen Buchführung, Akquise und Außendarstellung zuarbeite und künstlerische Aufgaben übernehme. Dabei gibt es Überschneidungen – so entwickeln wir manchmal gemeinsam die Ausstattung der Räume oder ich berate Bauherren bei dem Verkauf ihrer Immobilie."

Der Schritt in die eigene Selbständigkeit erfolgt eher zufällig. In den 2000er Jahren gewinnt der Computer immer mehr an Bedeutung in der Arbeitswelt, und die technischen Möglichkeiten der Programme werden erheblich ausgebaut. Sabine Hemsing-Thiel, die als visuell geprägter Mensch gerne fotografiert, experimentiert 2007 mit einem Bild ihrer zweijährigen Tochter Viola, das sie mit einem Bildbearbeitungsprogramm durch „Learning by Doing" verändert. „Ihr Blick auf dem Foto hatte mich gefesselt", beschreibt sie ihre Motivation. „Ich begann, in einem kreativen Prozess am Computer mit Farben zu experimentieren, habe die Sättigung verstärkt und das Motiv ein bisschen abstrahiert, den Hintergrund ausgeschnitten und einen anderen eingefügt." Das Bild, das sie anschließend auf dem Monitor vor sich hat, spricht Sabine Hemsing-Thiel besonders an und ihr kommt der Gedanke: „Wenn es mich berührt, berührt es wahrscheinlich auch andere." Sie lässt das Bild auf Leinwand ziehen, und weitere Motive

> ## „Kunst gibt nicht das Sichtbare wieder, sondern Kunst macht sichtbar. „
>
> Paul Klee

mit Kindern folgen. Ein weiterer Zufall will es, dass Jürgen Budke, Inhaber eines Kindermoden-Geschäftes in Münster, die Arbeiten von Sabine Hemsing-Thiel entdeckt und sie für eine Aktion engagiert, bei der sie in seinem Laden Kinder fotografiert und auch deren Fotos am Computer verfremdet – eine völlig neue Idee zu der damaligen Zeit. Ein Name für ihr neues Projekt ist bald gefunden. „Da ich bis dahin nur Porträts angefertigt hatte, sollte das Wort ‚Kopf' darin vorkommen und die Wertigkeit der Arbeiten deutlich werden – so kam ich auf ‚Goldköpfe'." Für ihre Arbeit sucht sich Sabine Hemsing-Thiel einen schönen Platz in den Büroräumen des Architekturbüros ihres Mannes aus. Ihr ist wichtig, Abstand von zu Hause zu gewinnen, um von der Rolle als Mutter und Ehefrau in die der kreativen Designerin zu kommen. „In dieser Rolle merke ich erst, wie die Ideen aus mir herauskommen. Und wenn ich dann noch erlebe, wie glücklich die Käufer sind, motiviert mich das, immer weiter zu arbeiten." Ihre Tätigkeit beschreibt sie als einen Prozess, an dessen Anfang sie nie weiß, wie das Ergebnis hinterher aussieht. Sie folgt einfach ihrem künstlerischen Impuls und geht spielerisch solange mit den verschiedenen Ebenen um, bis sie das Ergebnis überzeugt.

Um Goldköpfe ins Gespräch zu bringen, besucht Sabine Hemsing-Thiel Ausstellungen und Empfänge, zu denen sie eingeladen ist. „Dort gab es meist einen kleinen Imbiss oder Büffets, während zuhause der Kühlschrank leer war, weil ich es nicht geschafft hatte, einkaufen zu gehen. Ich bekam ein schlechtes Gewissen, doch die Kinder fanden es cool, hingen vorm Fernseher ab und bestellten sich Pizza oder kochten sich ihr damaliges Leibgericht Nudeln mit Würstchen. Immerhin sind sie dadurch selbständig geworden."

Relativ schnell erhält die künstlerisch arbeitende Fotodesignerin Kundenaufträge für Unikate, die ihr Projekt bekannter machen. Doch nicht jeder ist begeistert von der Idee, das Bild seines Kindes in einer Ausstellung, vervielfältigt oder in einem Prospekt zu sehen. „Ich entwickelte daher die Idee, Müns-

teraner Motive zu verwenden", erläutert Sabine Hemsing-Thiel. Wieder findet sie in Jürgen Budke einen Kaufmann, der sich bereit erklärt, die neuen Bilder in seinem zweiten Geschäft „Münsterladen" auszustellen. „Ich erkannte, wie wichtig es ist, Menschen wie ihn zu finden, die einen begleiten und fördern, und Gelegenheiten, die man für sich erkennt, beim Schopf zu packen."

Heute bietet Sabine Hemsing-Thiel unter dem Namen Goldköpfe auch individuelle Auftragskunst als Mischung zwischen Fotografie und Computerbearbeitung an: Bilder, die auf Leinwand oder Plexiglas in der Wunschgröße gedruckt werden können. Als studierte Architektin hat sie den Blick, um die passenden, individuellen Motive für besondere Räume in Praxen, Hotels oder Büros zu entwickeln. Bei dem Entwurf des Motivs legt sie besonderen Wert auf den engen Austausch mit ihren Kunden. „Sie dürfen mich in meinem Atelier besuchen und so Teil des Prozesses werden." Über Netzwerke und Kooperationen entwickelt sie immer wieder neuen Ideen, die sie in Ausstellungen und an spannenden Orten weitergibt. „Die Aussagen der Bilder werden durch die Abstraktion viel stärker", beschreibt sie, was ihre Auftraggeber immer wieder fasziniert. Manchmal spielt sie auch mit den Kopien alter Meister wie dem Mädchen mit dem Perlenohrring von Jan Vermeer. „Durch meine Bearbeitung hole ich das Motiv in die moderne Zeit und verschaffe wieder einen neuen Zugang zu diesem Bild. Ich arbeite mit einer Siebdruckerin in Berlin zusammen, die nochmal zusätzliche Ebenen aufbringt, wodurch eine weitere künstlerische Interpretation hinzukommt." Von den drei Kindern ist Viola diejenige, die dem kreativen Impetus ihrer Mutter und sicher auch ihres Vaters zu folgen scheint. Während Leon Politik und Rechtswissenschaft studiert und Felix als Senior Consultant bei einer großen Unternehmensberatung arbeitet, hat die jüngste ein Faible für Architektur und Fotografie entwickelt. „Mit ihr zusammen habe ich unsere neue Küche entworfen, die sie mittels einer 3D-App schon so skizziert hatte, wie sie später geworden ist."

LEBENSDATEN

Geboren 1965 in Münster. Verheiratet,
drei Kinder

1972 bis 1985 Overberg-Grundschule und
Johann-Conrad-Schlaun-Gymnasium
in Münster.
Abschluss mit Abitur im Mai 1985
1985 bis 1988 Bankausbildung
bei der Sparkasse in Münster
1988 bis 1999 Architekturstudium in Hamburg
an der Hochschule für bildende Künste, Diplom
Ab 1992 nach dem Diplom des Ehemannes
Aufbau eines Architekturbüros in Münster,
2007 Selbständigkeit mit der eigenen
Geschäftsidee unter dem Namen „Goldköpfe"

EHRENÄMTER

Seit 2017 Vorsitzende des Vereins der
Ehemaligen SchülerInnen des Johann-Conrad-
Schlaun- Gymnasiums in Münster

Auszeichnungen: Mit dem Architekturbüro
Umweltpreis der Stadt Münster, 1998

MAGDALENA HÖHN
Immer mutig sein

Manchmal genügen ein einfaches Blatt Papier und ein schlichter Stift, um die eigene berufliche Zukunft zu skizzieren. Ohne ein ausführliches Handbuch oder entsprechende Software visualisierte Magdalena Höhn ihre Ideen und Visionen eines konzeptstarken bulthaup Leadshop in Köln. Gemeinsam mit der Corporate Architecture Abteilung des Unternehmens aus dem bayerischen Aich entstand mitten in der herausfordernden Corona-Hochzeit ein neuer bulthaup-Standort.

Mit einem abgeschlossenen Innenarchitektur-Studium, ihrer Planungskompetenz sowie ihrer jahrelangen Erfahrung mit der Marke bulthaup war Magdalena Höhn stets bewusst, dass Geschäftsführung eine neue Herausforderung darstellte. Von Beginn an nahm sie die Aufgaben selbstbewusst an, obwohl sie noch keine praktischen Kenntnisse im Finanzbereich hatte. Trotz anfänglicher Bedenken übernahm sie die Verantwortung mit Entschlossenheit und einem tiefen Vertrauen in sich und ihr Können. Mit ihrer offenen und ehrlichen Art gewann sie schnell das Vertrauen ihrer Geschäftspartner und bildete somit die Basis eines soliden und vertrauensvollen Umgangs miteinander. Mit ermutigenden Worten wurde ihr versichert: „Du hast das Potenzial, es zu schaffen. Ab Mai 2020 wirst du vor Ort sein und die Verantwortung übernehmen." Als Magdalena Höhn die Räumlichkeiten des historischen Eichamts am Mediapark betrat, erlebte sie einen Neuanfang. Zu Beginn mangelte es an grundlegenden Einrichtungen, die in den darauf folgenden Wochen und Monaten Einzug erhalten sollten. Zur Monatsmitte erhielt sie schließlich Unterstützung von der IT und Anne Odenwald, ihrer ersten Mitarbeiterin. Gemeinsam bauten sie die notwendige Infrastruktur auf, suchten trotz Handwerkermangels passende Partner, ließen die notwendigen Installationen von Fachfirmen umbauen und waren auch von baulichen Überraschungen, die das historische und denkmalgeschützte Gebäude parat hielt, nicht aus der Ruhe zu bringen.

Ohne Verzögerung im Zeitplan konnten im Juli die sechs bulthaup Küchen und Solitaire einziehen, und die Individualisierung jedes Schranks, jeder Schublade, jedes Regals konnte beginnen, die bis heute jeder gezeigten Küche ihren einzigartigen Stil verleihen und jedem Besucher ein Gefühl von zu Hause vermitteln. Hinzu kamen diverse Behördengänge, Eintragungen, zahlreiche Vertragsverhandlungen und der Aufbau neuer Geschäftsbeziehungen, die parallel zum Umbau getätigt werden mussten. Zusätzlich baute Magdalena Höhn ihr Team auf, feilte an internen Prozessen und der Teamausrichtung, um einen funktionierenden Geschäftsbetrieb, der den hohen Ansprüchen der exklusiven Marke bulthaup gerecht wird, pünktlich zur Eröffnung am 1. August 2020 zu gewährleisten. Mit Entschlossenheit und Durchhaltevermögen schaffte sie es, die Herausforderungen zu meistern und ihr Team bis heute stetig auszubauen.

Im Jahr 1989 verließ die Familie Gawlik mit ihren drei Kindern Polen. Der Vater als Journalist und die Mutter in der Buchhaltung eines Architekturbüros hatten ein Arbeitsverbot erhalten, weil sie sich nicht zur Mitgliedschaft in der kommunistischen Partei bekennen wollten. Ihre neue Heimat wird Bensberg bei Köln, wo zu Beginn des folgenden Jahres Nesthäkchen Magdalena zur Welt kommt. „Mein ältester Bruder bemerkte später, dass am Tage meiner Geburt die Sonne schien. Für den kalten Monat Januar eher ungewöhnlich."

Der Vater findet eine Anstellung zunächst beim Kölner Stadtanzeiger und später beim WDR. Die Mutter fängt an zu nähen und Kinderkleidung anzufertigen, die sie anschließend verkauft. Kurz vor ihrem vierten Geburtstag stirbt Magdalenas Vater an Leukämie. „Das kam sehr überraschend und plötzlich innerhalb weniger Monate. Das Leben wurde um ein Vielfaches schwerer, aber meine Mutter hat sich mit meinen Geschwistern aus dieser Situation und Trauer herausgekämpft." Die Mutter übernimmt jetzt Gelegenheitsjobs und arbeitet für Änderungsschneidereien, um die Familie über Wasser zu halten. Richtig angekommen ist sie in Deutschland zu diesem Zeitpunkt noch nicht, was sie jedoch nicht davon abhält, hierzubleiben. „Meine Mutter sieht die Dinge so, wie sie sind, und nimmt diese an und wandelt sie in etwas Positives. Getreu dem Motto: ‚Alles kommt, wie es kommen soll, und genau so wie es kommt, ist es richtig.' Sie hat mir nie das Gefühl gegeben, du musst die besten Noten nach Hause bringen und eine bedeutende Karriere anstreben, sondern gemeint: ‚Hauptsache, ihr seid glücklich.' Mit diesem Selbstvertrauen bin ich groß geworden. Furchtlos zu sein kommt vor allen Dingen daher."

Magdalena besucht eine katholische Grundschule und später das Nikolaus-Cusanus-Gymnasium in Bergisch Gladbach. Sie entwickelt zahlreiche Interessen, lernt Klavier und Querflöte zu spielen, ist Messdienerin und wirkt im Schulorchester mit. Theaterspielen und Reiten entdeckt der Teenager als weitere Hobbys. In der Oberstufe belegt sie nachmittags einen Hebräisch-Kurs, was sie – neben dem Latinum – mit dem Hebraicum abschließt. Französisch, Englisch und Polnisch, das zuhause gesprochen wird, beherrscht sie ebenfalls. Im Jahr 2009 besteht Magdalena Gawlik in Bergisch Gladbach ihr Abitur und lernt kurz darauf in Köln ihren späteren Mann Leonard kennen. Die Vorstellungen über die eigene berufliche Zukunft sind noch nicht eindeutig. „Als Schülerin wollte ich zunächst in den Bereich Journalismus gehen. Es hieß dann immer: ‚Ihr braucht ein Thema, über das ihr schreiben könnt.' Innenarchitektur interessierte mich schon damals. Wenn meine Mutter weg war, habe ich oft die Chance ergriffen und unser Haus komplett umgestaltet. Als Kind hat mich

mein Bruder Martin oftmals in die Stadtbibliothek Köln mitgenommen, wo ich mich stundenlang mit entsprechender Fachliteratur beschäftigen konnte. Da lag es sehr nahe, die Leidenschaft für die Innenarchitektur zum Studienfach zu wählen."

Bei einer Künstlerin in Bergisch Gladbach belegt die Abiturientin einen Mappenvorbereitungskurs für künftige Grafiker, Kommunikationsdesigner und auch Architekten oder Innenarchitekten. „In der ersten Stunde hatten wir Aktzeichnen. Mit so einer Situation hatte ich tatsächlich nicht gerechnet, doch so wurde man direkt auf Herz und Nieren geprüft, wie man reagiert, und ob man in die Gruppe passt." Innerhalb eines halben Jahres entstehen auch Zeichnungen von Pflanzen und architektonischen Elementen. „Die Künstlerin hat in einem alten Haus gewohnt, und ich sollte im Treppenhaus arbeiten. Ich saß eine Woche in ihrem zugigen Flur und durfte einen gedrechselten Handlauf zeichnen." Während eines vierwöchigen Praktikums in einer Schreinerei lernt sie weitere Aspekte der Innenarchitektur kennen.

Mit ihrer Arbeitsmappe, die zur Feststellung ihrer künstlerischen Eignung eingereicht werden muss, bewirbt sich Magdalena an der Hochschule in Mainz um einen Studienplatz und wird eingeladen, um sich vorzustellen. „Es folgte ein zweitägiger Einstellungstest. Mit mir saßen ungefähr 90 Personen in der Aula und wir wussten: Nur 20 werden angenommen. Aber es hat geklappt." Drei Jahre lang dauert das Studium der Innenarchitektur in Mainz. „Mein Partner studierte an der Deutschen Sporthochschule in Köln und wir sind regelmäßig gependelt." Magdalenas erste eigene Wohnung in Mainz ist ein 30 Quadratmeter großes Ein-Zimmer-Apartment im Grünen, das sie auswählt, weil sie dieser Ort ein bisschen an zuhause erinnert; Dank der Waisenrente, der Unterstützung der Mutter und besonderen Nebenjobs kann sie das zeitaufwändige Studium finanzieren. „Ich habe in einem Meinungsforschungszentrum Telefondienste übernommen, weil man dort jederzeit arbeiten konnte, oder auf Messen gejobbt."

Als sie das Studium 2013 mit dem Bachelor of Arts abgeschlossen hat, erhält Magdalena Gawlik eine Anfrage für einen Messe-Job in München. Auf der „Bau" arbeitet sie eine Woche lang für eine Firma, deren Inhaber frei auskragende Betonstufen entwickelt hat. „Es war ein tolles Produkt; ich war einfach begeistert, auch von ihm als Menschen, weil er wahnsinnig nett und empathisch war. Er unterstützte seine Mitarbeiter und hat uns oft gelobt – ein wunderbarer Chef. Ihm durfte ich noch ein bisschen zuarbeiten. Anschließend stand ich vor der Entscheidung, mich direkt zu bewerben oder noch einen Master anzuschließen. Der Wunsch, mein abgeschlossenes Bachelorstudium mit einer weiteren Ausbildung im Bereich des Journalismus

zu erweitern, bestand weiterhin. Hierfür habe ich mich auf diversen Messen kundig gemacht."

In dieser Zeit nimmt die frisch gebackene Studienabsolventin ein Praktikum in einem Architektenbüro in Düsseldorf an. Dort lernt sie eine andere junge Frau kennen, mit der sie sich anfreundet. Gemeinsam bewerben sie sich in der Landeshauptstadt an der Peter Behrens School of Arts um ein Masterstudium in Architektur. Sie wird auch angenommen, erfährt jedoch eine Woche vor Semesterbeginn, dass sie mit dieser Studienkombination nicht kammerfähig wäre, die Voraussetzung, um später die Berufsbezeichnung „Architekt" zu führten. Kurzentschlossen wechselt Magdalena in den Fachbereich Innenarchitektur, in dem sie 2016 ihren Master besteht. Um möglichst viele praktische Erfahrungen zu sammeln, arbeitet die Masterstudentin studienbegleitend in einem Düsseldorfer Architektur- und Innenarchitekturbüro, wo sie in der Regel von morgens bis abends zeichnet. „Wir haben viel Retaildesign, vor allem für den russischen Markt, produziert und sind darum auch mal die Kö entlanggeschlendert, um Marktanalyse zu betreiben: Wie sieht ein Cartier-Geschäft aus, wie eines von Louis Vuitton? Das entsprach nicht meinem persönlichen Stil, erweiterte aber mein planerisches Portfolio." Direkten Kontakt zu den Auftraggebern hat sie nicht.

„Ist es das, was ich mein Leben lang machen möchte?", fragt sich Magdalena, die nun mit ihrem langjährigen Partner in Köln eine gemeinsame Wohnung bezogen hat. „Wir sind beide gependelt und haben uns kaum gesehen. Darum habe

ich beschlossen, dass ich erst einmal eine Pause einlege und mir einen Job in der Domstadt suche." Ihre Freundin macht sie schließlich darauf aufmerksam, dass ein bulthaup-Studio in Köln Innenarchitekten sucht. Zu sehen, dass man, aus der Innenarchitektur kommend, auch anders arbeiten kann als rein digital und nur auf den Entwurf fokussiert oder auf Projekte, die vielleicht einmal in zehn Jahren umgesetzt werden, begeistert die junge Frau. „Endlich konnte ich meinen Beruf mit dem verbinden, was ich immer haben wollte, nämlich das Kommunikative: den Kunden direkt vor mir sitzen zu haben, ein Projekt möglichst zeitnah abschließen zu können, den Auftrag von der Planung bis zur Umsetzung zu gestalten und nicht nur den Entwurfsstand zu erleben." Sie nimmt die Stelle an und bleibt drei Jahre. Rückblickend beschreibt Magdalena Höhn diese Zeit als außerordentlich lehrreich, aber auch herausfordernd. „In dieser Zeit habe ich mehr über meine Stärken gelernt und gespürt, was mich antreibt.: schnelle Entscheidungen zu treffen, Verantwortung zu tragen, ein Netzwerk aufzubauen und mit zahlreichen unterschiedlichen Menschen zu kommunizieren, Projekte zu steuern und ein Team zu führen."

Im Jahr 2019 heiratet sie ihren langjährigen Freund Leonard. Anfang 2020 wird Magdalena Höhn und weiteren Kollegen gekündigt, weil sich die Inhaber des Studios aus wirtschaftlichen Gründen verkleinern müssen. „Das kam zur rechten Zeit, weil für mich schon seit Längerem klar war, dass ich mich weiterentwickeln wollte und nach neuen Herausforderungen suchte. Über die

> ## Once you become fearless
> ## life becomes limitless.
>
> Unbekannter Autor

Jahre hatte ich mir ein vertrauensvolles Verhältnis mit Markus Barduna, bis heute Regional Sales Manager im bulthaup Headquarter, aufgebaut. Ich hatte ein ungefähres Gefühl, was ich machen möchte und auch eine Vision, aber konnte es noch nicht konkret greifen. Rückblickend habe ich ihm auf seine Frage nach meinem Traumjob bereits da meine heutige Arbeit geschildert."

Als ihr, der 30 Jahre jungen Frau, das Unternehmen kurz nach der Kündigung die Chance gibt, den neuen bulthaup Leadshop in Köln als Geschäftsführerin zu übernehmen, wird es ihr klar: Genau das ist es, was sie tun möchte. Zuhause und noch nicht offiziell angestellt, schmiedet sie erste Pläne, plant Küchen, Wandfarben und Beleuchtung „Wenn wir hier eine Ausstellung kreieren, dann soll sie meine persönliche Handschrift tragen." Ihr Team stellt Magdalena Höhn mitten während der Corona-Pandemie zusammen. „Ich lud Bekannte und auch neue Leute in den Store ein, damit wir uns gegenseitig kennenlernen und den Raum gemeinsam anschauen konnten. Mir war dieses Miteinander immer sehr wichtig." Beim Bäcker besorgt sie Brötchen, weil man nirgendwo essen kann. „Im Prinzip war danach klar: Wir machen das." Magdalena Höhn engagiert ihren Hochzeitsfotografen Le Hai Linh, um die neuen Räumlichkeiten und das Team zu fotografieren. „Er hat es wunderbar geschafft, das gute Miteinander des Teams und die bulthaup-Essenz fotografisch festzuhalten und spürbar aufs Bild zu bannen."

Tatsächlich nimmt die Marketingabteilung des Unternehmens ihren Vorschlag auf, die Motive später immer wieder für überregionale Kampagnen zu übernehmen. Bei allem, was sie in dieser Zeit tut, bleibt Magdalena Höhn ihrem Vorsatz treu, immer mutig zu sein. „Ich weiß noch, dass die ersten Vertreter, die mich kannten, fragten: ‚Sind Sie denn nicht aufgeregt? Haben Sie keine Angst vor dieser Riesenverantwortung?', und ich geantwortet habe: ‚Nein, wieso? Nicht drüber nachdenken, einfach machen'. Sobald man die Angst ablegt, stehen alle Möglichkeiten offen." Als der Store am 1. August 2020 eröffnet wird, ist alles wohnlich hergerichtet. Hinter Magdalena Höhn und ihrem Team liegen zahlreiche Akquisitionsgespräche und aktives Netzwerken. Die geschmackvollen Dekorationen tragen ihre individuelle Handschrift. Schon im Dezember muss das Geschäft wegen des Lockdowns wieder schließen, doch dank der konsequenten Nutzung digitaler Strukturen läuft der Betrieb mit Einschränkungen remote weiter. „Natürlich war das eine Durststrecke. In der Zeit haben wir ein paar Küchen verkauft, Immobilienmakler angesprochen und digitales Marketing betrieben." Als diese schwierige Phase überstanden ist, kann sie endlich einen lebendigen Geschäftsbetrieb verwirklichen. „Beide großen Küchen sind angeschlossen und werden auch genutzt. Wenn wir Mittagspause machen, gehen wir nicht nach draußen, sondern bleiben hier, kochen gemeinsam oder wir wärmen uns Essen auf. Dann sitzen wir hier zusammen am Tisch; wenn Kunden hereinkommen, binden wir sie mit ein." Wie man tolle Momente in einer bulthaup-Küche erleben kann, vermittelt Magdalena Höhn auch auf besonderen Events, bei denen sie Netzwerkpartner einbezieht. ‚Eating with Africa' mit der Autorin Maria Schiffer wird ein besonderes Erlebnis, welches unterschiedliche Menschen zusammengeführt und allen einen einzigartigen und bunten Abend beschert hat. Ein weiteres Event hieß ‚Kochen mit geretteten Lebensmitteln' mit Thore Hildebrandt. Zwischen der Verantwortung, der Themenvielfalt und neuen Begegnungen findet Magdalena Höhn es wichtig, einen Ausgleich zu finden, um die Kraft, aber auch die Motivation, neue Dinge anzugehen, aufrecht zu erhalten. „Auch das gehört zu einer gesunden und nachhaltigen Geschäftsführung dazu. Nicht nur auf seine Mitarbeiter, sondern auch auf sich zu achten und sich stetig weiterzuentwickeln. Mein Grundsatz ist auch, meinem Team Vertrauen zu schenken und ihnen Verantwortung zu übertragen, denn dann blühen sie auf und können ihr Potenzial voll ausschöpfen. So entsteht auch mehr Potenzial und Freiraum für mich, um das Geschäft weiterzuentwickeln, neue Ideen anzustoßen und Visionen zu skizzieren. Gerne auch weiterhin mit einem schlichten Stift auf einem Blatt Papier."

LEBENSDATEN

Geboren 1990 in Bensberg. Verheiratet.
1996 katholische Grundschule am Broich, Nikolaus-
Cusanus-Gymnasium auch in Bergisch Gladbach.
2009 Abitur
Studium Innenarchitektur in Mainz, 2013 bachelor of arts,
Masterstudium in Düsseldorf bis 2016
2013 bis 2019 Arbeit als Master of Arts in der
Innenarchitektur in Düsseldorf und Köln
Ab 2020 angestellte Geschäftsführerin bei
Bulthaup Köln GmbH

DARIA KUPKA

Offen für neue Entdeckungen

Wer auf dem afrikanischen Kontinent schon einmal die Länder rund um den Äquator besucht hat, weiß – trotz der vielen drastischen Probleme – von der Faszination der Region und ihrer Menschen, die einen ganz anderen Lebensstil haben als wir Europäer. Für Daria Kupka, die als junge Architektur-Studentin an ihrer Fachhochschule in Minden einen angehenden Wasserbauingenieur aus Burundi kennenlernte, erschien es daher als eine Perspektive, ins Heimatland ihres zukünftigen Mannes zu ziehen und dort mit ihm ihre Zukunft zu gestalten. Nach der Heirat und Geburt des gemeinsamen Sohnes Marvin flog das Paar mit dem Kleinkind nach Burundi, um dort zunächst miteinander einen mehrwöchigen Urlaub zu verbringen.

So schön und exotisch wie der Urlaub war, gab es eine Schattenseite, die Marvin mit einer gefährlichen Infektion und Daria mit Hunger bezahlte. Am letzten Urlaubstag hielt sich die junge Mutter mit ihrem kleinen Sohn in einem Club am Tanganjikasee auf. Ihr Mann sollte sie dort abholen, bevor es dunkel wurde. Er kam jedoch nicht zur verabredeten Uhrzeit. „Ich habe Angst bekommen, nahm mein Kind auf den Arm und begann die Straße entlang zu Fuß zu gehen." Plötzlich hielt ein Auto hinter der 22-Jährigen an, die sich erst umzudrehen wagte, als sie eine Frauenstimme hörte. „Zwei weiße Frauen saßen darin. Sie waren sichtlich aufgeregt, dass ich allein mit meinem Kind diesen gefährlichen Weg ging. Sie forderten mich zum Einsteigen auf." Im Gespräch stellte sich heraus, dass eine der Insassinnen eine Krankenschwester aus Köln-Porz war. „Sie redeten auf mich ein, ich solle schleunigst Burundi verlassen und gar nicht davon träumen, mich dort anzusiedeln. Ich wäre mit meinem Kind in diesem Land verloren." Aus der heutigen Perspektive, sagt Daria, habe sie zwei Schutzengel getroffen, die sie vor einem schrecklichen Schicksal bewahrt haben.

Südwestlich von Kattowitz in der polnischen Woiwodschaft Schlesien liegt Rybnik. Die Menschen, die hier leben und arbeiten, haben unterschiedliche Wurzeln. „Meine Urgroßmutter, eine Österreicherin, kam durch die Heirat mit meinem Urgroßvater nach Oberschlesien", berichtet Daria Kupka von den Ursprüngen ihrer eigenen Familie. Ihr Vater hat deutsche, die Mutter polnische Eltern. Als Daria 1966 geboren wird, ist Emmanuel Kupka als Abteilungsleiter in einem Elektrizitätswerk beschäftigt, während Mutter Lydia – ungewöhnlich für das damalige kommunistische Polen – ein eigenes Modeatelier führt. „Sie war sehr bekannt in der Stadt, weil sie Kleidung nach Maß im Stil der Pariser Haute Couture nähte." Tatsächlich hält sich die Bekleidungstechnikerin und Meisterin regelmäßig für längere Zeit in der französischen Hauptstadt auf, wo ihre Schwester wohnt und sie ihrem Beruf nachgehen kann, um die neuesten Ideen aus Paris in Polen umzusetzen. „Meine Mutter hatte selten Zeit für uns, da sie als Selbstständige sehr beschäftigt war. Die feste Lebenssäule war für mich meine Oma mit ihrem offenen Herzen, die mir auch sehr viel Liebe geschenkt hat", sagt Daria Kupka, die für die damaligen Umstände in guten und behüteten Verhältnissen aufwächst. „Wir hatten eine schöne große Wohnung in dem Haus meiner Großeltern mit großem Garten. Ich wurde in meiner Kindheit sehr gefördert: Klavier, Kunstverein, Ballett, später Basketball und Reiten gehörten zur Tagesordnung." Anderseits herrscht auf dem Hof ein buntes Treiben, bei dem Daria, ihr jüngerer Bruder Gregor und die Nachbarskinder die Organisation selbst in die Hand nehmen. „Wir haben gespielt bis in die Dunkelheit, unsere Kreativität nahm kein Ende." Geprägt ist ihre Kindheit aber auch von Respekt, Toleranz, Zusammenhalt, Pflichtbewusstsein und Glauben. „Natürlich stand die Familie immer an erster Stelle, selbst dann, wenn nicht immer alles glatt lief." Bis zur achten Klasse besucht Daria in Polen die Grundschule und später das Gymnasium. „Als Jugendliche fing ich eine Berufsausbildung zur Schneiderin im Atelier meiner Mutter an. Sie war der Meinung, Schule und Beruf miteinander zu kombinieren, wäre eine runde Sache." Die politische Entwicklung wirbelt indes die Pläne für die Zukunft der Familie durcheinander.

Das kommunistische System ist in Polen seit 1945 viel inkonsequenter ausgeprägt als in der Sowjetunion oder der DDR. „Natürlich gab es auch Repressalien, aber wir haben die Kommunisten gar nicht so ernst genommen. Die Kirche spielte eine viel wichtigere Rolle." Der Parteivorsitzende Edward Gierek will Anfang der 1970er Jahre Schlüsselpositionen des Partei- und Wirtschaftsapparates mit vertrauenswürdigen Leuten besetzen. So wird Emmanuel Kupka wegen seiner leitenden Position immer wieder gedrängt, in die kommunistische Partei einzutreten. Vor diesem Hintergrund reist

Darias Vater einen Tag vor seinem 40. Geburtstag in den Westen aus. „Wir selbst haben dann noch zweieinhalb Jahre auf die Ausreise im Rahmen der Familienzusammenführung gewartet." Nicht ohne Stolz rechnet Daria ihren Eltern die Souveränität an, dass sie sich selbst treu geblieben sind und der kommunistischen Partei trotz des Drucks nicht beigetreten sind.

Im Jahr 1981 fliegt Lydia Kupka mit ihren Kindern von Warschau nach Frankfurt, wo Emmanuel Kupka seine Familie abholt. Gemeinsam fahren sie nach Essen in eine kleine Notwohnung. „Ich habe die erste Nacht in Deutschland nur geweint." Ihr Zimmer ist so klein, dass nur ein Bett hineinpasst und ein Schrank, dessen Türen sich nicht einmal richtig öffnen lassen. Statt einer Zimmertür gibt es nur eine Gardine, die Toilette befindet sich auf dem Hausflur und die Dusche im Keller. „Innerhalb von nicht ganz zwei Stunden hatte sich mein Leben total verändert. Alles stand auf dem Kopf. Meine geliebte Oma, meine Freunde, mein Sportverein, meine erste Liebe waren auf einmal weg!"

Von Essen geht es zunächst ins Grenzdurchgangslager Friedland und anschließend in die Landesstelle Unna-Massen, für hunderttausende Aussiedler und Flüchtlinge ein Startpunkt in die deutsche Gesellschaft. Darias Weg führt sie jedoch nicht zurück in die beengte Wohnung in Essen. Eines Tages stellt ihr Vater seine Cousine vor, die Lehrerin ist und einen großen Bungalow im Kreis Soest bewohnt. „Ich kannte Karin bis dahin nicht und war überrascht, dass sie uns Kinder bei sich aufnahm. Sie hatte drei Töchter in unserem Alter, mit denen wir uns mithilfe kleiner Langenscheidt-Wörterbücher unterhalten haben." Karin kümmert sich um die Kinder aus Polen, organisiert das erste gemeinsame Weihnachtsfest und sorgt sich um den weiteren Schulweg der Geschwister. „Das rechne ich ihr bis heute hoch an!" Daria soll die private Liebfrauen-Schule in Büren besuchen, ein katholisches Gymnasium mit einem von Nonnen geleiteten Internat. Als sie zum ersten Mal mit ihrem Vater durch die weißen Flure mit hochglanzpoliertem Boden läuft, begleitet von einer Nonne im Habit mit quietschenden Schuhen und einem dicken Schlüsselbund an der Hüfte, kommt sie sich vor wie im Gefängnis. Immerhin hat sie es geschafft, die leitende Nonne davon zu überzeugen, dass sie mit ihren 16 Jahren die zehnte anstatt die vorgeschlagene neunte Klasse besuchen darf. „Da ich den Unterricht nur zum Teil verstand, blieb mir nichts anderes übrig, als den ganzen Stoff auswendig zu lernen, um weiterzukommen." Weil sie sich in der Schule eingegrenzt und eingeengt fühlt, überlegt Daria, nach der 12. Klasse abzugehen und Modedesign zu studieren. „Ich habe an der Fachhochschule Bielefeld die Aufnahmeprüfung gemacht und bin mit Pauken und Trompeten durchgefallen", kann sie sich heute

lachend erinnern. Sie bleibt daher auf dem Gymnasium bis zum Abitur. Nach der Prüfung überlegt sie kurzerhand, welchen akademischen Weg sie gehen möchte, und meldet sich für das Studium der Architektur an, braucht dafür jedoch ein Praktikum auf dem Bau. In ihrer Not ruft sie ihre Tante Karin an, die wieder einmal helfen kann. „Das Einzige, was mich das Praktikum gekostet hat, war ein Kuss auf die Wange des Firmeneigentümers", verrät sie augenzwinkernd.

Ihr Fachbereich ist in einer alten Artillerieschule in Minden untergebracht. Kurz darauf lernt sie einen Afrikaner kennen, der vor dem Abschluss seines Studiums als Wasserbauingenieur steht. „Da wir wenig später feststellten, dass wir Eltern werden, standen wir vor der Entscheidung, nach Afrika zu gehen oder zu heiraten und in Deutschland zu bleiben." Als Hochschwangere reist Daria nach Polen und legt dort ihre Gesellenprüfung als Schneiderin ab, um auf alle Eventualitäten vorbereitet zu sein. Kurz darauf erhält Darias Mann eine Anstellung bei der Stadt Köln, während sie ein zweites Studium in osteuropäischer Geschichte und Slawistik an der Universität zu Köln beginnt. In dieser Zeit stellen Daria und ihr Mann fest, dass ihre Ehe nicht mehr funktioniert. „Mein Ex-Mann hat sich dann eines Tages, ohne mich zu informieren, nach Afrika abgesetzt und mich mittellos zurückgelassen. Ich hatte keinen Pfennig in der Tasche, ein kleines Kind mit leerem Kühlschrank zu Hause, und ein langes Maiwochenende stand bevor." An diesem Wochenende schiebt ihr eine indische Freundin 20 DM unter die Tür. Für Daria

grenzt es damals an ein Wunder. Sie nimmt das Geld und eilt kurz vor Feierabend zum Edeka, um Lebensmittel für Marvin zu besorgen. Das gemeinsame Konto ist leergeräumt, die junge Mutter ist auf die Unterstützung von Familie und Freunden angewiesen. „Eine Stadtsparkassenmitarbeiterin, heute meine beste Freundin Gabi, erahnte meine Tragödie, als ich sie zum dritten Mal damit nervte, mir ein eigenes Konto zu eröffnen. Sie hat für mich beim Sozial- und Wohngeldamt angerufen und meine Notsituation geschildert. Ich wusste damals gar nicht, dass es so etwas gibt."

Trotz dieser widrigen Umstände setzt Daria ihr Studium fort, nimmt in den Semesterferien Putzstellen an und meistert ihr Leben mit bescheidenen finanziellen Mitteln. „Das Studium dauerte ziemlich lange, weil mein Sohn in dieser Zeit ganz plötzlich an einer seltenen Autoimmunerkrankung litt, die ihn vollständig gelähmt hat. In dieser Zeit pendelte ich nur zwischen Krankenhaus und Uni hin und her." So kompliziert wie die Situation schon ist, erreicht sie ihre Spitze, als öffentlich wird, dass einige Blutkonserven, die in Krankenhäusern verwendet werden – und die auch Marvin in der Zeit bekommt – mit AIDS verseucht sind. Erst nach zwei Wochen Bangen steht fest, dass ihr Sohn glücklicherweise nicht davon betroffen ist. Ein Glück kommt noch hinzu. Daria lernt einen jungen Studenten der juristischen Fakultät kennen, mit dem sie noch viele Jahre das gemeinsame Schicksal teilen wird, und von dem sie später zwei wunderbare Mädchen zur Welt bringt. Den Abschluss Magister Atrium erwirbt Daria

> "
> I drive myself in my magic car
> I drive my life in this place and hour
> I love my life in all its dimensions
> Say what you will?
> "
>
> Daria Kupka, inspiriert von James Blake: „Say What You Will"

Kupka 1998 als erste Studentin der Fakultät mit einer polnisch-historischen Literaturarbeit über Andrzej Szczypiorski, den Autor des bekannten Romans „Die schöne Frau Seidenman". Sie setzt Polnisch als Fremdsprache in der Abschlussprüfung durch.

Beruflich möchte Daria sich in Richtung Journalismus orientieren und ruft den bekannten Publizisten Adam Krzemiński an, der sowohl für das polnische Nachrichtenmagazin Polityka als auch für die F.A.Z. schreibt und als Experte für deutschpolnische Beziehungen bekannt ist. „Bei uns würdest Du nur Kaffee kochen", bescheidet der Journalist ihr Ansinnen abschlägig. Er empfiehlt ihr jedoch die Teilnahme an einer Sommerakademie der Studienstiftung des deutschen Volkes zum Thema Journalismus in Krakau. Begeistert erhält Daria Kupka die Zusage und reist im Sommer 1998 nach Polen. Zu den prominenten Dozenten gehören Gunter Hofmann von der Wochenzeitung Die Zeit, ihr Mentor Adam Krzemiński – und Arnulf Baring, streitbarer Jurist, Publizist, Politikwissenschaftler, Historiker und Autor. Mit ihm gerät sie in einer Podiumsdiskussion heftig aneinander, weil Baring aus ihrer Sicht die Sowjetunion glorifiziert und Tatsachen falsch darstellt – aus polnischem Blickwinkel absolut untragbar. „Er bekam einen roten Kopf, daraufhin verließ er empört den Saal." Nach der Veranstaltung teilt ein sichtlich beeindruckter Krzemiński ihr mit, sie könne gerne in die Redaktion der Polityka nach Warschau kommen, und zwar „nicht nur zum Kaffee kochen". Und auch Hofmann bietet ihr ein Praktikum bei der Zeit an. „Weil mein Sohn gerade seine Krankheit nach Jahren überwunden hatte und eingeschult werden sollte, musste ich abwägen, was mir wichtiger war. Ich habe beide Angebote schweren Herzens abgesagt."

Stattdessen beginnt Daria Kupka sich mit Kunst zu befassen. Als Mitglied der deutsch-polnischen Gesellschaft in Bonn hat sie auf einer Vernissage mit polnischer Kunst einen Krakauer Galeristen kennengelernt. Ihn kontaktiert sie während ihrer Akademie-Teilnahme in Krakau. „Vormittags besuchte ich meine Seminare und nachmittags hielt ich mich in seiner Galerie auf. Ich lernte Künstler und die Kunstszene kennen und war begeistert. Aber was mich am meisten faszinierte, das war die Kunst selbst." Zurück in Deutschland, organisiert Daria Kupka in den Praxisräumlichkeiten einer befreundeten Ärztin in Bensberg ihre erste Ausstellung mit Kunstwerken polnischer Künstler. Die Begrüßungsansprache hält der FDP-Politiker Werner Hoyer, damals Staatsminister im Auswärtigen Amt. „Seit dieser Ausstellung hat sich bei mir das Rad rasant angefangen zu drehen. Ich bekam ein Angebot von dem damaligen Präsidenten des Eisenbahnbundesamtes, drei Etagen mit polnischer Kunst zu bespielen – ein Sprung ins kalte Wasser!"

Die Sache wird auf einmal ernst. Daria muss für ihre Tätigkeit ein Gewerbe anmelden – die offizielle „Geburtsstunde" von ARS CRACOVIA. Weitere große Unternehmen, Behörden wie der Landtag in Düsseldorf, das OLG Köln, der LVR und ähnliche Organisationen folgen, für die Daria Kupka nun Vernissagen, Präsentationen, Kunstevents und Jazzkonzerte organisiert. Vorbehalten hat sie sich nur, dass man die ausgestellten Kunstwerke auch erwerben kann. Der Wunsch nach einer eigenen Galerie beschäftigt die umtriebige Ausstellungsorganisatorin von Beginn an. Im Jahr 2006 ist es schließlich so weit: In dem neugebauten Haus in Köln bezieht die Familie die Wohnräume. Kurze Zeit später folgt die Eröffnung der Kunstgalerie. Für Daria Kupka ist ein Wunsch von Ausstellungs- und privatem Wohnraum unter einem Dach in Erfüllung gegangen – ein Haus, in dem sie gleichzeitig Familie, Kunst und Architektur in Einklang bringt. Mit ihren Ideen und Kenntnissen erschafft sie ungewöhnliche Perspektiven und Ecken. Als Ergebnis ist das ganze Haus als ein architektonisches Kunstwerk zu betrachten.

Heute lebt sie mit ihren Töchtern zu dritt in dem ungewöhnlichen Haus. Das gesamte Konstrukt stützt sich auf die polnischen Prägung aus Darias Kindheit: Die Familie, wenn auch nicht vollständig, hält zusammen und steht an erster Stelle. Die starke Mutter und ihre Töchter ziehen an einem Strang und sind im ständigen Dialog miteinander. „Maxime, die ältere, eine angehende Juristin, sorgt mit ihrem Pflichtbewusstsein für Regeln, Ordnung und gutes Essen. Letitia steht kurz vor dem Abitur. Ihren Wunsch, später einmal Psychologin zu werden, setzt sie jetzt schon mit ihrer unglaublichen Einfühlsamkeit durch. Auch beim Backen und Klavierspielen verwöhnt sie oft spontan die Umgebung." Die Mama, oder auch Mimi, wie sie liebevoll von den Töchtern genannt wird, macht einfach den Rest und passt auf die Richtigkeit der Dinge auf. „Ich weiß aus meinen früheren Erfahrungen, dass es nicht selbstverständlich ist, wie harmonisch und organisiert wir leben. Und so ist es einfach unglaublich schön."

Die Galeristin liebt Musik und spielt hervorragend Klavier. Gerne dreht sie die Stereoanlage auf, während sie an einer neuen Ausstellung arbeitet. „Wenn meine Töchter laute Musik aus der Galerie hören, wissen sie, dass Mama wieder kreativ zugange ist und nicht gestört werden darf." Auch nach 25 Jahren stellt Daria Kupka fest, dass sich ihre Galerie ständig weiterentwickelt. „Ich beobachte den polnischen Kunstmarkt und unterhalte Kontakte zu polnischen Auktionshäusern, Galerien und Sammlern in Warschau, und natürlich zur Akademie der Schönen Künste in Krakau." Das führt dazu, dass sie immer wieder neue interessante Künstler entdeckt, deren Arbeiten sie in der Galerie und auf Kunstmessen präsentiert. „Sehr dynamisch und interessant finde ich die junge polnische Kunst sowie die polnische Street Art, die überall in der Welt mit ihren fantastischen Murals Akzente setzt." Die oberste Priorität von ARS CRACOVIA bleibt jedoch einerseits die polnische Kunst weiter auf dem deutschen Markt zu präsentieren und zu etablieren, anderseits aber auch die Achse zwischen den zwei Kunstmetropolen Köln - Krakau aufrechtzuerhalten.

Vor einiger Zeit hat Daria Kupka ihre alten Tagebücher, die sie als 10-Jährige in Polen geschrieben hat, hervorgeholt und noch einmal durchgelesen. Sie schrieb darin zu ihrer großen Überraschung den entscheidenden Satz: „Wenn ich erwachsen bin, will ich auf jeden Fall etwas mit Kunst zu haben." Diesen Wunsch aus ihrer Kindheit lebt sie tagtäglich mit großer Leidenschaft.

LEBENSDATEN

Daria Kupka, 1966 in Rybnik, Polen, geboren.
1973 bis 1981 Grundschule, Gymnasium, Schneiderlehre
1981 Umzug nach Deutschland,
1987 Abitur am Liebfrauen-Gymnasium Büren
1987 bis 1988 Studium der Architektur an der Fachhochschule Bielefeld
1988 Geburt des Sohnes Marvin
1989 Umzug nach Köln, Studium osteuropäische Geschichte und Slawistik. Abschluss 1998 M.A. Stipendien des DAAD für Bulgarien sowie der Studienstiftung des Deutschen Volkes für Polen
1998 Gründung von ARS CRACOVIA
2001 Geburt der Tochter Maxime Daria
2006 Geburt der Tochter Letitia Daria
2007 Eröffnung der Galerieräume in Köln

SABINE LOHÈL

Ein Leben für die Mode

Die Idee, eine eigene Modelinie zu kreieren, entwickelten Sabine Lohèl und ihr Mann Peter Ende der 1980er Jahre. Als erfolgreiche Vertriebler anderer Labels hatten sie da ihr Gespür für Mode und Trends bereits unter Beweis gestellt. Tatsächlich konnten sich beide vorstellen, ihre besten Kunden mit einer eigenen Modelinie zu bedienen und damit den erforderlichen Umsatz für eine eigene Firma zu erzielen. „Ich bin Steinbock, und daher geht so etwas bei mir immer recht schnell", erklärt Sabine Lohèl.

Kurzentschlossen setzten sie sich ins Auto und fuhren nach Italien, das als eines der führenden Produktionsländer für hochwertige Mode gilt und bis heute einen beeindruckenden Ruf in der Fashion-Industrie genießt. „Wir brachten konkrete Vorstellungen mit und suchten uns geeignete Fabrikanten aus," 1991 erstellte Sabine Lohèl mit gerade einmal 25 Jahren ihre ersten Strickserie – von der ersten Skizze bis zum fertigen Entwurf – und begleitete die Produktion in Italien. Ihr Ehemann wurde der kaufmännische Kopf des Unternehmens. Unter dem Namen „SEM PER LEI" kam die Strickserie auf den Markt. Heute ist das Label für hochwertige Mode bekannt und bei Modefachhändlern im In- und Ausland vertreten. „Wenn junge Menschen eine Idee haben, sollten sie sich ebenfalls direkt auf den Weg, machen, um sie umzusetzen", empfiehlt die erfolgreiche Modedesignerin ihren Praktikantinnen aus ihrer eigenen Erfahrung heraus.

Das Jahr 1966 markierte einen Meilenstein in der Modewelt und veränderte die Art und Weise, wie Frauen Mode wahrnahmen und trugen. Die Kollektion von Yves Saint Laurent, als „Rive Gauche" bezeichnet, war bahnbrechend, weil der französische Couturier statt exklusiver, maßgeschneiderter Kleidung für wohlhabende Kunden seine erste Prêt-à-porter-Linie präsentierte. Kleidung, die in Serienproduktion hergestellt wurde und für eine breitere Käuferschicht erschwinglich war. Es ist das Jahr, in dem Sabine Lohèl in Neuss geboren wird. Die Mutter, Elisabeth Kretschmar, betätigt sich in der Textilbranche und führt bis zu ihrem Ruhestand fünf Einzelhandelsgeschäfte.

Sabine wächst in einem Zwei-Familien-Haus auf, in dem auch die Großeltern wohnen. „Ich glaube, das hat den ersten Stein gelegt für meine Ambition, in die Modebranche zu gehen", meint Sabine Lohèl, deren Großmutter eine begabte Schneiderin gewesen ist. „Immer schon hat Oma Maria die Familie mit selbst genähter Kleidung versorgt." Nun kleidet sie nicht nur ihre Schwiegertochter, sondern auch die Enkelin ein. „Meine Mutter und ich bekamen immer die gleichen Kleider – sie in groß, ich in klein", erinnert sich Sabine Lohèl an ihre Kindheit. Auch sie selbst versucht sich im Schneidern und probiert sich an Puppenkleidern. „Der Stoff war ein bisschen rar, daher sagte mir die Oma: ‚Versuch erst einmal, auf Papier gerade zu nähen, ein Karo ohne Faden, einfach nur mit Stichen, damit du das Gefühl dafür bekommst.' Später durfte ich mit ihren Stoffresten experimentieren. Ich habe meine Großmutter vergöttert. Eine große Affinität zu Farben und die Freude am Dekorieren habe ich damals ebenfalls entwickelt", sagt Sabine Lohèl rückblickend und ergänzt lachend: „Sehr zum Leidwesen meines Mannes muss ich bis heute immer irgendwelche Veränderungen im Haus umsetzen. Vielleicht liegt es aber auch daran, dass wir uns in der Mode zweimal im Jahr neu erfinden müssen."

Nach der Grundschule besucht Sabine das Gymnasium Marienberg, wo sie in der Oberstufe Kunst als Leistungsfach wählt. Eine Ausbildung als Schneiderin hat sie da bereits ins Visier genommen und konzentriert sich auf freies Handzeichnen, weil sie das Skizzieren für ihren späteren beruflichen Werdegang gut einsetzen kann. Nach dem Abitur bewirbt sie sich bei verschiedenen

Modeateliers und erhält schließlich einen Ausbildungsplatz bei Lore Lang. „Es gab damals zwei Coutureschneider in Düsseldorf. Alles, was Rang und Namen hatte, ging entweder zu Hans Friderichs oder zu Lore Lang." Lore Lang, die ihre Karriere in der Modebranche in den 1950er Jahren begonnen hat, ist bekannt für ihre unverwechselbaren Kreationen, die von Eleganz, Raffinesse und einem zeitlosen Stil geprägt sind. Ihre Boutique ist über mehrere Jahrzehnte Anziehungspunkt für Modekenner und Prominente, welche die Qualität ihrer maßgeschneiderten Couture-Stücke zu schätzen wissen. Dass Lehrjahre bei ihr keine Herrenjahre sind, erfährt Sabine während ihrer Ausbildung. Nicht nur Arbeiten wie den Salon zu putzen gehört zu den Aufgaben der Auszubildenden. „Für ein Fest in ihrem Privathaus mussten wir 1000 Krokusse im Garten pflanzen. Wir haben sie verflucht dafür, aber es hat mir nicht geschadet." Rückblickend weiß Sabine Lohèl, dass alles, was sie kann und erreicht hat, ihrer Lehrherrin, ihrer Mutter und ihrer Großmutter zu verdanken hat. „Natürlich habe ich durch mein Elternhaus gesehen, dass du nur zu etwas kommst, wenn du Einsatz bringst."

In der Bastionstraße in Düsseldorf bezieht Sabine Lohèl während der Lehre ihre erste eigene Wohnung. Zwar strapaziert die Miete ihr schmales Ausbildungsgehalt, doch sie bessert ihre Einkünfte durch Strickarbeiten auf. „Während eines Urlaubs mit meiner Mutter habe ich für uns beide gepatchte Pullover gestrickt, die damals in Mode kamen. Das erweckte die Aufmerksamkeit von zwei anderen Urlauberinnen, die meine Arbeit toll fanden. Daraufhin habe ich angefangen, Kimono-Pullover zu stricken und für viel Geld zu verkaufen. Allerdings war die Wolle auch sehr teuer." Kunden findet sie über die Kontakte ihrer Mutter, die Leistung erwartet, wenn die Tochter Ansprüche anmeldet. „Einmal hat sie mich zu einem Änderungsatelier geschickt und gesagt: ‚Jetzt musst du dir dein Urlaubsgeld selber verdienen.' Das ging aber nicht lange gut, da ich als Coutureschneiderin nur mit der Hand nähen konnte und für jeden Hosensaum viel zu lange brauchte. Wenn du diesen Beruf erlernst, nähst du nur die geraden Nähte mit der Maschine. Das ganze Staffieren und Rollieren ist reine Handarbeit." Auch das Gehalt als Schneidergesellin ist nicht gerade üppig. „Ich hatte allerdings frühe ein Faible für Taschen und für Schuhe entwickelt und wollte nicht darauf verzichten." Ein Cousin von ihr

veranlasst das zu der spöttischen Frage, ob sie damit handeln würde. Als Sabine Lohèl eines Tages merkt, dass die Kosten doch ihre Möglichkeiten übersteigen, bezieht sie bei der Großmutter ein möbliertes Zimmer in der früheren Waschküche, um sich finanziell zu erholen. Nach zwei Gesellenjahren bei Lore Lang, in denen sie selbst Auszubildende neben sich sitzen hat, beschließt die junge Schneiderin, sich an der M. Müller & Sohn Fachschule für Mode und Schnitttechnik in Hamburg weiter zu qualifizieren. Zwar könnte sie die Meisterschule und ein Studium in Modedesign auch in Düsseldorf absolvieren, doch weil sie Wassersport wie Schwimmen, Segeln oder Wasserskifahren liebt, zieht es sie in die Hansestadt an der Elbe. Mit einer Freundin aus Bremen, welche die gleiche Schule besucht, teilt sie sich eine Wohnung im Stadtteil St. Georg. Ihren späteren Mann, der ebenfalls in der Modebranche tätig ist, lernt Sabine Lohèl während dieser Zeit bei einem Besuch in Düsseldorf kennen. Aus der ersten Begegnung beim Italiener entwickelt sich Liebe, und von nun an pendelt Sabine Lohèl mehrmals in der Woche mit dem Intercity zwischen Düsseldorf und Hamburg hin und her, um mit ihrem Partner zusammen zu sein. Ihre Arbeiten für die Schule erledigt sie meistens im Zug.

Nach dem erfolgreichen Abschluss bietet Lore Lang der talentierten Coutureschneiderin mit Meistertitel an, ihr Atelier in Düsseldorf zu übernehmen, doch Sabine Lohèl hat andere Pläne.

Sie hat sich bei der Firma Clement Mode Design in Heinsberg als Leiterin der Produktion beworben und die Stelle bekommen. Deren Kunden kommen aus dem textilen Einzelhandel und aus dem Kataloggeschäft, was permanenten Termindruck bedeutet. „Als ich am ersten Tag mit meinem Faltenröckchen und meinem Ballerinas in der neuen Firma ankam, musste ich feststellen, dass dort Näherinnen saßen, die einfach einen Industriejob erledigten, und dass auch ein anderer Ton herrschte als im Coutureatelier." Eine Woche lang bleibt sie bis spät in der Nacht im Betrieb, um die maschinelle Fertigung beherrschen zu lernen. „Wenn die Mitarbeiterinnen bemerkt hätten, dass ich von diesen Maschinen keine Ahnung habe, hätten sie mich auflaufen lassen." Es gelingt ihr, sich einzuarbeiten und das Vertrauen der Frauen zu gewinnen. „Es war eine tolle Zeit, in der die Mitarbeiterinnen alles für mich gemacht haben."

Peter Lohèl führt inzwischen eine eigene Modeagentur, in die seine spätere Frau nach ihrer Tätigkeit in Heinsberg einsteigt. 1991 erstellen Sabine und Peter Lohèl ihre erste Strickserie unter dem Namen „SEM PER LEI". „Die Kollektion wurde ein Senkrechtstarter. Wir hatten zwar nur einen kleinen, improvisierten Messestand, aber wir trafen den Geschmack der Kunden." Was ihre Strickmode „made in Italy" so erfolgreich macht, ist die Verwendung einer speziellen Kurbeltechnik für Applikationen. „Das war wirklich einzigartig, und wir wurden in der folgenden und übernächsten Sai-

son von allen großen Produzenten kopiert, hatten also nichts falsch gemacht." Noch heute befinden sich Pullover von damals in ihrem Besitz (kl. Bild oben).. Rückblickend glaubt die Modedesignerin, dass ihr aufgrund des jugendlichen Alters damals Ängste vor einem möglichen Scheitern fremd gewesen seien.

Das berufliche Leben des Paars wird von nun an noch stärker als bisher bestimmt von den Zyklen, die ihnen das Modebusiness vorgibt. „Wir erfinden uns zweimal im Jahr komplett neu", erklärt Sabine Lohèl, die bis heute das Design für SEM PER LEI kreiert. In der Vorbereitung reist sie gemeinsam mit ihrem Mann zu Strick- und Stoffmessen, um Materialien für die nächste Produktion zu sondieren.

Regelmäßig besuchen die beiden auch ihre Hersteller in Italien, um vor Ort an den Strickmaschinen zu experimentieren. Nach der Fertigstellung einer Kollektion folgen Shootings für die Werbung, Präsentationen auf Messen und Ordertermine im eigenen Showroom in Düsseldorf.

Als sich 1998 die Geburt von Tochter Anna Katharina ankündigt, wird Sabine Lohèl in ihrem beruflichen Engagement heftig ausgebremst. „Mein Arzt verordnete mir, von Juli bis November zu liegen. Ich konnte nur von zuhause aus agieren. Das war für mich keine schöne Zeit, aber für unsere Mitarbeiterinnen auch nicht, weil ich sie natürlich genervt habe, da ich selbst nicht aktiv sein konnte." Schon bald nach der Geburt ihrer Tochter Anna Katharina findet das Ehepaar in den alten Rhythmus zurück - das Baby ist im Maxicosi dabei. „Als sie in den Kindergarten kam, haben wir uns gesagt, dass sie mit ihren Wünschen und Problemen auch zu Wort kommen sollte. Darum haben wir von da an dafür gesorgt, dass ,privat' auch privat bedeutete. Das war natürlich schon eine anspruchsvolle Zeit."

Harte Arbeit, große Disziplin, Menschenkenntnis und eine ungebrochene Kreativität sind die Erfolgsfaktoren, mit der Sabine und Peter Lohèl ihre Marke dauerhaft etablieren können. Unter dem Label Anna's Dress Affair gelingt es der Düsseldorfer Designerin 2010, noch eine zweite Modelinie auf dem Markt zu etablieren, eine individuelle Kleiderkollektion im gehobenen Genre. Mit dem wachsenden Erfolg ihrer Kollektionen sind auch

die Ansprüche der Kunden gewachsen. Qualität und Nachhaltigkeit stehen an erster Stelle. „Wir arbeiten ausschließlich mit uns seit vielen Jahren bekannten Produktionsstätten in Italien zusammen, in denen traditionelles Know-how und persönliches, wertschätzendes Miteinander gepflegt wird. Wir nehmen unsere soziale Verantwortung und umweltfreundliches Handeln sehr ernst", erklärt Sabine Lohèl, der es ebenso wichtig ist, in den stressigen Tagen der Kollektionsverkäufe ihren Mitarbeiterinnen einen Ausgleich zu bieten. „Wir feiern unsere gemeinsamen Erfolge bei gemeinsamen Drinks oder Essen." Mittlerweile hat sich auch Tochter Anna Katarina aus freien Stücken dazu entschieden, in das Modebusiness der Eltern einzusteigen, um dort das Marketing zu übernehmen. „Es war immer mein Wunsch, doch ich wollte keinen Druck auf sie ausüben." Im Social-Media-Bereich ist das Unternehmen bereits seit einigen Jahren aktiv und stattet auch Moderatorinnen verschiedener Privatsender aus.

Bei so viel Umtriebigkeit ist an ein Privatleben bei Sabine Lohèl nur selten zu denken. Morgens um sechs Uhr allein zu Hause bei Wind und Wetter mit einem Kaffee auf der Terrasse zu sitzen, genießt sie ebenso wie die kurzen gemeinsamen Auszeiten mit ihrem Mann auf Mallorca, um abzuschalten. Für die eigene Fitness besucht sie zweimal in der Woche morgens früh ein Studio, wo ein Personal Trainer mit ihr arbeitet. „Er kennt meinen Ablauf und ist nicht böse, wenn ich den Termin kurzfristig verschiebe."

LEBENSDATEN

Geboren 1966 in Neuss. Verheiratet, eine Tochter

Marienberg-Gymnasium Neuss, Abitur 1984
1984 bis 1986 Ausbildung bei Lore Lang als Coutureschneiderin
1986 bis 1988 zwei Gesellenjahre
1988 bis 1990 M. Müller & Sohn Fachschule für Mode und Schnitttechnik
Abschluss als Schneidermeisterin und abgeschlossenes Designstudium

1990 Produktionsleiterin Clement Mode Design
1991 Gründung SEM PER LEI mit Peter Lohèl
1995 Hochzeit
1998 Geburt von Tochter Anna Katarina
2010 Gründung Anna's dress affair

PADMA VON MÜHLENDAHL

Ihr Leben:
Ein Kunstwerk

Immer Mut für Neuanfänge kennzeichnet die Vita der Padma von Mühlendahl – so auch, als sie 1994 ihre florierende Praxis in Köln aufgab und nach Alicante wechselte. Ihr damaliger Mann Dr. Alexander von Mühlendahl war als Vizepräsident des neu gegründeten Amtes der Europäischen Union für geistiges Eigentum dorthin delegiert worden. Die Agentur (heute EUIPO) ist für die Eintragung der Unionsmarken und Gemeinschaftsgeschmacksmuster zuständig. Für den Bonner Justizbeamten bedeutete diese Beförderung einen Karrieresprung, für seine Ehefrau jedoch das vorläufige Ende ihrer beruflichen Tätigkeit als Psychotherapeutin mit eigener Praxis. „In Spanien bekam ich dafür keine Zulassung", erinnert sich Padma von Mühlendahl, die dort eigentlich in ihrem Beruf weiterarbeiten wollte. „Ich überlegte daher, was ich stattdessen machen sollte." Ihrem Faible für Kunst folgend, besorgte sie Leinwand und Farben und lud befreundete Kölner Künstler nach Spanien ein, um in ihrem Haus zu arbeiten. Gegen Jahresende 1995 sagte ihr eine innere Stimme: „Bring Deine eigene Kreativität auf Leinwand." Am Neujahrstag entstanden die ersten fünf Bilder. Padma von Mühlendahl beschloss, von nun an ein Jahr lang jeden Tag ein Bild zu malen – 365 Bilder insgesamt.

Einige Monate später kam eine Mitarbeiterin der Universität von Alicante als Gast ins Haus. Ihr gefielen die Arbeiten so gut, dass sie spontan eine Ausstellung an ihrer Uni organisierte. Zur Vernissage kam auch der Bürgermeister von Benissa, der die Arbeiten ebenfalls ausstellen wollte. „Ich hatte gerade erst angefangen, und konnte meine Bilder schon öffentlich präsentieren. Es folgten 44 weitere Ausstellungen in aller Welt: in Shanghai, New York, London, Paris, Braunschweig, Hamburg, Frankfurt, Köln, überall. Es war verrückt!"

Eine Kindheit auf Sylt, im nördlichsten Haus Deutschlands direkt neben dem Ostfeuer von List – das liest sich wie der Beginn einer Geschichte über behütete Kindertage. Doch die Wahrheit sieht anders aus. Im Jahr 1948 wird Annette Kraemer als ältestes von vier Kindern in Braunschweig geboren. Ihr Vater ist Professor Dr. Dr.-Ing. Friedrich Wilhelm Kraemer, genannt Alex, Mitbegründer der Braunschweiger Schule. Mutter Inge, 20 Jahre jünger als der schwer kriegsversehrte Architekt, übernimmt die Rolle der Hausfrau. Sechs Hausangestellte – Fahrer, Köchin, Näherin, Kindermädchen, Putzfrau und Gärtner – arbeiten für die Familie, die zwischen Pfingsten und Oktober auf der Nordseeinsel wohnt. „Wir waren privilegiert, aber ich habe es gehasst, mit so vielen Menschen zusammenleben zu müssen", kommentiert Padma von Mühlendahl diese Phase ihrer Kindheit. „Bis heute mache ich darum alles selber, ich koche selber, ich putze selber. Was ich mir gönne mit 75 Jahren, ist ein Putzmann, der alle 14 Tage für zwei Stunden ins Haus kommt und auch die Fenster reinigt."

Padmas Vater macht trotz seiner schweren Kopfverletzung Karriere. Ihre Mutter nimmt sich die Zeit, sich um schöngeistige Dinge zu kümmern. „Sie hat viele Jahre lang Schriftsteller, Dichter und Musiker in unser Haus eingeladen, wie Günther Grass, Erhart Kästner, Christoph Eschenbach und Justus Franz." Was für die Erwachsenen kulturelle Bereicherung bedeutet, erweist sich für die Kinder als anstrengend. „Wir haben oft bei den Angestellten essen müssen, weil wir nicht gewollt waren am Erwachsenentisch. Kinder haben damals gestört, sie mussten möglichst nebenbei mitlaufen." Als 1949 Bruder Kaspar als zweites von vier Kindern geboren wird, denken ihm die Eltern die Rolle des Kronprinzen zu. Er erbt folgerichtig später das Büro seines Vaters. „Wäre ich als Junge geboren worden, hätte ich es bekommen. Doch dachten viele Eltern noch gar nicht daran, dass Mädchen etwas Besonderes zustande bringen können – schon gar nicht Architektur, und Rechnen sowieso nicht. Ich sollte Schneiderin oder Sekretärin eines berühmten Mannes werden. Das war die Berufsvorstellung meiner Eltern, obwohl mein Vater selbst studiert hatte."

Padma, die nicht mit ihrem Vornamen Annette angesprochen werden will, weil er „die kleine Anna" bedeutet, wird 1954 auf Sylt eingeschult. Da es nicht möglich ist, zwei Schulen parallel zu besuchen, überlässt Inge Kraemer, die im Herbst zurück nach Braunschweig geht, ihre Tochter der Obhut des Schuldirektors und dessen Frau, die selbst kinderlos sind. „So etwas wurde über die Köpfe von uns Kindern entschieden und auf unsere Bedürfnisse ganz wenig Rücksicht genommen, weil wir zu viert waren. Wir mussten irgendwie selbst zurechtkommen." Später besucht die

Schülerin das Gymnasium Braunschweig, empfindet jedoch ihre Situation und die Stadt als einengend. „Ich war eine mittelmäßige Schülerin und sollte daher nach der Mittleren Reife eine Ausbildung beginnen, was ich zunächst nicht in Frage gestellt habe. Ich fand es weder schlecht noch gut, weil ich nicht verstand, dass meine Eltern mich vom Gymnasium nehmen wollten." Als das Ende der Schulkarriere nach der 10. Klasse bevorsteht, ergreift Padma die Initiative und kümmert sich selbst um ein Auslandsjahr in den USA. „Ich bin genommen worden und habe meinen Vater gebeten, dass er mir den Aufenthalt bezahlt, was er auch gemacht hat. Also bin ich hingeflogen und ein Jahr später mit dem Schiff zurückgekommen. Dieses Amerika hat mich befreit."

Eine Familie in Greenville, Michigan, nimmt die junge Deutsche auf. Allerdings ist die Frau gelähmt und Alkoholikerin. „Sie hätte niemals eine Austauschschülerin aufnehmen dürfen, wenn da nicht ihr Mann gewesen wäre, der Kühlschränke und Klimageräte hergestellt hat. Die Vermittler der Austauschorganisation haben wohl geglaubt, ich hätte Verständnis für so eine Frau, weil mein Vater ja durch seine Kriegsverletzung beeinträchtigt war." Als Vorteil erweist sich, dass der Vater als Unternehmer seinen eigenen Kindern und dem Gast vieles ermöglicht. Er reist mit ihnen zur Weltausstellung nach New York, chartert im Sommer ein Schiff auf den Bahamas und lädt sie im Winter zum Skilaufen nach Aspen ein. Als Padma zurückkommt von ihrem Auslandsjahr, geht sie mit dem Abschlusszeugnis der Greenville High School wieder an ihr altes Gymnasium. „Plötzlich hatte ich nur noch Einsen und Zweien auf dem Zeugnis und habe innerhalb von zwei Jahren Abitur gemacht."

Die Entscheidung für einen bestimmten Studienweg fällt Padma, die wie ihre Geschwister mehrere künstlerische Begabungen hat, nicht leicht. „Ich spiele seit meinem sechsten Lebensjahr Klavier und hatte auch eine Ausbildung in Gesang, hätte mir daher durchaus eine Karriere als Musikerin vorstellen können. Doch das ist nicht der Weg, den ich genommen habe." Sie schreibt sich an der Hochschule für Bildende Künste in Braunschweig ein und beginnt, sich mit Zeichnen zu befassen. „Es war eine tolle Ausbildung, die mir Spaß gemacht hat, aber in dieser Zeit trat auch Otto Mühl in Braunschweig auf." Der österreichische Aktionskünstler veranstaltet an der Hochschule Happenings mit der Schlachtung von Schweinen, in deren Blut er Laken tränkt, die er dann auf der Bühne aufhängt. „Das sei Kunst, hieß es. Ich empfand es als Frechheit." Empört verlässt die 18-jährige Studentin die Hochschule, setzt sich in ihren beigefarbenen VW Käfer und fährt kurzentschlossen nach Freiburg, wo sie ein Studium der Germanistik und Anglistik auf Lehramt beginnt. „Ich habe gar nicht den Anspruch entwickelt, dass ich viel-

leicht so etwas wie Architektur studieren könnte, weil man mir das nicht zugetraut hat – obwohl es mir sicher gelegen hätte. Lehrerin zu werden erschien mir naheliegender, denn damit könnte ich später etwas anfangen, auch wenn ich eigene Kinder habe." Nach dem Vordiplom wechselt sie nach München, wo sie später das Erste Staatsexamen besteht und ihr Referendariat an einer Schule beginnt.

Ihre Zeit als Studentin in Bayern nutzt Padma, um sich auch im Journalismus zu versuchen. „Ich habe mich bei der Abendzeitung in München vorgestellt und durfte in der Lokalredaktion Artikel schreiben. Bei der Süddeutschen habe ich den Moment abgepasst, als die Sekretärin des Chefredakteurs auf die Toilette ging, und bin direkt zu ihm durchmarschiert." Dieser Mut wird belohnt. „Jemand, der so gut herausfindet, wie man hier ankommt, ohne einen Termin zu haben, den nehme ich", wird ihr Anliegen positiv beschieden. Von ihrem ersten selbst verdienten Geld kauft sie sich einen Plattenspieler. Weil sie nun Blut geleckt hat, überlegt Padma, wie sie Architektur und Journalismus verbinden könnte, und hospitiert in den Semesterferien bei der Zeitschrift „Schöner Wohnen" in Hamburg. Sie lernt den Innenarchitekten und späteren Möbeldesigner Peter Maly kennen, mit dem zusammen sie Räume für Fotografien arrangiert. Eine „Mamsell sein, die nur Schüssel auf den Tisch stellt", ist ihr allerdings zu wenig. Sie beschließt, neben der Referendarzeit beim Bayerischen Rundfunk als Reporterin zu arbeiten. „Einer meiner Interviewpartner war Horst-Eberhard Richter, deutscher Psychoanalytiker, Psychosomatiker und Sozialphilosoph. Dieses Interview hat ausgelöst, dass ich angefangen habe, Freud zu lesen, und mich später an der Akademie für Psychoanalyse und Psychotherapie in München bewarb." Mit 23 Jahren wird sie jüngste Studierende in dem Institut, eröffnet zwei Jahre später ihre eigene Praxis für Anamnesen in München und erhält 1977 ihr Diplom und die Kassenzulassung als analytische Kinder- und Jugendlichen-Psychotherapeutin. Im Sinne eines ganzheitlichen Ansatzes gehören auch Familien, Lehrer und Ärzte zu den Menschen, die Padma in ihre Arbeit einbezieht. Begierig, sich weiterzuentwickeln, absolviert sie zahlreiche Weiterbildungen in Familien,- Gruppen- und Hypnosetherapie. „Meine Eltern fanden das klasse. Erstens habe ich ihnen nie auf der Tasche gelegen. Zweitens war ich immer selbständig. Ich habe einfach gemacht."

Im Jahr 1975 lernt Padma beim Skilaufen in Österreich den Juristen Alexander von Mühlendahl kennen, den ihre Kollegin eingeladen hat – und der sich erst einmal um mehrere Stunden verspätet. „Wir saßen mit einem Freund, der auch eingeladen war, vorm Fernseher und haben gerade einen sehr spannenden Krimi angeguckt, als die Tür aufging und Alexander hereinkam,

> ❝ Gott, gib mir die Gelassenheit, Dinge hinzunehmen, die ich nicht ändern kann, den Mut, Dinge zu ändern, die ich ändern kann, und die Weisheit, das eine vom anderen zu unterscheiden. ❞
>
> Reinhold Niebuhr

den wir gar nicht mehr erwartet hatten. Wir sind vor Schreck aufgesprungen. Als ich ihn gesehen habe, habe ich mir gesagt: ‚Den heirate ich!'" Im Mai 1976 ist Hochzeit, und zwei Jahre später bringt Padma von Mühlendahl bei einer Hausgeburt in München Tochter Anna zur Welt. 1980 wird Sohn Paul im neuen Zuhause in Bonn geboren. „Ich wäre niemals aus München weggegangen, wenn mein Mann nicht einen Ruf nach Bonn ins Justizministerium bekommen hätte." Sechs Wochen nach der zweiten Geburt macht die Psychotherapeutin ihre Praxis im eigenen Haus in Bonn auf, das sie von München aus anhand von Fotos angemietet hat. Dank eines delegierenden Arztes und guter Mundpropaganda kann sie sich nicht über mangelnden Zulauf beklagen. Die provinzielle Enge der Bundeshauptstadt Bonn ist der Grund, warum sich Padma von Mühlendahl wenig später in Richtung Köln orientiert. 1982 findet sie in Köln die Räumlichkeiten einer ehemaligen Fabrik in der Bismarckstraße, die sie mit eigenen Mitteln kauft und umbaut. Wo früher Verpackungen für Seifen und Parfüm von 4711 hergestellt wurden, gestaltet sie ein Loft nach New Yorker Vorbild zum Leben und Arbeiten. „Ich hatte immer vor meinem inneren Auge: Ich will einen weißen Gruppenraum haben. Den konnte ich mir dort einrichten." Platz genug ist auch für die Kinder, die hier Rollschuh laufen lernen.

Praxis und Haushalt führen, Kinder erziehen, Ausstellungen für Künstler organisieren – das breite Engagement führt bei der engagierten Therapeutin, Mutter und Mäzenin jetzt manchmal zu Momenten der Erschöpfung. „In so einem Moment hat mir eine Freundin eine Reikibehandlung gegeben. Dass war so schön, dass ich es selbst lernen wollte." 1983 beginnt sie mit der Ausbildung. Der Vorname Annette will jetzt nicht mehr so richtig passen. „Ich war nicht mehr ‚die kleine Anna', wie es die Endung ‚-ette' suggeriert. Ich finde den Namen schön, aber er traf überhaupt nicht mehr das, was ich alles gemacht habe. Während einer Meditation kam ich zu dem indischen Vornamen ‚Padma', der übersetzt ‚Lotus' heißt und ‚Schönheit, die aus dem Schlamm geboren ist' bedeutet. Dieses Ganzheitliche war mir immer wichtig, wie eine Pflanze ja auch nicht nur die abgeschnittene Blüte

im hellen Licht ist, sondern auch die Wurzeln in dunkler Erde hat. Der Name ‚Padma' hat auch den Vorteil, dass man ihn in vielen Sprachen gut aussprechen kann." 1988 wird sie von Phyllis Furumoto in New Mexiko als Reikimeisterin eingeweiht. Seitdem hat sie mehr als 5000 Menschen behandelt.

Nach der Zeit in Alicante und der Trennung von ihrem Mann kehrt Padma von Mühlendahl 2000 nach Köln zurück, kündigt ihren Mietern und eröffnet in dem eigenen Loft an der Bismarckstraße ihr Studioatelier und einen Kreativsalon für Vorträge, Workshops, Events und Fernsehshows wie die RTL „Wunderbar", den sie bis heute betreibt – ein Geheimtipp für Connaisseure. Gelegentlich führt sie auch durch das Belgische Viertel in Köln und bittet anschließend zum Kaffee bei sich. Gäste schwärmen von der „besonderen Atmosphäre dieses friedlichen Ortes". Behandlungen gibt sie nur noch als Geschenk, wenn sie danach gefragt wird. Die Beschäftigung mit Kunst dagegen regt sie immer aufs Neue an, um Auftragsarbeiten für Interessierte anzufertigen. „Ich bin dankbar dafür, dass mir die Ideen nicht ausgehen und ich weiterhin mit meinen Arbeiten weltweit Menschen anspreche. Die meisten fühlen sich in ihrer Seele berührt, wenn sie sich auf ein Bild einlassen. Das macht mich stolz und bescheiden zugleich, denn ich sage: Ich bin nur Kanal für das Bild, das gemalt werden will. Ich male mit Reiki, der universellen Heilenergie, und auf diese Tatsache führe ich den größten Teil meines Erfolges zurück. So wie ich früher eine therapeutische Praxis hatte, so hänge ich jetzt die Therapie an die Wände. Dies scheint beim Betrachter anzukommen – neben der Farbwahl und den unterschiedlichen Kompositionen."

Will man das kreative und den Menschen zugewandte Wesen Padma von Mühlendahls mit wenigen Worten zusammenfassen, verweist die Psychotherapeutin und Künstlerin auf die Worte einer guten Freundin, mit der sie sich kürzlich über die „Big Ten" ihrer besonderen Eigenschaften ausgetauscht hat, und die ihr zuschrieb: „Ehrlichkeit, Mut und Tatkraft. Kreativität, Kunstverständnis, Intellekt, Offenheit und Klarheit, Interesse und Neugier, Treue und Verlässlichkeit, Familiensinn, Connectorin von Menschen und Dingen."

LEBENSDATEN

Geboren 1948 in Braunschweig. Zwei Kinder
1954 Grundschule, Gymnasium
Ricarda-Huch-Schule in Braunschweig bis 1964
1964 Auslandsjahr in USA, High School Diplom
1966 Abitur in Braunschweig
1966 bis 1967 Studium der Kunst in Braunschweig,
1967 bis 1971 Studium der Germanistik und Anglistik
auf Lehramt in Freiburg und München
1971 bis 1973 Referendariat in München,
freiberufliche Journalistin für Abendzeitung,
Bayerischen Rundfunk und Schöner Wohnen
1973 bis 1977 Studium an der Münchener Akademie
für Psychotherapie und Psychoanalyse
Ab 1973 eigene Praxis in München
1977 Diplom als Analytische Kinder- und
Jugendlichen-Psychotherapeutin
1979 Umzug nach Bonn, 1983 nach Köln
1984 bis 1994 Organisation von Ausstellungen
für Kölner Künstler
1984 bis 1988 Beschäftigung mit Reiki,
Qualifikation als Reiki-Meisterin
1985 bis 1994 Ausrichtung von Reikikursen
1994 Umsiedlung nach Alicante
1995 Eröffnung des Reiki-Zentrums „Casa Art"
1996 Beginn der künstlerischen Tätigkeit als Malerin
2000 Rückkehr nach Köln, Eröffnung ihres
Studioateliers und Kreativsalons
Ab 2000 Beschäftigung auch mit fotografischen
Arbeiten und Objektkunst

FRAUKE PFLOCK

Neuer Kurs im richtigen Moment

Für Segler, die während der Sommermonate den Atlantik in West-Ost-Richtung überqueren, führt die Route meistens von der Karibik, Florida oder den Bahamas über Bermuda und die Azoren nach Gibraltar. Die letzte Etappe zwischen der portugiesischen Inselgruppe und dem Festland ist ungefähr 1.000 Seemeilen lang, was 1.852 Kilometern entspricht. Hier ist einige Tage Blauwassersegeln – also ohne Landsicht – angesagt, was für manche Menschen als Urlaub unvorstellbar ist, für Frauke Pflock jedoch Entspannung pur bedeutet. „Schon die Hafenstadt Horta auf der Azoreninsel Faial ist interessant, weil dort alle Segler der Welt ankommen und sich in Peters Café Sport treffen, um sich auszutauschen", erläutert die Diplomkauffrau und begeisterte Seglerin, die seit vielen Jahren mit ihrem eigenen Boot in den Niederlanden unterwegs ist. Gerade ist sie von einem solchen Atlantiktörn zurückgekommen, während dem sie 12 Tage lang mit 17 Passagieren und der Crew an Bord eines 54 Meter langen Zweimasters auf dem Meer verbracht hat, ohne abendlichen Bummel durch ein Hafenviertel und ohne Kontakt zu anderen Menschen.

„Im Gegensatz zu Deinem normalen Leben, Deinem Business, wo Du viele Verpflichtungen hast, immer ansprechbar bist, befindest Du Dich auf einmal weit draußen, wo nichts ist außer Wind, Wellen und ein paar Delfinen", beschreibt Frauke Pflock dieses besondere Erlebnis, bei dem sie auch ohne Handy auskommen musste, denn eine Funkverbindung gab es nicht. „Gerade in der heutigen Welt, in der Du aus allen Kanälen beschallt wirst und gucken musst, welcher Messenger wieder einen Laut von sich gegeben hat, genießt Du, dass Du nichts davon hörst. Das ist pures Detox, denn im Gegensatz zu Deinem Alltag hast Du viel Zeit und keine Verantwortung. Du kannst angeln oder einfach nur dasitzen und auf den Horizont gucken. Und Du lernst Deine Mitsegler kennen, die meistens sehr interessante Leute sind. Wenn Du die Morgensonne sehen willst, stehst Du um 5 Uhr auf und stellst Dich neben den Steuermann oder legst Dich aufs Vorderdeck. Dann kommt ein anderer Frühaufsteher und man erzählt sich was Nettes – oder auch nicht."

Erlangen ist gut sieben Stunden vom Meer entfernt. In der mittelfränkischen Großstadt siedelten sich 1945 die Siemens-Schuckert-Werke an, aus denen durch den Zusammenschluss mit den anderen Siemens-Unternehmen im Jahr 1966 die Siemens AG mit damals 10.000 Mitarbeitern hervorging. Geprägt wird Erlangen auch von der Friedrich-Alexander-Universität mit rund 40.000 Studierenden. Die Eltern von Frauke Pflock, die 1956 als älteste von drei Geschwistern in Erlangen geboren wird, sind beide Siemensianer, die berufsbedingt nach Mittelfranken gezogen sind. Das Elternhaus von Mutter Renate Still, gelernte Auslandskorrespondentin, steht an der Nordsee in Sankt-Peter-Ording, während Vater Hans-Wolfgang Still, als Elektro-Ingenieur bei Siemens verantwortlich für den Bereich Energietechnik in den früheren Ostblockländern, gebürtiger Gelsenkirchener ist. „Wie sie waren viele Ingenieure und Akademiker aus allen Bereichen Deutschlands nach Erlangen gekommen, weil sie dort Arbeit fanden. Deren Kinder waren unsere Freunde und Mitschüler, die fränkische Urbevölkerung dagegen war gering", erklärt Frauke Pflock, in welchem Umfeld sie aufwächst. „Wir hatten viele Freiheiten", fasst sie ihre Kindheit und Jugend zusammen. „Das haben wir unserer sportlichen, belesenen und freigeistigen Mutter zu verdanken." Nach der Grundschule besucht Frauke das Ohm-Gymnasium, das mit seinem mathematisch-naturwissenschaftlichen Schwerpunkt einen hervorragenden Ruf genießt. Großen Lerneifer entwickelt sie dort anfangs nicht und beschließt nur deshalb, bis zum Abitur weiterzumachen, weil ihr damaliger Freund den gleichen Weg geht. Als Teenager erlebt sie das Konglomerat aus norddeutscher und fränkischer Kultur, besucht gerne das Markgrafentheater, wo bekannte Schauspieler auftreten, fährt in ihrer Freizeit auf dem Main Wasserski und feiert mit Freunden auf der Erlanger Bergkirchweih, einem der schönsten und ältesten Volksfeste der Welt. Der Vater, passionierter Segler, nimmt seine Kinder zu Segelausflügen und Kanutouren auf den bayerischen Seen mit. In den Ferien geht es meistens ans Meer.

Mit einem guten Abschlusszeugnis in der Tasche, hat die Abiturientin eher vage Vorstellungen von ihrer beruflichen Zukunft. Ihr Traumjob ist Stewardess, wovon die Eltern jedoch einigermaßen entsetzt sind. Ein Seglerpaar, das Frauke in St. Peter Ording kennengelernt hat, gibt schließlich den Anstoß für ein Studium in Hamburg. „Als Stewardess bewegst Du Dich in einer Welt, die Du Dir privat nie leisten kannst", lautet deren Argument. Die anderen Admiral's-Cup-Segler aus ihrem Bekanntenkreis sehen das ähnlich. „Das hat mir die Augen geöffnet und die Entscheidung für ein Studium erleichtert, zumal mir die Freunde auch anboten, während der ersten Zeit bei ihnen zu wohnen." Als Berufswunsch hat sich Frauke nun Journalis-

tin überlegt, und, dass sie Germanistik, ihr Lieblingsfach aus der Schule, studieren will. Doch Fraukes Recherchen bei einigen großen Hamburger Verlagen ergeben, dass sie mit Betriebswirtschaftslehre deutlich bessere Chancen hätte. Dieses Studium beginnt sie im Wintersemester 1977 und führt es – inklusive Diplomarbeit – in acht Semestern zu Ende. „Den Mathematik-Schein konnte ich direkt in einer Vorprüfung erwerben, weil ich den Stoff bereits beherrschte."

Während des ersten Jahres wohnt Frauke bei dem befreundeten Seglerpaar und lernt über sie in dieser Zeit die gesamte Hamburger Hochsee-Regatta-Szene kennen. „Das war sehr spannend, da die Crews ebenso gut feiern wie segeln konnten", meint sie rückblickend mit einem Lachen. „Doch mir ist schon relativ schnell aufgegangen, dass ich mich bei ihnen im falschen Umfeld bewegte. Sie waren alle um die zehn Jahre älter als ich, bereits gut situiert, und hatten daher genug Geld für ihre Unternehmungen." Die Studentin bezieht daher eine eigene kleine Zweizimmerwohnung im Dachgeschoss für 350 D-Mark, ganz in der Nähe ihrer ersten Bleibe im Hamburger Stadtteil Othmarschen. Gleichaltrige Bekanntschaften findet Frauke bei der Baarmann-Gesellschaft, ein akademischer Freundeskreis, der Geselligkeit mit ernsthaften Auseinandersetzungen zu Fragen der Zeit verbindet, und dem sie sich anschließt. Zur Finanzierung ihres Studiums jobbt Frauke in der Buchhaltung der norddeutschen Niederlassung der Leverkusener Firma Illbruck. Den Kontakt hat sie aus der Seglerszene: Willi Illbruck, dessen nach ihm benanntes Schiff beim Volvo Oceans Race zum ersten Mal einen deutschen Sieg erzielt hat, ist ein guter Bekannter ihres Freundes Harald, der Illbruck bei dessen Segelsportambitionen unterstützt und anschließend die Niederlassung von dessen Schaumstofftechnikfirma in Hamburg übernommen hat.

1980 findet Frauke Still bei einer Hamburger Agentur für Bildschirmtext, kurz Btx, einen Job. Dieser erste interaktive Onlinedienst ist ein Vorläufer des Internets. „Die Arbeit hat mir einen Riesenspaß gemacht. Als ich mit dem Examen fertig war, habe ich ein gutes Übernahmeangebot bekommen und habe zugesagt." Den ursprünglichen Plan, für ein Jahr nach Amerika zu gehen, verwirft sie. Vier Jahre lang arbeitet Frauke Still für das Unternehmen, strukturiert Btx-Inhalte und schreibt Werbetexte. „Hierbei entdeckte ich meine Stärken – Marketing und Konzeption." Für das neue Medium interessieren sich Banken, Versicherungen, Markenartikel, Handelsketten und das Bundespresseamt, die Frauke Still alle berät. Bei einer großen deutsche Baumarktgruppe aus selbständigen Baustoffhändlern leitet die 26-Jährige Arbeitskreise zur Einführung der neuen Technik. „Anfänglich war es ziemlich aufregend, weil das Anschließen

des erforderlichen Modems nicht immer richtig funktionierte. Auch als junge Frau vor fast ausschließlich männlichen Zuhörern aus der Baubranche zu stehen, musste ich erst lernen." Doch als Spezialistin, die ihr eigenes Fachwissen mitbringt, gewinnt Frauke Still die Selbstsicherheit, ihre Kenntnisse so unterhaltsam zu vermitteln, dass sie das Auditorium manchmal auch zum Lachen bringt. Ein Stil, der ankommt – sehr zum Unwillen ihres Chefs, der ungehalten auf ihre Erfolge reagiert, weil er selbst nicht mehr für Kurse angefragt wird. Dass Frauke Still von ihm gemobbt wird, entgeht auch einigen ihrer großen Kunden nicht. Sie erhält interessante Angebote von verschiedenen Seiten, doch die junge Frau folgt dem Tipp eines Freundes und nimmt bei der Baumarktkette Obi in Wermelskirchen eine Anstellung in deren Rechenzentrum an. Obi-Mitgründer Klaus Birker baut gerade ein europaweites Service- und Ladennetz für Computer-Dienstleistungen unter dem Namen DPS Microland auf. Der Plan ist, dass Frauke Still nach einer Schulung in der bergischen Firmenzentrale wieder zurück nach Hamburg gehen soll, um in dem dortigen Rechenzentrum weiterzuarbeiten. „Doch Klaus Birker und ich kamen schnell gut miteinander aus und er fragte mich, ob ich nicht die Marketingabteilung für die gesamte Microland-Schiene aufbauen möchte. Das fand ich natürlich hochinteressant, habe die Hamburger Wohnung aufgelöst und bin nach Köln gezogen, wo ich über das befreundete Seglerpaar, das zeitweise ebenfalls dort wohnte, eine schöne Wohnung in Marienburg gefunden habe." Von hier pendelt

Frauke Still täglich zu ihrem neuen Arbeitgeber, während Köln privater Lebensmittelpunkt wird. Private Kontakte findet die Diplom-Kauffrau über die Wirtschaftsjunioren, bei denen sie schon in Hamburg aktiv gewesen ist, und engagiert sich im Arbeitskreis Öffentlichkeitsarbeit, mit dem sie unter anderem eine Europa-Konferenz organisiert. Ihren späteren Mann lernt sie 1988 während der Arbeit kennen. Karlheinz Pflock betreut als IBM-Mitarbeiter die Rechenzentren von Obi und Microland, in einer Zeit, in der die Übernahme von Obi durch die Tengelmann-Gruppe für Unruhe in Haus sorgt. „Ein zweiter Großkundenbetreuer von IBM machte mir in dieser Zeit das Angebot, in das US-amerikanische Unternehmen nach Köln zu wechseln, wo ich im Vertrieb anfangen konnte." Frauke Still sagt zu – und trifft Karlheinz Pflock wieder, den sie 1990 heiratet. Im folgenden Jahr durchläuft sie im Rahmen einer Job Rotation ein Management Assessment Center von IBM in Stuttgart, das sie als Beste besteht. „Ich bekam im Headquarter in Stuttgart die tolle Aufgabe, eine Win-back-Kampagne durchzuführen, die zum Ziel hatte, ehemalige Kunden, die zu konkurrierenden Unternehmen abgewandert waren, wieder zurück zu IBM zu bringen."

Montags reist Frauke Pflock von Köln nach Stuttgart, wo sie sich eine schöne Wohnung genommen hat, und freitags zurück zu ihrem Mann. „Er holte mich am Hauptbahnhof ab und wir gingen in die Bar des Domhotels, wo es Austern gab und man einen Wein dazu trinken konnte. Das war jedes Mal herrlich, denn ich konnte ihm immer die

> **"** Man kann keine neuen Ozeane entdecken,
> hat man nicht den Mut,
> die Küste aus den Augen zu verlieren. **"**
>
> Andrè Gide

neuesten Stuttgarter Geschichten erzählen." Als die Zeit in Schwaben zu Ende geht, bekommt Frauke Pflock das verlockende Angebot, im deutschen Headquarter zu bleiben. „Aus Karrieregründen wäre das sicherlich gut gewesen. Doch ich habe mich dagegen entschieden. Das Jahr war hochinteressant gewesen, aber ich hatte auch erlebt, wie ein Konzern unter amerikanischen Managementmethoden funktioniert – mit eingeschränkter Handlungsfreiheit und teils starren Zielvorgaben." Zurück in Köln, arbeitet Frauke Pflock im Vertrieb Handelspartner, hat dort jedoch einen Chef bekommen, mit dem sie sich nicht gut versteht.. „Ich sagte mir, dass ich mich nach etwas anderem umsehen sollte. Zufällig hatte mein Mann gerade ein kleines Mehrfamilienhaus in Hürth gekauft und saniert, dessen Wohnungen er möbliert vermieten wollte. Ich richtete die Wohnungen ein und vermietete das erste Apartment an Wigald Boning, der damals in der RTL-Samstagnacht-Show auftrat." Bei IBM kommt es gerade jetzt zu größeren Umstrukturierungen, wobei auch Mitarbeiter entlassen werden sollen. Zeitgleich kommt es zu einem Konflikt zwischen Frauke Pflock und ihrem Chef. Im Rahmen einer „Open Door"-Politik ist es bei IBM möglich, bei Konflikten mit dem direkten Vorgesetzten irgendeinen Manager zu nehmen, der den Fall löst. „Ich habe direkt den Vertriebsvorstand genommen. Er fragte mich im Gespräch, wie ich mir eine Lösung denn vorstellte, und ich teilte ihm mit, dass das Vertrauensverhältnis gestört sei und ich mit einer Abfindung aus dem Unternehmen ausscheiden möchte." Es ist genau der richtige Moment für ei-

nen großzügigen Betrag, denn Frauke Pflock weiß, dass das Unternehmen seinen Headcount reduzieren muss.

Mit dem Geld, das sie erhält, kann sie 1994 einen neuen Kurs einschlagen und sich mit der Vermittlung von Zeitwohnungen selbständig machen. Als Diplomkauffrau ist sie gut vorgebildet und braucht lediglich noch fachspezifisches Wissen sowie einen Maklerschein, mit dem sie ihr neues Geschäft bestreiten kann. Dass dies kein leichtes Unterfangen ist, merkt Frauke Pflock bald, denn Mieten auf Zeit ist in Deutschland noch nicht sehr verbreitet. Mit Kleinanzeigen und später einer Homepage wirbt die Neuunternehmerin um Kunden. „Am Anfang war es mehr ein Abjagen. Es gab schon sieben andere Agenturen auf dem Markt, als ich dazukam. Diese Mitwohnzentralen hatten sich aus dem studentischen Bereich entwickelt. Ich war die erste, die aus dem geschäftlichen Bereich kam." Gemeinsam mit ihrem Mann erfindet Frauke Pflock das Wort „Zeitwohnen" für ihre neue Tätigkeit. Leider stellt sich bei einem Gespräch mit einem Patentanwalt heraus, dass der Begriff zu allgemein und daher nicht schutzfähig ist. „Wir haben uns wenigstens die Domain Zeitwohnen.de gesichert. Mittlerweile ist das der Begriff schlechthin für dieses Wohnungssegment geworden."

Als größte Herausforderung beschreibt sie, an die Wohnungen zu kommen, nicht an die Menschen, die sie mieten wollen. „Es brauchte seine Zeit, um das Vertrauen der Vermieter zu gewinnen. Zwi-

schendurch gab es mal eine Phase, während der ich dachte, ich sollte mich woanders bewerben." Doch die Gründerin hält durch, erhält viele Weiterempfehlungen und erlebt, wie der Markt sehr viel professioneller wird. Mit einem festen Mitarbeiterstamm, zu dem auch ein Fotograf gehört, der die Wohnungen und Apartments ablichtet, hat Frauke Pflock ihr Unternehmen als größte Agentur für Köln, Bonn und Essen etabliert. „Für unser Wachstum war es wichtig, zuerst den Kölner Markt in den Griff zu bekommen. Danach haben wir Bonn und Essen ausgebaut." Dass Vermietung ein Geschäft mit vielen Fallstricken sein kann, weil sich die Gesetzeslage ständig ändert, gehört für die Maklerin zum Alltag. Frauke Pflock arbeitet mit einem spezialisierten Anwalt zusammen, der die Mietverträge rechtssicher gestaltet und als Service für ihre Vermieter Zusammenfassungen aktueller Änderungen und Rechtsprechungen verfasst. Bei Großkunden, die gleich eine größere Anzahl von Wohnungen anmieten, kann sie ihre Erfahrungen aus der Konzerntätigkeit einbringen. „Unser Vorteil ist, dass ich ihr Denken kenne und firmenspezifische Anforderungen anbieten und umsetzen kann." Hauptwerbemedien sind heute Internetportale der Immobilienbranche und ihre eigene Homepage, die Frauke Pflock dank ihres Know-hows so für Suchmaschinen optimiert hat, dass ihr Unternehmen bei über 100 Keywords auf der ersten Google-Seite erscheint. Besonders wichtig ist der Unternehmerin auch, ihrem Team gute Fortbildungen zu ermöglichen. Inspiriert von ihrem ehemaligen Arbeitgeber organisiert Frauke Pflock auch gemeinsame Incentive-Reisen, wenn

die gesteckten Ziele erreicht wurden. „Schon bevor es den Begriff ‚Teambuilding' gab, war es von Anfang an mein wichtigstes Ziel, dass wir uns alle im Büro gut verstehen – nicht nur fachlich, sondern auch menschlich. Das große Steckenpferd meines Mannes ist, eine Vortour zu machen und die Fahrten vorzubereiten – das gelingt ihm auch immer grandios."

LEBENSDATEN

Frauke Pflock, geb. Still, 1956 in Erlangen
aufgewachsen in Erlangen / Franken
1977 Abitur am Ohm-Gymnasium
2 jüngere Geschwister
1977 bis 1981 BWL Studium in Hamburg,
Abschluss Dipl.-Kff.
1981 bis 1985 Eintritt in die Arbeitswelt
bei BTX-Partner
1986 bis 1988 bei Obi in Wermelskirchen
1989 bis 1993 bei IBM, 1991 IBM HQ Stuttgart
1990 Heirat mit Karlheinz Pflock
1994 Gründung Zeitwohnen Rhein Ruhr GmbH

EHRENÄMTER

Ehrenamtliche Richterin am Finanzgericht Köln
Mitglied bei den Wirtschaftsjunioren Hamburg
und dann bei den Wirtschaftsjunioren Köln bis
zum 40. Lebensjahr, dort jeweils Arbeitskreisleiterin Öffentlichkeitsarbeit

TARJA RADLER

Aufstehen und bessermachen

Mit Turnübungen im frühen Kindesalter begann Tarja Radler bereits, bevor sie sprechen lernte. Diese ausgeprägte Freude an der Bewegung verschaffte ihr die Möglichkeit, mit ihrem fünf Jahre älteren Bruder Jörg mitzuhalten, ohne ihm zu stark zur Last zu fallen. „Wenn er sich mit seinen Freunden traf, durfte ich ihn begleiten, allerdings nur, wenn ich mit seinem Tempo mitkam", erinnert sich die Frau mit der sportlichen Kurzhaarfrisur und der markanten Brille. „Darum wollte ich immer mindestens genauso schnell sein wie die anderen." Eine Eigenschaft, die – verbunden mit einer gewissen Furchtlosigkeit – ihr Leben früh prägen sollte.

Während eines Sommerurlaubs in Finnland befasste sich der damals etwa 13-jährige Jörg Radler damit, eine Tonne zu einem Schwimmgefährt umzubauen. Er fuhr weit auf den See hinaus, musste aber bemerken, dass seine Eigenkonstruktion dazu nicht wirklich taugte und nach einiger Zeit versank. Weil die Eltern nicht in der Nähe waren, hievte die achtjährige Tarja kurzentschlossen ein schweres Ruderboot ins Wasser und mobilisierte alle ihre Kräfte, um den Bruder zu retten.

Ihre Furchtlosigkeit und die Fähigkeit, im entscheidenden Moment ungeahnte Kräfte mobilisieren zu können, kamen Tarja auch bei einem weiteren dramatischen Erlebnis während ihrer Grundschulzeit zugute. Während Vater und Mutter einen Elternabend besuchten, legte jemand Feuer am Haus der Radlers, in dem sich auch einige Gasflaschen befanden. „Ich war allein zu Hause, was ich damals nicht mochte, obwohl ich eigentlich keine Angst hatte", beschreibt Tarja Radler die Situation. „Plötzlich hörte ich Geräusche und jemanden, der ‚Feuer!' rief. Nach einer Schrecksekunde dachte ich: ‚Angst beiseite!' und erinnerte mich daran, dass mein Vater immer gesagt hatte, bei Feuer sollte man den Koffer mitnehmen, in dem sich alle wichtigen Unterlagen der Familie befanden." Tatsächlich schleppte Tarja das Gepäckstück, das hinter dem Sofa stand und eigentlich viel zu schwer war für sie, aus dem brennenden Haus hinaus. „Vor Feuer habe ich seitdem Respekt", gibt sie zu. „Wenn heute jemand mit dem Grill herumhantiert und die Flammen hochschlagen, merke ich, wie tief das Erlebnis aus der Kindheit immer noch sitzt. Ansonsten bin ich eher furchtlos."

Mit allen Sinnen die Natur entdecken, der eigenen Phantasie freien Lauf lassen und gemeinsam mit anderen Kindern herumtoben: Dafür sind Wälder wunderbare Spielplätze. Die Kinder der 1970er Jahre, die im niedersächsischen Zeven aufwachsen, leben in einer Umgebung, die ihnen diese Möglichkeit bietet und die sie intensiv nutzen – ohne Ablenkung durch Computer oder Handy. „Ich glaube, dass diese Nähe zur Natur meine Kindheit geprägt hat", sagt Tarja Radler, die 1971 in der Stadt am Walde, wie sich der kleine Ort zwischen Bremen und Hamburg schon seit den 1960er Jahren stolz nennt, geboren worden ist. Ihr Vater, Deutscher mit norwegischen Wurzeln, arbeitet als Korrektor bei der örtlichen Tageszeitung, Tarjas Mutter hat finnische Eltern und ist Hausfrau. In ihrer Heimat verbringen die Radlers regelmäßig die Ferien im Sommerhaus der Familie, umgeben von ausgedehnten Wäldern und idyllisch an einem See gelegen. Viele Finnen haben solche Ferienhäuser, in denen es weder Strom noch fließendes Wasser, kein WC mit Wasserspülung oder andere urbane Annehmlichkeiten gibt. Doch diese typisch skandinavische Lebensart ist genau das, was den besonderen Reiz ausmacht. Gemeinsam mit Bruder Jörg erlebt Tarja hier unbeschwerte Urlaube. „Wir haben Blaubeeren und Pilze gesucht, gingen schwimmen oder angeln und konnten Krebse im Fluss fangen. Die Fische haben wir geräuchert oder gegrillt." An den Wochenenden fährt die Familie zu Tanzvergnügen. „In der Nähe gab es eine riesige Tanzbühne, die bis über den See ragte. Hier spielten die finnischen Tango-Könige auf, deren spezielle Interpretationen des ursprünglich südamerikanischen Tanzes mich schon als Kind begeistert haben. Wenn ich heute jemanden auf der Straße Tango spielen höre, dann bekommt er immer Geld von mir."

Im Alter von sechs Jahren wird Tarja an der Grundschule Klostergang eingeschult, die sie zu Fuß in wenigen Minuten erreichen kann. Ihre Freizeit verbringt sie größtenteils draußen mit Freunden und Nachbarskindern. „Wir sind Rad gefahren, haben Verstecken gespielt oder sind auf Bäume geklettert. Im Sommer gingen wir schwimmen oder spielten Tennis." Das Klavierspielen gibt sie zugunsten des Sports auf. Später besucht die Schülerin das St.-Viti-Gymnasium und durchlebt als Jugendliche eine Phase, in der sich die Interessen verschieben. „Wir haben uns entweder in Richtung Bremen oder in Richtung Hamburg orientiert. Ich habe mich für Hamburg entschieden, weil ich die Stadt an der Elbe spannender und Bremen viel zu klein fand." Nach dem Unterricht sind Tarja, ihr Bruder und ihre Freunde damit beschäftigt, ihr nächstes Wochenende zu planen. „Freitagabends musste alles organisiert sein. Entweder fuhren wir in die Großstadt auf Konzerte oder besuchten Feste in den umliegen-den Dörfern." Als sie den Führerschein besteht, übernimmt Tarja regelmäßig den Fahrdienst. „Wir hatten einen relativ großen Freundeskreis, denn die meisten jungen Leute kannte man natürlich. Manchmal haben wir auch selber etwas organisiert, etwa auf Bauernhöfen mit riesigen Scheunen. Es bildeten sich kleine Musikbands, deren Auftritte wir besuchten. Musik, viel Freiheit, viel Natur und viel Organisieren haben eigentlich immer mein Leben bestimmt." Von den Eltern erfahren Tarja und ihr Bruder wenige Einschränkungen. Die Mutter, die selbst als jüngstes von acht Kindern alle Freiheiten genossen hat, bringt ihren eigenen Kindern ein gewisses Urvertrauen entgegen, was auch ohne strenge Regeln funktioniert. Das Engagement für die Schule hält sich bei Tarja in Grenzen. „Ich habe gemacht, was notwendig war, und viele Fächer interessierten mich sowieso. Daher habe ich mein Abitur recht gut bestanden." Am Tag ihrer mündlichen Prüfung zieht sie nach Hamburg. „Damit es keine Diskussionen gibt, habe ich mir schon in der Schulzeit eine Ausbildungsstelle gesucht." Sie hat einen Vertrag mit der Allianz-Versicherung, in dem steht, dass dieser nur bei bestandenem Abitur gilt. „Es war mir klar, dass ich die Prüfungen gut schaffen werde, und bin in meine erste WG nach St. Pauli gezogen." Zu Hause hat Tarja erklärt, dass sie sich ein halbes Jahr orientieren wolle, und sich abgemeldet. „So habe ich Hamburg erobert. Ich bin über St. Pauli nach Eimsbüttel und später nach Winterhude gezogen. Dort habe ich eine Wohnung nah am Stadtpark gefunden. Es war wirklich traumhaft für mich."

Im Jahr 1991 tritt Tarja Radler ihre Stelle bei der Allianz an. „Ich bekam eine phantastische Ausbildung." Da sie sich jedoch nicht komplett ausgefüllt fühlt, macht die Auszubildende nebenbei einen Trainerschein als Fitnesstrainerin, gibt Kurse und bietet Personal Training an. „Dieser Ausgleich zu meiner Büroarbeit entsprach meinem Naturell, da ich mich immer gerne und viel bewegt habe." Nach ihrer Ausbildung wird die sportliche Versicherungskauffrau übernommen und im Kfz-Schadenbereich eingesetzt. „Ich durfte sehr schnell erstaunlich viel regulieren – was mir gefiel. Außerdem habe ich meinen Sport gemacht und dachte mir: Das ist eigentlich ein Paradies." Dennoch ist Stillstand nicht ihr Ding. Nach zwei Jahren überlegt Tarja Radler, wohin ihr Weg sie zukünftig führen soll, und schaut sich an der Universität in Hamburg um. „Direkt nach der Schule wollte ich nicht studieren. Nach diesem Besuch stellte ich fest, dass sich daran nichts geändert hatte." Andererseits beunruhigt sie der Gedanke, bei ihrem Arbeitgeber bis zur Rente zu bleiben. „Das war für mich, die viele Freiheiten kannte, ein bisschen erschreckend." Auch die Tatsache, dass man sich damals in ihrem Haus nicht vorstellen kann, Versicherungen über das Internet zu verkaufen, findet die junge Frau seltsam.

Der richtige Weg für eine Neuorientierung scheint gekommen, als sich ein Mitarbeiter der Advocard Rechtsschutzversicherung meldet, deren Sitz sich ebenfalls in Hamburg befindet. Das Unternehmen sucht junge, talentierte Leute. „Da ich keine Juristin war, musste ich erst einmal klären, warum Advocard Kaufleute suchte. Die Versicherung wollte sich neu ausrichten und brauchte Mitarbeitende, die kaufmännisch gute Entscheidungen treffen können." Tarja Radler sagt zu und beginnt dort 1996 – auch weil sie wissbegierig ist und sich in neue Themengebiete einarbeiten möchte. „Der Kollegin in meinem Zimmer sagte ich: Sei streng mit mir, damit ich gut lerne; ich kann solche Feedbacks aushalten." Nach drei Monaten hat Radler diesen Schritt bereits hinter sich und darf Schäden selber regulieren. „Während dieser Zeit merkten meine Vorgesetzten, dass ich mich sehr schnell organisieren und entscheiden kann."

Als die stellvertretende Abteilungsleiterstelle frei wird, übernimmt die 28-Jährige diese Position. Es gelingt ihr, ihren Bereich sehr gut zu analysieren und organisatorische Prozesse zu verbessern, was ihr weitere Karriereschritte ermöglicht. Im Jahr 2002 ist sie bereits Prokuristin und Hauptabteilungsleiterin für die beiden Bereiche Vertrieb und Marketing sowie Kundenbetreuung und Betrieb. Warum sie diesen Weg so gehen konnte? „Ich habe keine Angst vorm Scheitern, bin aber nicht leichtsinnig", sagt Tarja Radler. „Ich denke mir: Wenn Du stolperst, musst Du aufste-

hen und die Dinge besser machen. Oftmals habe ich die Bestätigung bekommen, dass mir das gut gelungen ist."

Allerdings fällt es Tarja Radler nach wie vor schwer sich vorzustellen, in ein und derselben Position bis zur Rente zu arbeiten. Im Gespräch mit ihrem Vorstandsvorsitzenden Dr. Ingo A. Zuther lotet sie daher ihre Möglichkeiten aus und erhält schließlich die Zusage, dass das Unternehmen ihr ein Fernstudium an der St. Gallen Business School in Betriebswirtschaftslehre finanziert. Mit großem Eifer stürzt sie sich in die Arbeit und opfert Freizeit, Wochenenden und Urlaube, um das anspruchsvolle Studium neben der eigentlichen Arbeit im Konzern zu bewältigen. „Ich erklärte es zu meinem Hobby", beschreibt Tarja Radler, wie sie diese Herausforderung meistert. Sie erkennt ihre bevorzugten Themenfelder in den Bereichen Marketing und Vertrieb und schreibt ihre Diplomarbeit über die Implementierung von Marken in Unternehmen. „Meine Arbeitgeber waren zufrieden, dass ich mit einem sehr guten Abschluss bestanden hatte. Und wie das immer so ist in meinem Leben: Wenn ich etwas dazugelernt hatte, habe ich einige Dinge hinterfragt." Ein neuer Vorstand, der in München und Hamburg arbeitet, macht es erforderlich, dass Tarja Radler auch ihre Sonntage für die Arbeit opfert. „Irgendwann dachte ich mir, dass es eigentlich nicht sein kann, dass jemand wie ich, der wirklich Freiheit braucht, gar kein Privatleben mehr hat.

Ich musste daher mal raus aus dem System." Die erfolgreiche Versicherungsfrau verlässt die Advocard und gründet mit zwei Freunden ein kleines Beratungsunternehmen namens Brand Performance. „Wir hatten alle eine gute Ausbildung und genügend Geld, um unser Start-up ans Laufen zu bringen." Von Tarja Radlers Altbauwohnung aus betreuen die Drei zwei größere Aufträge, stellen jedoch bald fest, dass diese Form der Arbeit auch nicht ihr Leben ist. „Ich bekam während der kurzen Selbständigkeit immer wieder Anfragen aus der Branche, unter anderem die, bei einem Versicherungsunternehmen in München das Marketing aufzubauen." Sie nimmt das Angebot an, löst mit ihren Partnern die Beratungsfirma auf und pendelt zwischen Hamburg und der bayerischen Hauptstadt zu ihrer neuen Tätigkeit. „Ich bekam ein wunderschönes Büro mit Balkon in einer alten Villa, doch die Kultur des Unternehmens passte nicht mit meinen Erfahrungen zusammen." Das Tempo der Marketingexpertin und ihr kaufmännisches Denken bringen Unruhe in die eingefahrenen Strukturen. Dennoch gelingt es Tarja Radler, ihre Themen zu implementieren, die bis heute Bestand haben.

Als ein Berater ihr berichtet, dass die DEVK Rechtsschutz-Versicherungs-AG in Köln jemanden mit ihrer Qualifikation sucht, zögert sie zunächst, weil sie eigentlich nach Hamburg zurück will, nimmt dann aber doch die Chance wahr. „Ich habe meine Aufgaben in München erledigt und die Versicherung darüber hinaus noch einen weiteren Monat beraten. Anschließend bin ich nach Köln gewechselt. Dort signalisierte mir mein damaliger Vorgänger, dass er genau das, was ich kann, brauchte." Als Abteilungsleiterin Rechtsschutz Betrieb soll Tarja Radler frischen Wind in die Bereiche Produkt und Vertrieb bringen und organisatorische Anpassungen vornehmen. „Die Themen Technik und Jahresabschluss, was ich bisher noch nie gemacht hatte, kamen dazu. Ich konnte also wieder etwas Neues dazulernen." Keine zwei Jahre später erhält sie Prokura und 2013 dann das Angebot, Vorständin zu werden. „Die Alternative war, nach Hamburg zurückzugehen, doch ich beschloss zu bleiben und die Offerte anzunehmen."

Heute ist Tarja Radler bei der Rechtsschutzversicherung für alle operativen Bereiche verantwortlich: für Marketing, Vertrieb, Jahresabschluss, Schaden und Betrieb. Neben ihrer eigentlichen Tätigkeit hat sie die Idee für eine Online-Rechtsberatung entwickelt, die 2017 als Tochterunternehmen mit dem Namen KLUGO gegründet worden ist. „Wir haben damit ganz neue Netzwerke aufgebaut; unsere Kundinnen und Kunden sind zufriedener und wir sparen der Versicherung Geld." Als Geschäftsführerin von KLUGO einerseits und Vorständin der DEVK Rechtsschutz-Versicherung andererseits pendelt sie heute zwischen zwei Welten: Hier das innovative Start-up mit einer kreativen und offenen Unternehmenskultur, dort das traditionsgeprägte Haus, in dem Wert auf Kontinuität und Beständigkeit gelegt wird. „Mich fragen viele, wie mir das gelingt. Ich gehe gedanklich in das jeweilige Gebäude und bin in dem Moment inhaltlich dort. Bei der DEVK stelle ich mich auf die dortigen Gegebenheiten ein, mit KLUGO kann ich es aber anders machen. Das ist mein Regulativ, und deswegen tut mir beides gut."

Eine Frau zu sein, hat Tarja Radler während ihrer Karriere nie als Nachteil empfunden. „Ich habe immer das gemacht, was ich wollte, durfte mich auch immer gut entwickeln, und Erfolge wurden auch gesehen." Oft wird sie von jungen Frauen gefragt, wie sie ihren erfolgreichen Weg geplant habe. „Ihnen fehlen die Vorbilder. Gerne erzähle ich davon, dass ich immer Chancen ergriffen habe – auch, wenn das bedeutet, die Komfortzone zu verlassen." Heute sieht sie durchaus, dass starke Frauen es immer noch schwerer haben als Männer, auch in tradierten Unternehmen. Als Schwäche beschreibt sie ihre Umtriebigkeit und Ungeduld. „Bei mir haben alle direkten Mitarbeitenden einen großen Spielraum, weil ich ihn selbst auch brauche. Gleichzeitig bin ich sehr verlässlich in dem, was ich sage, und gebe direktes Feedback." Dass die engagierte Vorstandsfrau auch ein Privatleben hat, kommt für ihr Umfeld und insbesondere Tarja Radlers Eltern einigermaßen überraschend. „Sie dachten, dass ich nur für meine Arbeit und meinen Sport lebe und niemals heiraten will." Doch 2013 ehelicht sie ihren Partner

Wolfgang, der zwei erwachsene Töchter mit in die Ehe bringt. In der knapp bemessenen Freizeit teilen sie ihre Interessen für Reisen, Sport und auf ihren Wunsch hin ab und zu Heavy Metal und Hard Rock. Anstelle ihrer früheren sportlichen Betätigungen macht Tarja Radler seit zehn Jahren Yoga als Ausgleich zu ihrem oft temporeichen Job. Außerdem führt sie jedes Jahr private Projekte durch, um sich zu erden und aufmerksam mit Ressourcen umzugehen. „Ein sehr skandinavisches Thema:

Man verschwendet nichts." Gerade hat sie ihre Leidenschaft für Bienen entdeckt. „Auf unserer Dachterrasse pflanze ich spezielle Blumen an, um sie anzulocken. Mein Mann hat ein Bienenhäuschen gebaut, wo sie überwintern können." Außerdem hat sie dort eine Photovoltaikanlage aufgestellt, um selber Strom zu produzieren. Blumenkästen und ein Feigenbaum verdecken die Paneele, damit sie nicht direkt in Auge fallen. „Es gibt halt nichts zum Nulltarif", meint Tarja Radler.

LEBENSDATEN

Geboren 26.09.1971 in Zeven. Verheiratet
05/1991 Abitur am St.-Viti-Gymnasium, Zeven
1991 bis 1994 Ausbildung zur Versicherungskauffrau, Allianz in Hamburg
02/1994 bis 12/1995 Allianz Versicherungs AG, Hamburg; Sachbearbeiterin Kraftfahrt-Schaden
01/1996 bis 12/2004 Advocard Rechtsschutz-Versicherungs AG, Hamburg
ab 01/1996 Sachbearbeiterin im Leistungsbereich
ab 10/1999 stellv. Abteilungsleiterin
ab 03/2001 kommissarische Leiterin Kundenbetreuung
ab 03/2002 Hauptabteilungsleiterin Kundenbetreuung und Betrieb
ab 07/2002 bis 12/2004 Prokuristin und Hauptabteilungsleiterin für die Bereiche Vertrieb und Marketing, Kundenbetreuung und Betrieb

04/2003 bis 11/2004 Diplomstudiengang BWL St. Gallen Business School
ab 03/2005 bis 12/2006 Unternehmensberatung brand performance, Hamburg
ab 02/2007 bis 11/2007 KS AUXILIA, München Leiterin Marketing
ab 12/2007 bis jetzt DEVK Rechtsschutz-Versicherungs-AG, Köln
ab 12/ 2007 Abteilungsleiterin Rechtsschutz Betrieb
ab 05/2009 Erteilung Prokura
ab 03/2013 Gesellschafterin Private Equity
ab 03/2013 Vorständin für die Ressorts Betrieb, Produktmanagement, Vertrieb, Marketing, Rückvers., IT, Unternehmensplanung und Controlling sowie Rechnungswesen und Jahresabschluss
ab 2019 zusätzlich u. a. für die Ressorts Schaden, Rechtsangelegenheiten
ab 2017 zusätzlich Geschäftsführerin KLUGO

BEATRIX SCHULTE WIEN

Der Augenblick ist zeitlos

Der große Traum vom eigenen Pferd begleitete Beatrix Schulte Wien ihre gesamte Kindheit und Jugend lang. Doch bis der Wunsch Wirklichkeit wurde, sollte es Jahre dauern – und die Erkenntnis mit sich bringen, dass das wahre Leben manchmal Überraschungen bereithält, die man vorher nicht einkalkuliert hat. Die junge Physiotherapeutin hatte ihre eigene Praxis im Alter von 23 Jahren eröffnet, mit großem Engagement für ihre Patienten und gutem Kontakt zu Ärzten, die ihr gerne Menschen zur Behandlung schickten –, und mit dem Gedanken im Hinterkopf, dass sie sich nur als Selbständige eines Tages ein Pferd würde leisten können. Eineinhalb Jahre später schien der richtige Moment gekommen. „Ich fühlte mich wahnsinnig reich, weil ich 15.000 DM auf dem Konto hatte", erinnert sich Beatrix Schulte Wien. Über einen Bekannten kaufte sie für genau diesen Betrag den Wallach Softy. Die monatlichen Kosten für den Standplatz und das Futter wollte sie aus künftigen Einnahmen bestreiten.

„Als das Pferd im Stall stand, kam kurz darauf ein Steuerbescheid über 15.000 Mark. Daran, dass ich einmal Steuern nachzahlen müsste und dass dann auch noch eine Steuervorauszahlung käme, hatte ich als Physiotherapeutin überhaupt keinen Gedanken verschwendet. Das war eine betriebswirtschaftliche Erfahrung, die mich geprägt hat." Da sie ihre in finanziellen Fragen ebenfalls wenig bewanderte Mutter nicht fragen konnte, ging Beatrix Schulte Wien in ihrer Verzweiflung zu den Eltern der Kollegin, von der sie die Praxis übernommen hatte. „Sie waren auch selbständig und besaßen die Reitanlage, wo ich das Pferd stehen hatte. Wir hatten ein sehr gutes menschliches Verhältnis miteinander." Auf die Frage, was sie machen sollte, bekam sie zur Antwort: „Du musst einen Kredit aufnehmen." Da regelmäßige Einnahmen vorhanden waren und die junge Physiotherapeutin einen Lebensstandard führte, der nicht überzogen war, erhielt sie eben die 15.000 Mark von der Bank, die sie dem Finanzamt schuldete. „Ich habe das Geld über mehrere Jahre zurückgezahlt und mir von da in finanziellen Fragen immer wieder professionellen Rat geholt."

Beatrix Schulte Wien wird 1952 als ältere von zwei Geschwistern in Rheine geboren. Das ländliche Leben und der „Pferdevirus" werden ihr mit in die Wiege gelegt. Der Großvater väterlicherseits war erfolgreicher Pferdezüchter, der Großvater mütterlicherseits ebenfalls Landwirt und in der landwirtschaftlichen Berufspolitik als Vorstandsmitglied der Landwirtschaftskammer Münster, bevor er als Zentrumsabgeordneter in den Berliner Reichstag gewählt wurde. Ihre Kindheit und Jugend verbringt Beatrix auf dem elterlichen Hof im westfälischen Dülmen, bekannt als die Stadt der Wildpferde. „Eigentlich war mein Vater Drogist, aber er hat den Hof übernommen, weil nur seine Mutter und er als einziger von vier Brüdern den Krieg überlebt hatten." Ihre ersten Reitversuche unternimmt die junge Beatrix auf einem Kaltblüter. „Wenn die behäbige Asta nicht vorwärtsgehen wollte, habe ich mir einen Zweig vom Apfelbaum genommen, mal hinten auf den dicken Hintern geklopft und war dann ganz erstaunt, dass sie auch galoppieren konnte", berichtet sie von ihren ersten Ritten, natürlich ohne Sattel.

Ende der 1950er Jahre wandern viele Landarbeiter ab, weil sie beim Bergbau im Ruhrgebiet mehr verdienen als in der Landwirtschaft. Daher entschließen sich die Eltern Schulte Wien, den Hof zu verpachten. Elisabeth und Johannes Lübbert, ein junges Bauern-Ehepaar aus Ostwestfalen, übernimmt den Betrieb als Pachthof. Weil das Wohnhaus groß genug ist, beziehen sie die untere Etage, während die Familie Schulte Wien weiter in der oberen Etage lebt. „Menschlich hatten wir von Anfang an ein unglaublich gutes Verhältnis." Der Vater findet eine Anstellung als Pharma-Referent bei der Firma Beiersdorf. „Damit war das Thema Pferdehaltung Geschichte, zumindest für die nächsten Jahre. Meine frühe Leidenschaft wurde aber von meinen Eltern weiter gefördert. Als zu Beginn der 1960er Jahre in Dülmen eine Reithalle gebaut wurde, erhielt ich Reitstunden." Beatrix ist 12 Jahre alt, als ihr Vater plötzlich verstirbt. Für die Mutter mit ihren zwei Kindern bedeutet das einen deutlichen finanziellen Einbruch, denn die Ausbildungspapiere ihres Mannes, die sie für die Beantragung einer Witwenrente dringend benötigt, sind während des Krieges verbrannt. Eine alte Dame, die seine Ausbildung bezeugen will, stirbt, bevor sie bei Gericht eine eidesstattliche Erklärung abgeben kann. „Es kam die Zeit, als ich mir meine Reitstunden selber verdienen musste." In Dülmen besucht das Mädchen die Marien-Schule, eine sogenannte höhere Töchterschule, die von Nonnen geführt wird und zum Realschulabschluss führt. „Bauern, die etwas auf sich hielten, haben ihre Kinder auf die höhere Schule geschickt. Im katholischen Münsterland war es üblich, dass man die Erziehung der Mädchen in die Hände von Nonnen gab." Anfang der 1960er Jahre herrscht hier zunächst noch Hosenverbot. „Als wir dann Hosen ohne Rock tragen durften, kam ich ganz stolz mit einer Kniebundhose zur Schule, die ich von meinen Eltern geschenkt bekommen hatte, und fand mich ganz schick. Eine der Obernonnen sah mich und sagte, Bündchenhosen seien keine Mädchenhosen. In dem Moment kam unsere junge Kunstlehrerin die Treppe hoch, klopfte mir auf die Schulter und meinte: ‚Mensch, Trixi, was hast du für eine schicke Hose an.'"

Wenn man die höhere Töchterschule abschließt, vermitteln die Nonnen ihre Schülerinnen gerne an die Hildegardisschule nach Münster, die vom gleichen Orden geführt wird. Dort erhalten sie ihre damals frauentypischen schulischen Ausbildungen in Ernährung und Hauswirtschaft oder Erziehungs- und Sozialberufen. „Das hat mir nicht gereicht", sagt Beatrix Schulte Wien, die gerne ihr Abitur machen würde, was in Dülmen jedoch noch nicht möglich ist. Sie müsste nach Münster fahren und mit erheblichem Zeitaufwand ein Aufbau-Gymnasium besuchen, doch das kollidiert mit ihrer ausgeprägten Leidenschaft für das Reiten. Daher wechselt sie nach dem Realschulabschluss auf die höhere Handelsschule in Dülmen. Um ihr Hobby zu finanzieren, hilft sie beim Pächter des Hofes in der Ernte. Auf der einen Seite tut es weh, wenn die Freundinnen erzählen, sie seien mit der Mutter nach Münster zum Einkaufen gefahren, während Beatrix Heu und Stroh stapelt, um Reitstunden zu bezahlen oder ein paar neue Reitstiefel zu kaufen. „Manchmal machte mich das ein bisschen sehnsüchtig, doch letzten Endes war in mir immer der Wille stärker: Ich wollte reiten und ich wollte etwas mit Pferden zu tun haben. Das war mein Schwerpunkt. Und so habe ich gelernt, durch eigene Arbeit mein Leben zu gestalten, und auch das Selbstbewusstsein gewonnen, mich sehr früh selbständig zu machen."

Während eines halbjährigen Praktikums in Haltern am Krankenhaus lernt Beatrix den Beruf der Physiotherapeutin kennen und erlebt, wie eigenständig die dortige Therapeutin mit den Patienten spricht und anschließend für sie individuelle Übungsprogramme zusammenstellt. „Mir gefiel das, weil mir einerseits die Bewegung und andererseits der Umgang mit Menschen und das Beraten Freude machten." Nach dem Abschluss der höheren Handelsschule bewirbt sich Beatrix um eine Ausbildungsstelle zur Physiotherapeutin an der orthopädischen Universitätsklinik (Hüfferstiftung) in Münster und wird sofort angenommen. Sie bezieht eine kleine Studentenbude von 9,5 Quadratmetern, in der gerade einmal Platz ist für Bett und Schreibtisch, einen kleinen Schrank und ein Waschbecken. „Die Dusche, die auf dem Gang lag, teilte ich mir mit anderen jungen Frauen, die dort wohnten." Als BAFöG-Empfängerin kann die angehende Physiotherapeutin ihr bescheidenes Studentenleben finanzieren, muss jedoch neben-

bei jobben gehen, um hin und wieder Reitunterricht an der Westfälischen Reit- und Fahrschule nehmen zu können. Dass sie bei der Zwischenprüfung Muskeln oder Nerven an präparierten Leichen erklären muss, führt zwar dazu, dass ihre Augen tränen, doch als Bauerntochter hat sie eine eher nüchterne Sicht auf Leben und Tod. „Es war nicht so abschreckend, daher konnte ich damit umgehen."

Nach dem Staatsexamen absolviert Beatrix Schulte Wien ein einjähriges Praktikum an einer Klinik in Köln, wo sie erstmals ein regelmäßiges Gehalt bezieht. Mit 23 Jahren wagt sie den Schritt in die Selbständigkeit und übernimmt eine Praxis für Physiotherapie in Recklinghausen, auch um sich schneller ein Pferd leisten zu können. Da niemand sonst in Recklinghausen physiotherapeutische Leistungen anbietet, füllt sich das Wartezimmer schnell. Dank ihrer guten Ausbildung und einer speziellen Behandlungsmethode für Kinder mit Bewegungsstörungen erhält die Therapeutin auch etliche kleine Patienten, die von den Kinderärzten der Stadt zu ihr zur Behandlung geschickt werden. „Wenn der Ursprungs- oder der Ausgangspunkt auch der war, dass ich vor allen Dingen ein Pferd finanzieren wollte, ist mit meiner Tätigkeit die Erkenntnis gewachsen, dass ich den Patienten helfen wollte und mit mir unzufrieden war, wenn durch meine Behandlung keine Besserung eintrat. Mit der Freude an der Selbständigkeit wuchs in mir der Ehrgeiz, weitere Fertigkeiten als Physiotherapeutin zu erwerben." Sie investiert in verschiedene Fortbildungen, macht die Erfahrung, dass ihr Lernen Freude bereitet und bekommt interessante neue Kontakte.

Im Jahr 1985 heiratet Beatrix Schulte Wien einen Landwirt und zieht mit ihrem Mann zurück auf den elterlichen Hof, um dort mit ihm eine Pferdezucht zu betreiben. Im gleichen Jahr wird Sohn Job geboren und zwei Jahre später Tochter Carola. Den Praxisbetrieb in Recklinghausen kann sie zunächst fortführen, da sich auf dem Hof ihre Mutter und das Pächterpaar Lübbert liebevoll um die Kinder kümmern. Als der Sohn fünf Jahre alt ist, beginnt die junge Mutter ein Studium an der internationalen Akademie für Osteopathie. Der vage Gedanke, das Gelernte eines Tages auf Pferde zu übertragen, sei schon da gewesen, erinnert sich Beatrix Schulte Wien, doch die Umsetzung der Vision sei später erfolgt, nachdem sie ihr fünfjähriges Studium als Humanosteopathin absolviert hatte. Als der Plan einer Pferdezucht und auch ihre Ehe scheitern, bleibt Beatrix Schulte Wien trotz aller Widrigkeiten und dank ihrer Qualifikation bei der festen Überzeugung, sich und ihre Kinder stets auch allein durchbringen zu können. „Ich wusste immer, dass ich existenziell durchkomme. Ich hätte die Praxis noch weiter ausbauen können, dann wären wir nach Recklinghausen gezogen. Doch beide Kinder wollten auf dem Hof bleiben." Sie verkauft daher ihren Betrieb in Recklinghausen und eröffnet eine Privatpraxis in Dülmen. Die Humanosteopathin knüpft jetzt erste Kontakte zu Pascal Evrard aus Belgien, der die Grundlagen in der osteopathischen Behandlung von Pferden bei dem französischen Tierarzt Dr. Dominique Giniaux erlernt hat. Dr. Giniaux hat als erster Tierarzt in Europa das Konzept der Humanosteopathie auf Pferde übertragen. „Ich lud Pascal Evrard auf meinen Hof nach Dülmen ein. Er sprach zwar kein Wort Deutsch, aber wir verständigten uns trotzdem und ich lernte von ihm. Dadurch, dass ich Reiterin bin und Pferde angefasst habe, war mir klar, dass es nicht gefährlich sein kann, mit den Tieren zu arbeiten."

Osteopathische Behandlungen bei Pferden sind damals ein absolutes Novum. Daher berichtet Cavallo, das auflagenstärkste Pferdemagazin Deutschlands, in einem mehrseitigen Beitrag über die neuen therapeutischen Handgrifftechniken für Pferde, die in Dülmen praktiziert werden. „In der Folge erhielt ich Nachfragen aus dem ganzen Land." Einige ebenfalls pferdebegeisterte Kolleginnen und junge Tierärztinnen, welche die ersten pferdeosteopathischen Behandlungen von Pascal Evrard auf dem Hof interessiert verfolgt haben, schlagen vor, diese wertvollen Therapiemöglichkeiten zu einem Weiterbildungskonzept mit entsprechend hohem medizinischen Niveau zusammenzufassen. „Die räumlichen Bedingungen auf meinem Hof waren gegeben und die Tatsache, dass ich mehrere Pferde hielt, die für geplante Kurse eingesetzt werden konnten, und darüber hinaus über gute Kontakte zu hippologischen und medizinischen Fachleuten verfügte, ließen schnell den Plan reifen, diese Weiterbildung zu konzipieren. Auch ein Name war bald gefunden: DIPO – Deutsches Institut für Pferdeosteopathie – sollte die Unternehmung heißen. 1997 haben wir das DIPO gegründet und mit dem ersten Kurs begonnen." Erster Dozent ist Pascal Evrard, dessen französische Skripte immer erst in letzter Minute vorliegen und in Nachtschichten für die Kursteilnehmer übersetzt und kopiert werden. Teilnehmer sind ausschließlich Tierärzte, Ärzte und Physiotherapeuten, weil der medizinische Kenntnisstand auf einem hohen Niveau sein soll. „Zwischen den unterschiedlichen Berufen hat sich eine gute Zusammenarbeit entwickelt, weil beide voneinander profitieren."

Schnell wächst das Interesse an dem innovativen Fortbildungsangebot. Fand der erste Kurs noch im Wohnhaus statt, baut Beatrix Schulte Wien 1999 einen Seminarraum im ehemaligen Pferdestall – sehr zur Freude der Kinder, denen es mitunter gar nicht gefällt, dass ihre Mutter schon mal an sieben Tagen in der Woche aktiv ist. Bei den finanziellen

Angelegenheiten unterstützt sie jetzt der Bruder einer Kollegin, der sich als früherer Prokurist in der chemischen Industrie bestens damit auskennt. Als außerordentlicher Glücksfall entwickelt sich in dieser Zeit auch der Kontakt zu Prof. Horst Wissdorf, dem emeritierten Hochschullehrer und ehemaligen Leiter der Anatomie der tierärztlichen Hochschule Hannover, der Generationen tierärztlicher Studenten geprägt hat. Beatrix Schulte Wien nimmt Kontakt zu dem Professor auf, weil sie einen Artikel von ihm in Cavallo gelesen hat. „Ich stellte mich vor und erhielt kurz angebunden die Antwort: ‚Sie können mich hier nicht einfach am Telefon ausfragen. Ich bin Professor und jede Viertelstunde, die ich berate, kostet Geld.' Im Laufe des Gesprächs wurde er immer netter, und es hat sich heute eine intensive Freundschaft entwickelt. Niemals in meinem Leben habe ich von ihm eine Rechnung für das Gespräch bekommen." Zunächst steht Prof. Wissdorf der Pferdeosteopathie sehr kritisch gegenüber, denn „Knackser" und „Renker" versuchen in jener Zeit vermehrt, in dieser Lücke Fuß zu fassen. „Dankbar nahmen wir sein Angebot an, die Anatomieskripte des DIPO auf Herz und Nieren zu überprüfen und zu korrigieren, wovon wir bis zum heutigen Tag profitieren. Dreizehn Jahre lang stellte sich Prof. Wissdorf auch als Vorsitzender der Prüfungskommission Pferdeosteopathie zur Verfügung, so dass er mit seinem Wissen die Qualität der Weiterbildung maßgeblich beeinflusst hat." Aktuell werden beim DIPO an vier Standorten in Deutschland etwa 4.000 Kursplätze pro Jahr gebucht. Von über 70 renommierte Dozentinnen und Dozenten werden nicht nur Schulungen in Pferdeosteopathie angeboten, sondern auch Fortbildungen in Pferde-Physiotherapie, an der jeder teilnehmen kann, der sich privat oder beruflich mit Pferden befasst, sowie Kurse, die sich mit der Behandlung von Hunden befassen. Beatrix Schulte Wien, die die Philosophin Hannah Ahrendt wegen deren analytischen Denkens und die Verhaltensforscherin und UN-Friedensbotschafterin Jane Goodall mit ihrem unermüdlichen Kampf für die Artenvielfalt und gegen den menschengemachten Klimawandel als Vorbilder nennt, ist bis heute eine gefragte Expertin auf ihrem Gebiet. So wurde sie vor einigen Jahren an das tschechische Nationalgestüt Kladrub zur

Behandlung mehrerer Kladruber Pferde gerufen, therapierte in Australien Vollblüter aus dem Vielseitigkeitssport und in Bangkok Polopferde. Neben vielen Sportpferden betreute sie von 2003 bis 2007 die Dressurpferde der mehrfachen französischen Dressurchampionesse Karen Tebar. „Das beherrschende Thema meines Lebens ist das Zusammenleben von Mensch und Tier", resümiert Beatrix Schulte Wien, die ihre knapp bemessene private Zeit gerne nutzt, um sich der Dressurreiterei oder interessanten kulturellen Veranstaltungen zu widmen. „Dazu gehören eine erhöhte Wahrnehmung und Sensibilisierung für all das, was uns Tiere geben, aber auch für all das, was uns verpflichtet, ihnen das zu geben, was für ihr Wohl sorgt. Auch als Unternehmerin ist es mir besonders wichtig, sozialverträglich zu handeln, und da kann man einiges aus der Natur abschauen. Wenn man Pferde in der Natur beobachtet, wie sie ruhende, verletzte oder junge Mitglieder ihrer Herde schützen, aber auch erziehen, gegenseitig Fellpflege betreiben, sich mitunter auch gegenseitig füttern, hat man den Eindruck, dass manches von ihrem Verhalten auch in teambildende Seminare eingeflossen ist. Dieser Respekt und achtsames Handeln füreinander und miteinander sind mir als Chefin enorm wichtig. Ich bin davon überzeugt, dass, wenn den Mitgliedern des Organisationsteams, des Lehrkörpers und unseren Seminaristen Freiräume und soziale Räume im Denken und Handeln gelassen werden, Kreativität in und die Freude an der Arbeit wachsen." Dass ihr Sohn 2021 in die DIPO-Geschäftsführung eingestiegen ist und ihre Tochter kurz davor steht, gibt Beatrix Schulte Wien die Überzeugung, dass ihr Lebenswerk auch für die Zukunft gut aufgestellt ist.

LEBENSDATEN

1952 Geboren in Rheine, Kreis Steinfurt.
Zwei Kinder
1958 bis 1962 Grundschule
1962 bis 1968 Marienschule Dülmen, Realschulabschluss
1968 bis 1970 Höhere Handelsschule in Dülmen
1970 bis 1971 Vorpraktikum zur Physiotherapieausbildung im St. Sixtus Hospital in Haltern a. See.
1971 Bis 1973 Ausbildung zur Physiotherapeutin an der orthopädischen Universitätsklinik (Hüfferstiftung) in Münster
1975 Übernahme einer Physiotherapiepraxis in Recklinghausen
1984 Bis 1986 Weiterbildungen zur Manualtherapeutin und Sportphysiotherapeutin
1990 bis 1995 fünfjähriger Nachdiplomstudiengang zur Humanosteopathin
1982 Prüfung zur Amateurreitlehrerin an der Westfälischen Reit- und Fahrschule Münster

1996 osteopathische Privatpraxis in Dülmen; erste osteopathische Behandlungen bei Pferden
1997 Gründung von DIPO – Deutsches Institut für Pferdeosteopathie
Seit 2003 DIPO Weiterbildungen zum Pferdeosteotherapeuten auch in Süddeutschland
Physiotherapiekurse für Pferde z. Zt. an 4 unterschiedlichen Standorten des DIPO in Deutschland
2000, 2002 und 2004 Durchführung der ersten pferdeosteopathischen Kongresse, die als „Reithallenkongresse" bekannt wurden
Autorin zahlreicher Fachbücher

AUSZEICHNUNGEN

2006 und 2008 Innovationspreis auf der europäischen Pferdemesse EUROCHEVAL in Offenburg

EHRENÄMTER

Beatrix Schulte Wien und ihr Team engagieren sich in unterschiedlichen Reittherapiezentren. Kostenlose Behandlung der Therapiepferde, Sponsoring von Reitsätteln und Kostenbeteiligungen für die Betreuer bei den Special Olympics

KRISTINE SOIRON

Marathon zur Selbständigkeit

Kristine Soirons Wunsch, neben ihrer Selbständigkeit mit Übersetzungsdienstleistungen Führungserfahrung bei einem großen deutschen Kaufhauskonzern zu sammeln und finanziell abgesichert zu sein, platzte im Januar 2015. Zuvor hatte die gebürtige Georgierin die gesamte Ausbildungsschiene des Unternehmens in Münster durchlaufen und war von ihrem Chef höchstpersönlich als Abteilungsleiterin empfohlen worden. Der Geschäftsführer und der Personalleiter luden die ehrgeizige junge Frau daraufhin zu einer Sitzung ein, während der sie ihr ihre Entscheidung mitteilten. „Die Herren, die dort am Tisch saßen, meinten, dass ich bitte schön Verständnis dafür zeigen sollte, dass ich mir letztendlich die ganze Mühe umsonst gemacht hatte, eine verkürzte Ausbildung zu durchlaufen, um mich anschließend in vielen internen Weiterbildungen für die nächste frei werdende Stelle zu qualifizieren." Ein neuer Mitarbeiter, jung, nicht verheiratet und mit der gleichen Qualifikation, sollte die Stelle übernehmen. Ihr bot man an, eine Abteilungsleitungsstelle zu übernehmen, sobald eine frei würde.

Dass Kristine Soiron als dreifache Mutter ihren Ausbildungsvertrag unter der Voraussetzung unterschrieben hatte, auf schnellstem Weg dieses Ziel zu erlangen, wurde geflissentlich ignoriert. „Ich hatte viel Zeit verloren, in der ich auch ein Hochschulstudium hätte absolvieren können. Das habe ich kundgetan." Tatsächlich hielt man ihr entgegen, sie müsste bedenken, dass sie Mutter von drei Kindern sei. Die Kinder bräuchten sie gerade jetzt, wo sie noch jung seien. Empört entgegnete Kristine Soiron: „Sie schreiben mir doch nicht vor, was meine Kinder brauchen. Ich weiß, was ich und was meine Kinder benötigen, und wofür ich die ganze Arbeit auf mich nehme. Entweder wollen Sie mir diesen Platz geben oder nicht. Ich sollte Verständnis haben, hieß es. In dem Moment bin ich aufgestanden, habe das Gespräch abgebrochen und gesagt : ‚Guten Tag, meine Herren.' Dann bin ich aus dem Raum gegangen." Es war der Moment, an dem für Kristine Soiron feststand: „Ich baue meine eigene Selbständigkeit aus!"

Die Reise ihres Lebens beginnt für Kristine Soiron, geb. Sagareishvili, 1984 in der georgischen Stadt Kutaissi – dem Ort, wo im gleichen Jahr auch die Sängerin Katie Melua geboren wird. Sonst ist im westlichen Europa wenig bekannt über die Universitätsstadt südlich des Kaukasus, die als Zentrum für Kunst, Bildung und Kultur in Georgien gilt. In den 1980er Jahren gehört der eurasische Staat noch zur Sowjetunion, doch die politischen Umbrüche in Moskau führen 1991 zur Unabhängigkeit, was große Veränderungen für das Land mit sich bringt. Der wirtschaftliche Übergang von einer zentralisierten Planwirtschaft zu einer Marktwirtschaft wird von Unsicherheit, wirtschaftlicher Instabilität und Arbeitsplatzverlusten begleitet. „Meine Mutter, die eigentlich Physik und Mathematik studiert hatte, war Personalleiterin des Bus- und Eisenbahnhofs und begann damit, auf dieser Fläche Geschäfte zu platzieren und neue Arbeitsplätze zu schaffen", erinnert sich Kristine Soiron an diese schwierige Zeit. Sie selbst wächst als Einzelkind in einer wohlhabenden Familie auf. Während der Ferien nimmt Ekaterine (Jana) Khmelidze ihre Tochter mit auf Reisen, wo sie neue Orte, fremde Sprachen und interessante Menschen erlebt – Eindrücke, die haften bleiben. „Ob Asien, Russland, Iran, Türkei oder diverse andere Länder: Neue Kulturen wurden mir vertrauter und haben mich neugierig auf die Welt gemacht." Doch die Entwicklung in Georgien geht einigen Menschen zu schnell. „Als meine Mutter in die Geschäftsführung aufsteigen sollte, gab es Widerstände und Machtspiele." 1993 wird Jana Khmelidze Opfer eines Gewaltverbrechens – der Zusammenhang zu ihrem beruflichen Engagement ist offensichtlich. In Kutaissi reagiert man bestürzt auf das Attentat. Viele Menschen kommen, begleitet von einer Polizeieskorte, zur Beerdigung. „Meine Mutter hatte sich mit der Schaffung von zahlreichen Arbeitsplätzen, insbesondere auch der Erhöhung der Frauenquote, mit ihrer sozialen Ader und ihrem Engagement einen Namen gemacht. Mir wurde klar, dass ich eines Tages diese Spur meiner Mutter aufnehmen und genau da weiter machen musste, wo sie jäh herausgerissen wurde."

Das Leben der neunjährigen Kristine ändert sich nun fundamental. Der Vater hat eine Anstellung als Vorarbeiter eines Bauunternehmens in Moskau gefunden. Seine Tochter gibt er in die Obhut seiner Schwester, von der diese eine konservative Erziehung erhält. Kristine besucht bis 1999 die Mittelschule und entdeckt die Vielfalt von Sprachen und deren kulturelle Eigenheiten. „Doch danach wollte ich unbedingt zurück in meine Heimatstadt." Ohne Erlaubnis ihres Vaters, zu dem sie jeglichen Kontakt abbricht, kehrt Kristine nach Kutaissi zurück, wo sie bei ihrer Großmutter Lola Khmelidze wohnen kann, die sie schon als Kind betreut hat, weil die Mutter berufstätig war. Der Großvater Budu

ist zwei Jahre nach dem Tod seiner Tochter verstorben, ohne dass sich Kristine hätte verabschieden können. Eigentlich möchte die Schülerin, geprägt von den schlimmen Erlebnissen ihrer Kindheit, nach dem Abschluss des staatlichen technischen Kollegs Jura studieren, um Antworten auf Fragen der Vergangenheit zu finden. Eine Lehrerin, die ihre Talente eher im wirtschaftlichen Bereich sieht und auch ihre Führungsqualitäten, rät jedoch zu einem Studium der Volkswirtschaftslehre. Zu dieser Zeit ist Kristine auch politisch aktiv und Mitglied einer nationalen Jugendpartei. „Ich wurde damals von einem humanistischen, nichtstaatlichen Unternehmen entdeckt und unter 80 Bewerbern für drei offene Stellen in deren Team aufgenommen." Voller Stolz übernimmt sie die Aufgabe, eine kleine Gruppe von Grundschulkindern im Bereich Informatik zu unterrichten, und wird selbst durch diverse Seminare als Startup-Nachwuchs weiter gefördert. Kristines Neigung, sich selbständig zu machen, ist nicht zu übersehen.

Ihrem Interesse für Sprachen und andere Kulturen folgend, bereist Kristine mehrere Länder und kommt über eine Agentur schließlich nach Deutschland, wo sie ihre Deutschkenntnisse in Baden-Württemberg, an verschiedenen Sprachenschulen in Münster und später an der dortigen Universität vertieft. Sie lernt einen Georgier kennen, den sie 2002 in ihrer Heimat kirchlich heiratet. Ein Jahr später wird der gemeinsame Sohn Temuri geboren und 2005 der zweite, David. „Leider konnte mein damaliger Mann mein Streben nach mehr Erfolg nicht mit seiner georgischen Mentalität vereinbaren und wir trennten uns kurze Zeit später." Die junge Mutter fühlt sich hin- und hergerissen zwischen Deutschland und Georgien, versucht, in der alten Heimat beruflich Fuß zu fassen. Mit ihrer besten Freundin baut sie in Georgien eine Reiseagentur auf. „Ich fand das Land, welches im Westen oft mit Josef Stalin, Eduard Schewardnadse oder Weinkultur verbunden wird, würdig, über die eigenen Grenzen hinaus Bekanntheit zu erlangen. Dafür setze ich mich bis heute ein."

Im Jahr 2007 kehrt sie schließlich nach Deutschland zurück, findet einen neuen Lebenspartner und bringt ihre Tochter Maria zur Welt. „Meine dritte Herzensseele", nennt sie das Kind. „Meine drei Kinder Temuri, David und Maria haben meine Ziele und mein Streben nach mehr Entwicklung sowie meine Ausdauer extrem geprägt. Ich wollte immer unabhängig sein, sowohl finanziell als auch persönlich." An dieser starken Persönlichkeit zerbricht auch ihre zweite Ehe. Die junge Frau arbeitet intensiv an ihrer Qualifikation als selbständige Dolmetscherin mit dem Schwerpunkt Rechtssprache. „Ich habe 100 Prozent gegeben und kaum geschlafen, weil ich nachts gelernt habe." Mit ihrer Qualifikation übernimmt Kristine Soiron ab 2010 Aufträge von unterschiedlichen

Unternehmen, Gerichten, Polizeibehörden sowie Anwälten. In ihrer Freizeit trainiert sie Marathon, nimmt erfolgreich an Wettbewerben teil und engagiert sich ehrenamtlich in diversen Sportvereinen. Als sie das Sorgerecht für ihre zwei älteren Kinder erhält und die beiden zu sich holen kann, nimmt sie das Angebot eines Münsteraner Unternehmens an, sich für eine Führungsposition zu qualifizieren. Zwar bezeichnet sie diese Zeit heute als außerordentlich lehrreich, muss aber damals erfahren, dass ihr Engagement nicht gewürdigt wird und dass das Unternehmen bei der Stellenbesetzung einem männlichen Mitarbeiter ohne Kinder den Vorzug gibt.

Kristine Soiron sucht den Kontakt zu der Geschäftsführerin eines Spracheninstitutes, der sie ihre Leistungen anbietet. „Durch sie bin ich dann noch tiefer in den Bereich Justiz eingestiegen und habe Kommissare, Staatsanwaltschaften und Gerichte kennengelernt." Im Kreis Coesfeld begegnet die Dolmetscherin im Bereich der Justiz einem väterlichen Mentor, für den sie regelmäßig tätig wird, und der sie motiviert, ihre Fortbildungen abzuschließen. Wie wichtig gute Kontakte sind, erfährt Kristine Soiron, als sie 2015 einen Anruf vom Landgericht Dortmund annimmt. „Der Direktor des Gerichts teilte mir mit, dass ich von einem Rechtsanwalt empfohlen worden sei, um in einem konkreten Fall als Sachverständige mitzuarbeiten." Zwar hat sie eine solch anspruchsvolle Aufgabe bis dahin noch nie gemacht, doch erhält sie den Auftrag, weil der Anwalt das Gericht überzeugt hat, dass sie die Aufgabe problemlos meistern könne. Acht Monate lang beschäftigt sie sich damit, Telefonmitschnitte und sonstige Auf-

nahmen zu verschriften und zu übersetzen. „Weil ich Ruhe dafür brauchte, habe ich das meistens nachts zu Hause gemacht." Vor Gericht muss sie die Texte selbst vortragen. In diesen Momenten wird ihr manchmal bewusst, dass sie alle Übersetzungen verantworten muss, und dass diese Texte dazu führen können, dass Menschen für eine kürzere oder längere Zeit hinter Gittern landen.

2016 gründet Kristine Soiron ihr eigenes Übersetzungs- und Dolmetscherbüro unter ihrem damaligen Namen: Vossler Sprachen. Sie bildet sich weiter fort und es gelingt ihr, eine Beeidigung und Ermächtigung als Dolmetscherin durch das Oberlandesgericht Hamm, gefolgt vom Landgericht Hannover und später noch vom Landgericht Bremen, zu erhalten. Für die unterschiedlichen Institutionen der Justiz zu arbeiten, ist genau das, was ihr Freude bereitet. „Ich kann auf die Menschen eingehen, aber auch Distanz halten, was im Strafbereich wichtig ist." Den ersten Firmenvertrag schließt sie mit dem Bundesamt für Migration und Flüchtlinge. 80 freie Dolmetscher werden für ihr Büro tätig, welche die erforderlichen Sprachen abdecken. Schon bald sucht die junge Unternehmerin weitere Mitarbeiter, weil die Arbeiten nicht weniger werden. „Ich habe selbst tagsüber gedolmetscht und abends schriftliche Arbeiten erledigt, aber ich hatte auch den Haushalt und meine Kinder. Wenn sie im Bett waren, habe ich übersetzt, was höchste Konzentration bedeutete." Zwar ist der Verdienst gut, doch Kristine Soiron bemerkt bald, dass sie an ihr Limit kommt. Sie stellt einen ersten Mitarbeiter ein, der ihr von zu Hause aus die Verwaltungsaufgaben abnimmt, und sagt sich, als auch der an seine Grenzen

> **"** Es ist nicht genug zu wissen – man muss auch anwenden. Es ist nicht genug zu wollen – man muss auch tun. **"**
>
> Johann Wolfgang von Goethe

kommt: „Ruhig bleiben, nicht an dem Wachstum scheitern!" Auf Empfehlung ihres Steuerberaters nimmt sie Kontakt zu Maria-Luise Leismann auf und lädt sie an ihrem einzigen freien Tag – einem Feiertag – zum Bewerbungsgespräch in ihr Büro ein, das sie in ihrem Privathaus eingerichtet hat. „Wir haben zwei Stunden geredet, während meine Kinder um uns herumsprangen. In diesem Umfeld sollte sie an einem Schreibtisch arbeiten, den ich für sie aufstellen wollte. Sie sagte: ‚Warum nicht?', und begann zunächst in Teilzeit. Heute ist sie meine Teamleiterin und hat das Rechnungswesen unter sich." Bereits wenige Wochen später reicht der Platz im Home Office nicht mehr, und Kristine Soiron zieht mit ihrem Büro in die nächstmögliche freie Immobilie ins Gewerbegebiet Warendorf um. Die Firma übernimmt nun Übersetzungstätigkeiten in allen Sprachen für die Polizeipräsidien Münster und Steinfurt sowie für die Kreispolizeibehörde Warendorf. Später folgen die Justizvollzugsanstalten Bielefeld-Brackwede und Werl komplett mit allen Sprachen, wofür Kristine Soiron die Anzahl der Freiberufler auf knapp 670 Personen erhöht.

Kristine Soiron erarbeitet sich den Ruf, sehr zuverlässig zu sein. „Wenn jemand aus einer Behörde anrief und einen Dolmetscher bestellte, konnten wir dessen Einsatz bestätigen, bevor er den Hörer wieder auflegte. Das kannte man bis dahin gar nicht." Die Unternehmerin investiert, wenn nötig, in beeidigte Dolmetscher, was anfänglich für sie ein Minusgeschäft bedeutet. Doch andererseits gelingt es ihr auf diese Weise, immer mehr staatliche Stellen in Nordrhein-Westfalen, Niedersachsen und darüber hinaus für sich zu gewinnen. Um dort auch Gebiete zu erreichen, in denen keine Dolmetscher wohnen, nehmen ihre Mitarbeiter Anfahrten bis zu einer Stunde in Kauf. „Pro 100 Kilometer brauchen wir pro Sprache mindestens fünf Dolmetscher, um den Bedarf der Behörden vor Ort abzudecken." Sie selbst beschäftigt sich nun – neben eigenen Einsätzen als Dolmetscherin – schwerpunktmäßig mit der Digitalisierung ihres Unternehmens, was gerade in eher konservativ geprägten Justizbehörden aus Datenschutzgründen ein besonders sensibles Thema ist, sich jedoch als weitsichtig erweist. Im Jahr 2018 ist das Übersetzungsbüro bereits so weit gewachsen, dass der Steuerberater die Gründung einer GmbH empfiehlt. Unter dem neuen Namen AlphaLing wird dieser Schritt ein Jahr später vollzogen. Ihre Beeidigung „zur mündlichen und schriftlichen Sprachübertragung für gerichtliche und staatsanwaltliche Zwecke" bekommt sie 2019 vom Landgericht Hannover und im selben Jahr auch vom Landgericht Bremen verliehen. Viel Unterstützung erfährt Kristine Soiron von ihrem dritten Mann Kai Andre Soiron, der ins Unternehmen einsteigt und die IT-Organisation übernimmt. „Ich war reif für einen Ort, an dem ich mich niederlassen konnte. Er unterstützte mein endloses Streben nach vorne und bot mir Bodenständigkeit für mich und als Vater für meine Kinder."

Heute bietet AlphaLing maßgeschneiderte Dolmetschertätigkeiten an und ist über die Grenzen Deutschlands hinaus aktiv. Fast 1.200 freiberufliche Dolmetscher, die alle gängigen Sparten abdecken, sind jetzt für sie tätig, mit den beiden Schwerpunkten Justiz und Medizin. In Warendorf und in der neu gegründeten Dependance in Georgien arbeiten neben den freiberuflichen Dolmetschern insgesamt 22 festangestellte Mitarbeiterinnen und Mitarbeiter für Kristine Soiron. „Die Arbeit von AlphaLing basiert auf den Säulen Qualität, individuelle Beratung und absolute Zuverlässigkeit", erklärt die Geschäftsführerin, die gerade zwei weitere Unternehmen gegründet hat, dieses Mal in Georgien. „Da ich früher viel mit Flüchtlingen gearbeitet habe, entwickelte ich die Idee, etwas dafür zu tun, dass die Menschen ihre Heimat nicht aus wirtschaftlichen Gründen verlassen müssen." Sie eröffnet 2020 gemeinsam mit der Immobilienunternehmerin Yuliya Haidar, die sie während eines Dolmetscher-Auftrages kennengelernt hat, in der georgischen Hauptstadt Tiflis das Unternehmen Black Sea Ressources, das IT- und Officemanagement, Onlinemarketing und Onlinemanagement in der DACH-Region anbietet – von Datenpflege über Kundenservice und Webseitenerstellung bis E-Commerce, IT-Personal und SEO-Optimierung inklusive Übersetzungen. Die zweite Firma offeriert Privatwirtschaftskunden, die in Georgien ein Unterneh-

men planen und gründen wollen, ein individuell zugeschneidertes All-Inclusive-Paket für deren Aufenthalt dort – vom Flughafentransfer bis zur Einstellung der Mitarbeiter und der Entwicklung von Marketingstrategien. Ehrenamtlich engagiert sich Kristine Soiron unter anderem als Mitglied des Internationalen Wirtschaftssenats e. V. (IWS), der sich als neutrales Bindeglied zwischen Wirtschaft, Wissenschaft und Gesellschaft versteht und als Stimmungsbarometer politische Impulse aus der Wirtschaft sendet, und beim Bundesverband Mittelständische Wirtschaft. An ihrem Wohnort ist sie ebenfalls aktiv, unterstützt örtliche Vereine und fördert die Schulentwicklung vor Ort. Ihre Freizeit, soweit vorhanden, verbringt sie

unternehmerisch – ihr Hobby ist ihr Business. Das Laufen ist nach wie vor ihre Leidenschaft und sie hofft, bald einmal wieder einen Marathon bestreiten zu können. Andere Aktivitäten wie Schwimmen, Wandern und Krafttraining dienen ihr dazu, um ihre Vitalität und Ausdauerfähigkeit zu steigern. Sie reist gerne und ist gerne flexibel. „Ich möchte etwas bewegen", erklärt Kristine Soiron, warum sie das alles tut. „Wir haben alle eine Aufgabe, wenn wir auf die Welt kommen, und müssen diese erfüllen. Ich bin davon überzeugt, dass ich noch einiges schaffen kann. Hätte ich vorher gewusst, was auf mich zukommt, hätte ich vielleicht gezögert. Doch mein Großvater hat einmal zu mir gesagt, man muss ein Leben lang bereit sein zu lernen."

LEBENSDATEN

Geboren 1984 in Kutaissi, Georgien. Drei Kinder
Ab 1990 Schule in Kutaissi, 1993 bis 1999 Mittelschule in Shevali-Maydany, Russland
2000 Abitur in Kutaissi, Volkswirtschaftslehre an der staatlichen technischen Universität
ab 2001 Fernstudium in Kutaissi.
2001 bis 2003 Weiterbildung der Sprache an mehreren Sprachschulen, später an der Westfälischen Universität in Münster
Ab 2005 (Mit-)Aufbau und Leitung einer Reiseagentur in Georgien
2010 Eintritt in die Selbständigkeit als Dolmetscherin und Übersetzerin, (Schwerpunkte Polizei, JVAs und Gerichte)
2011 bis 2015 Ausbildung und Tätigkeit als Kauffrau im Einzelhandel, Weiterbildung zur Erstverkäuferin bei einen Unternehmen und Vorbereitung der Abteilungsleitung, Münster
Rechtsspracheausbildung

2015 Gründung von Vossler Sprachen eK
2016 Erster Firmenvertrag mit dem Bundesamt für Migration und Flüchtlinge.
2017 Beeidigung als Dolmetscherin und Ermächtigung als Übersetzerin durch OLG Hamm
2019 Beeidigung als Dolmetscherin und Ermächtigung als Übersetzerin durch Oberlandesgericht Hannover und Landgericht Bremen
2019 Notardolmetscherausbildung
Ab 2019 Betriebswirtschaftsstudium (Nebenberuflich/Fernuni)
Ab 2023 Fachkräftevermittlung von Remote Mitarbeitenden aus Georgien für die DACH-Region

ENGAGEMENT

Senatorin Internationaler Wirtschaftssenat e. V. und seit neuestem Mitglied des Beirats im Bereich Personal
Business Network International (BNI), BVMW e. V., IGSE e. V.

YVE VOERMANS-EISERFEY

Fokus
auf die schönen Dinge

Die Kultur- und Kreativbranche war während der Corona-Pandemie die erste, die vom Lockdown betroffen war und die letzte, die ihre Freiheit wieder zurückerlangte. Vielen Kunstschaffenden brachen die Einnahmen weg, und etliche von ihnen fielen durch das Raster der staatlichen Corona-Hilfsmaßnahmen.

Yvonne Voermans-Eiserfey, die selbst viele Künstler persönlich kennt, ließ der Gedanke daran keine Ruhe: Es entstand die Idee für das Charity-Art-Projekt „Love is a shield" und für einen Bildband, der neben Fotografien prominenter Menschen von Guido Schröder auch Weisheiten, Gedanken und Gedichte mit auf den Weg gibt. „Ich konnte wunderbare Persönlichkeiten, die sich trotz der damaligen Distanz transparent und nahbar zeigten, für das Projekt gewinnen", erzählt die Initiatorin, „die sich stark machen für die, denen es gerade nicht so gut geht und ein Zeichen setzen." Ihre Botschaft:

„Move closer mentally, even though we are all physically at a distance – rückt gedanklich näher zusammen, auch wenn wir alle körperlich auf Distanz sind."

„Schützt und unterstützt weiterhin Kunst, Kultur und unsere Kinder, die Seele und Zukunft unserer Gesellschaft! Auch, wenn wir nur jeder einen kleinen Beitrag leisten – tun wir es mit Liebe – so retten wir für den einen oder anderen ‚eine Welt'", schrieb Yvonne Voermans-Eiserfey als Begleitwort zu ihrem Projekt. Bücher und Fotos der Aktion wurden handsigniert und via unitedCharity.de versteigert.

Talent für Kunst und Handwerk gleichermaßen mit in die Wiege gelegt zu bekommen, ist ein besonderes Geschenk. Als Yvonne Eiserfey 1971 als zweites von zwei Kindern in Köln geboren wird, darf sie sich zu den Beschenkten zählen: Der Großvater mütterlicherseits, der wie seine Frau fantastisch malen kann, stellt beruflich besondere Knöpfe her, indem er in seiner Werkstatt in Köln-Lindenthal flüssige Silberlegierungen in künstlerisch gestaltete Formen gießt. Der Großvater väterlicherseits führt eine Hutfabrik in Köln-Zollstock. Seine Modelle werden von Stars der Zeit wie Hildegard Knef, Nadja Tiller und Petra Schürmann getragen. Kein Zufall also, dass Enkelin Yvonne schon als Kind erste eigene kreative Ausdrucksformen. entwickelt. „Meine Mutter musste mir nur einen Stift in die Hand drücken, dann war ich still und kreativ, habe aber auch die Wände im Kinderzimmer bemalt", erinnert sie sich lachend. Farben und Sonnenuntergänge sind häufige Motive.

Die Eltern trennen sich, als Yvonne sechs Jahre alt ist und bereits die Grundschule besucht. Bei den Großeltern in Lindenthal finden Mutter Petra und ihre zwei Kinder zunächst eine Wohnmöglichkeit, bevor sie ein Jahr später in Braunsfeld eine eigene Wohnung beziehen. Verbunden damit sind mehrere Schulwechsel und die damit einhergehende seelische Belastung. Nach Stresssituationen, etwa als sich die Eltern scheiden lassen, oder als sie sich über eine unfreundliche Lehrerin ärgert, entwickelt Yvonne ihre eigene Taktik damit umzugehen. „Wenn ich im Urlaub am Strand war, habe ich die negativen Gedanken mit dem Atem hinausgeblasen und aufs Meer geschickt."

Während die Mutter arbeitet, kümmert sich Großmutter Elsbeth um Yvonne und ihre Schwester Tanja. Obwohl von vielen persönlichen Schicksalsschlägen während der Kriegsjahre geprägt, findet Elsbeth Mernitz die Kraft, ihren Fokus stets auf das Positive zu legen und dies auch den Enkelkindern zu vermitteln. Sie zeigt ihnen im Frühling die Blüten der Blumen und macht sie auf deren Schönheit aufmerksam. „Turn negative energy into a positive solution", würde man heute sagen. „Das Mindset, was diese tolle Frau hatte und was ich in mir trage, erdet mich immer wieder." Als erwachsene Frau wird ihr das immer wieder zugutekommen.

Nach der Grundschule besucht Yvonne zunächst die Liebfrauenschule in Köln, ein erzbischöfliches Gymnasium, das in dieser Zeit eine von Nonnen geführte Mädchenschule ist. Neben den „klassischen" Fächern wie Mathematik und Deutsch steht auch Handarbeit auf dem Stundenplan. Schwester Gerlind unterrichtet Häkeln und Nähen. „Damals waren Pluderhosen modern, ein ganz einfacher Schnitt mit Gummibündchen. Die habe ich mir in vielen verschiedenen Farben genäht", erinnert sich Yvonne an Positives von damals. Als Scheidungskind an einer katholischen Schule fühlt sie indes auch einen gewissen Druck, dem sie in dieser Phase nicht gewachsen ist. „Ich bin darum auf die Elsa-Brandström-Realschule in

Braunsfeld gewechselt und bin dort aufgeblüht."
Sie bekommt herausragende Noten, woraufhin
andere Schüler anfangen, bei ihr abzuschreiben.
Diese neue Rolle verleiht ihr die Energie, nach
der 10. Klasse auf das Elisabeth-von-Thüringen-
Gymnasium in Köln-Sülz zu gehen, wo sie 1991 ihr
Abitur besteht. Der Kunstleistungskurs interessiert
Yvonne besonders. „Damals haben mich die Im-
pressionisten total fasziniert. Ich habe darum in
diesem impressionistischen Stil an der Staffelei
Landschaften mit Ölfarben gemalt", beschreibt
sie ihre künstlerische Entwicklung, die auch wei-
tere, neue Ausdrucksformen beinhaltet wie das
Tanzen. Yvonne wird Mitglied einer lateinamerika-
nischen Formation in der Kölner Tanzschule van
Hasselt, hospitiert bei den Kursen und jobbt jedes
Wochenende abends an der Bar, womit sie 70 D-
Mark zu ihrem Taschengeld hinzuverdient.

Als Berufswunsch hat Yvonne Mode-Design ins
Auge gefasst, muss jedoch feststellen, dass man
auf dem Weg dorthin normalerweise eine lange
finanzielle Durststrecke durchläuft. „Unsere Mutter hatte nicht so große Möglichkeiten, uns mit
Geld zu unterstützen, hat uns aber immer frei fliegen lassen und uns mental gefördert. Das hat sie
echt großartig gemacht." Ein Freund, der Yvonnes
künstlerische Neigungen kennt, empfiehlt ihr, sich
bei Werbeagenturen umzuschauen. Sie folgt diesem Rat und erhält einen Praktikumsplatz bei der
Bauer Werbeagentur in Köln. Hier absolviert sie
auch ihre Ausbildung als Druckvorlagenherstellerin. Vieles wird Anfang der 90er Jahre noch mit

der Hand produziert. Kreativität und Genauigkeit
sind gleichermaßen gefragt. „Headlines wurden
mit Letraset-Abreibebuchstaben zu Papier gebracht und Fotos aus Magazinen geschnitten oder
aus Stockbüchern kopiert. Daraus produzierten
wir Layouts am Reißbrett. Bis zur Fertigstellung
dauerte es noch einmal zwei Wochen", erläutert
Yvonne. Konzeptionell zu denken, wird einem
ebenfalls mit auf den Weg gegeben. „Ich fand das
sehr spannend, Kampagnen zu entwickeln."

Im Jahr 2000 bewirbt sich Yvonne Eiserfey als Art-
director bei der Agentur intevi in Köln, bei der ein
gewisser Frank Schätzing fürs Kreative und Jürgen Milz für die Beratung der Kunden zuständig
ist. Schätzing, der 1995 seinen ersten Roman „Tod
und Teufel" veröffentlicht hat, wird ihr neuer Chef.
Gemeinsam entwickeln sie Kampagnen, unter
anderem für den Kölner Express. Für den Erfolgs-
autor erarbeitet sie auch die Covergestaltung für
dessen erfolgreichsten Roman „Der Schwarm"
– die blaue Iris eines Auges – und gestaltet sein
2010 erschienenes Buch „Nachrichten aus einem
unbekannten Universum". Ihre Arbeiten sorgen
weltweit für Beachtung. „Bis heute werde ich darauf angesprochen." Was folgt, sind turbulente
Jahre. Weil Agenturgeschäfte in Folge der welt-
weiten Wirtschaftskrise einbrechen und Stellen
abgebaut werden, wählt Yvonne Eiserfey in Ab-
sprache mit ihren Chefs 2004 den Schritt in die
Selbständigkeit. Für die Intevi arbeitet sie weiter
freiberuflich. Im gleichen Jahr heiratet sie und
bekommt 2006 Sohn Luca. Ein paar Jahre später

" ART is my DNA. "

Yvonne Voermans-Eiserfey

erhält die junge Mutter die Diagnose Brustkrebs. „Es war wie eine Bremse, die mir auferlegt wurde, und die zu einer Entschleunigung führte. Ich kam zurück zu den Dingen, die mich wirklich erfüllten." Sie kauft große Leinwände und nimmt sich Zeit für die Malerei. „Ich habe immer Musik an und male meistens barfuß, um mich zu erden. Turn negative energy into positive solutions." Wie ihre Großmutter lenkt Yvonne Voermans-Eiserfey ihre negative Energie und die Angst, die sie empfindet, um und schickt sie in eine andere Richtung, um etwas Schönes zu schaffen.

Als Illustratorin zeichnet sie zahlreiche Art Works – unter anderem für den Amor Verlag und somit auch für die Wochenzeitung Die Zeit. In ihren freien Arbeiten entwickelt die Künstlerin einen eigenen Stil, der zunächst Elemente der Pop Art mit floralen Motiven verbindet. Inspirationen findet sie bei Hans-Peter Adamski, Mitglied der Kölner Künstlergruppe Mülheimer Freiheit und Ex-Mann ihrer Kusine, und der Künstlerin Bettina Mauel, die auch Florales in ihren Bildern darstellt. Im Internet postet Yvonne Voermans-Eiserfey Fotos ihrer Arbeiten und wird so von Sabine Mehles entdeckt, die in Köln-Lindenthal auf der Dürener Straße einen kleinen Geschenkeladen namens „Nordstern" führt – direkt gegenüber ihrer Wohnung. Die Ladeninhaberin schlägt der Künstlerin vor, ihre Arbeiten während der Kunstmeile 2017 in ihrem Geschäft auszustellen. „Die Resonanz war

gewaltig und ich wurde zu einer Sammelausstellung im Stadthaus in Lindenthal eingeladen. Mein großes Bild einer Landschaft wurde direkt verkauft, was mich sehr motiviert hat."

Künstlerische Energie und konzeptionelles Denken zu verbinden, ist die große Stärke von Yvonne Voermans-Eiserfey, die durch die Entwicklung von Bildreihen einen hohen Wiedererkennungswert erschafft. In Tierbildern konzentriert sich Y.V.E., wie sich die Künstlerin nennt, auf ein klassisches Genre – und verleiht diesem durch Anleihen bei Street Art, Pop Art und informeller Kunst ein zeitgemäßes Upgrade. Sie schafft so Bilder mit starker Symbolkraft und hohem Identifikationsgehalt. Kunst – so einzigartig, wie das Genom eines jeden Lebewesens. Ihr Claim: ‚ART is my DNA.'

Die Bilder der Künstlerin machen süchtig aufs Leben mit all seinen Facetten. „Wie das Leben, scheinen ihre Bilder einfach zu passieren, und doch steckt so viel Liebe in den Farben und den Details", sagt der österreichische Fernsehmoderator und ehemalige Fußballprofi Volker Piesczek über Y.V.E. Ihrer Kreativität scheinen keine Grenzen gesetzt zu sein: Neben der Malerei sind Corporate Design, Logos und Illustrationen das tägliche Geschäft von Yvonne Voermans-Eiserfey, die auch viele bekannte Comedians wie Knacki Deuser, Torsten Sträter, Jan van Weyde und Sissi Perlinger illustratorisch betreut.

Mit Volker Piesczek hat die Kölnerin ein eigenes, nachhaltiges Modelabel unter dem Namen „Heartf**k" – die Sternchen werden als Herzen dargestellt – gegründet, über das sie originelle Statement-Shirts und eigene Art-Editionen vertreibt. Mit Piesczek schreibt sie außerdem u. a. Konzepte für TV-Shows, und im Auftrag einer Gin-Firma bemalt sie Flaschen für eine Limited Edition, die zugunsten der Aktion „Promis für Tiere" verkauft werden. Auch Auftragsporträts bietet die umtriebige Künstlerin an. Und wenn sie ihr enormes Arbeitspensum einmal nicht schafft? „Dann sage ich, sorry, ich muss es einen Tag verschieben. Es ist halt manchmal so, dass das Leben Dir solche Hürden setzt. Aber ich gebe nie auf!"

LEBENSDATEN

Geboren 1971. Ein Kind (Sohn Luca)
1977 Grundschule, anschließend Liebfrauenschule, Elsa Brändström Realschule,
Elisabeth-von-Thüringen-Gymnasium in Köln
1991 Abitur
1991 bis 1996 Ausbildung,
Tätigkeit als Druckvorlagenherstellerin
1997 bis 1999 Art Direction
bei Bauer Werbeagentur, Köln
2000 bis 2004 Art Direction bei intevi, Köln
2001 Abschluss der Ausbildung
zum Ausbilder vor der IHK Köln
Ab 2004 selbständig mit eigener Werbeagentur,
künstlerische und illustratorische Arbeiten

ULLI VOLLAND-DÖRMANN

Eine Rebellin
setzt sich durch

Die Welt ein Stückchen besser zu machen – dieser Wunsch begleitet Ulli Volland-Dörmann schon seit ihrer Jugend. Während ihres Studiums in Westberlin fand die engagierte Sozialdemokratin nicht nur einen anspruchsvollen Nebenjob als Familienhilfe für eine dreifache Mutter mit Behinderung, sondern übernahm auch eine ehrenamtliche Tätigkeit für obdachlose Frauen. Über mehrere Jahre betreute sie eine Gruppe in Neukölln und half den Betroffenen auch, ihre eigene Würde wiederzuentdecken. „Ich bin mit ihnen zu Zahnärzten gegangen, damit ihr Gebiss wieder hergestellt wird, und habe über Freundinnen aus dem Studium Kleiderspenden organisiert, damit die Frauen sich schön anziehen, ein positives Körperbewusstsein zurückgewinnen und sich pflegen konnten." Es gelang der Studentin, Friseure zu überreden, den Frauen kostenlos die Haare zu schneiden, sie verschenkte ihre eigenen Schminkutensilien und besorgte jeder Frau einen kleinen Spiegel für gemeinsame Schminkübungen. „Alle Angebote waren sehr niedrigschwellig angelegt, weil nicht viel Geld zur Verfügung stand", erinnert sich Ulli Volland-Dörmann. „Doch das Wichtigste war für mich, für die Frauen etwas zu tun, was ihr Selbstwertgefühl und ihr Selbstbewusstsein stärkt. Die Gesichter zu sehen, wie sie sich angeschaut haben, nachdem sie geschminkt waren, dieses innere Leuchten in den Augen, weil sie sich vielleicht zum ersten Mal schön fühlten, berührt mich noch heute."

Als zweitältestes von fünf Kindern wird Ulli Volland-Dörmann 1960 in Lauffen am Neckar geboren. Die Eltern Maria und Karl Volland führen gemeinsam und gleichberechtigt einen großen Weinbaubetrieb im nahegelegenen Pfaffenhofen, den sie selbst aufgebaut haben. „Mein Vater wollte eigentlich Lehrer werden, musste aber den Betrieb übernehmen, weil sein älterer Bruder im Krieg gefallen ist. Seine pädagogische Passion spürten wir jedoch während unserer Kindheit und Jugend. Er und meine Mutter, die eine sehr empathische Person ist, ließen uns viele Freiheiten und trauten uns einfach etwas zu, was damals völlig unüblich war." Für die Geschäftsführerin der AWO Köln ist dies eine frühe Schlüsselerfahrung, die in ihren Augen eine Grundlage für ihre heutige Resilienz darstellt. „Während der Pandemie im Betrieb mit über 1.300 Mitarbeiterinnen und Mitarbeitern gab es immer wieder große Herausforderungen. In solchen Momenten habe ich mich erinnert, dass bei uns es nie den Satz gab, ‚Das kannst Du nicht!', sondern es immer nur hieß: ‚Wenn du etwas machst, dann bitte richtig.' Ich empfand diese Form von Erziehung als sehr leistungsorientiert, aber auch sehr liebevoll."

Pfaffenhofen an der Zaber mit seinen in den 60er Jahren rund 800 Einwohnern bietet den dort aufwachsenden Kindern ein geschütztes Umfeld, in dem sich die Menschen untereinander kennen. Gleichzeitig genießen Ulli und ihre Geschwister alle Freiheiten der ländlichen Umgebung mit großen Grünflächen und einem kleinen Bach. Nach dem Kindergarten oder der Schule ist immer jemand für die Volland-Kinder da. Die Eltern finden sie im Weinbaubetrieb, wo die Kinder schon kleinere Arbeiten übernehmen können, und die Großeltern wohnen in der Nachbarschaft. Als Ulli eingeschult wird, werden in Baden-Württemberg und anderen Bundesländern gerade zwei Kurzschuljahre durchgeführt, um den Schuljahresbeginn bundeseinheitlich anzugleichen.

Ihre Bestimmung, später einmal eine Führungsposition einzunehmen, entdeckt die junge Ulli bereits in dieser Zeit. Von den Eltern bekommt sie früh die Rolle des ältesten Kindes zugeordnet – verbunden mit einer gewissen Verantwortung für die Geschwister –, was bis heute Bestand hat. Auch die Kinder aus der Nachbarschaft folgen dem neugierigen und temperamentvollen Mädchen, wenn sie ihrer liebsten Freizeitbeschäftigung nachgeht: Lager zu bauen. Lachend gibt sie heute zu: „Ich habe meine Eltern ziemlich damit genervt, dass ich im gesamten Umfeld, wo Büsche oder Bäume wuchsen, Lager errichtet habe. Dieses Kreative, dieses Bauen, Entwickeln und Erschaffen, war bei mir schon sehr ausgeprägt." Zu typisch Mädchenhaftem hat Ulli dagegen überhaupt keine Affinität. Im Sport entdeckt sie Leichtathletik und Volleyball für sich – und Skifahren

gemeinsam mit Freunden. „Ich bin kein Typ, der allein seine Bahnen zieht, sondern mich hat es schon sehr früh in Gruppensettings gezogen." Nach der Grundschule trifft Ulli trotz sehr guter Zeugnisse als einzige der Geschwister selbständig die Entscheidung, die Realschule und nicht das Gymnasium zu besuchen. „Meine beste Freundin hatte nicht die Eignung dafür, und ich wollte nicht von ihr getrennt werden", begründet sie ihren kindlichen Wunsch. „Meine Eltern haben diesen Entschluss mitgetragen, hätten allerdings nicht akzeptiert, wenn ich ihn nach einem Jahr revidiert hätte. Dafür bin ich ihnen bis heute dankbar. Ich konnte entscheiden, hatte dann aber auch die Größe, irgendwann zu sagen, dass das vielleicht jetzt nicht die cleverste Entscheidung war. Darum habe ich die Kurve etwas zeitverzögert bekommen."

Dem Teenager erscheint das Abitur sowieso nicht als erstrebenswertes Ziel, da Ulli diesen Weg zu „konventionell und Mainstream" findet – ebenso wie den Besuch eines Tanzkurses. Im konservativen, wertegeprägten Schwabenland mit seinem „Schaffe schaffe, Häusle baue" gewinnt die 16-Jährige den Eindruck, dass Schule ein unproduktiver Ort und nicht die echte Welt ist, sondern dass die sich irgendwo da draußen abspielt. „Bestimmte gesellschaftliche Ereignisse wie den geplanten Bau des Atomkraftwerkes Neckar-Westheim haben wir in Frage gestellt. Für mich war das ein Entwicklungsprozess, während dem alles das, wofür meine Eltern standen, ‚Establishment' und ‚konservativ' bedeutete. Ich wollte anders leben." Sie entwickelt ein Faible für Rebellen wie Che Guevara und Fidel Castro und überlegt, in einen Kibbuz zu gehen. „Ich wollte etwas in dieser Gesellschaft bewirken, verändern. Das konnte ich nicht, indem ich weiter in der Schule sitze." Ullis Entschluss, in die SPD einzutreten, stellt das Verhältnis zu den Eltern auf eine Bewährungsprobe. „Für meinen Vater, ein bekennender Liberaler, war das ein undenkbarer Akt. Er verband alles, was links war, mit sozialistisch oder kommunistisch, während ich meinte, dass wir dazu beitragen müssten, dass alle Menschen gleiche Lebensbedingungen haben. Auch meine Mutter als CDU-Wählerin war nicht begeistert von meinem Parteieintritt." Trotz allen Ärgers akzeptieren die Vollands letztendlich den Entschluss ihrer Tochter, weil sie erkennen, dass Ulli solche Entscheidungen konsequent weiterverfolgt. „Ich habe in meinem Leben nie etwas abgebrochen, aber ich wollte ein anderes Leben als sie führen."

Im Anschluss an die Realschule wählt Ulli eine vierjährige Ausbildung als Erzieherin in Heilbronn und zieht mit der Einwilligung ihrer Eltern in eine Wohngemeinschaft mit einer volljährigen Freundin – für sie die Möglichkeit, noch selbstbestimmter leben zu können. In ihrem Zimmer zuhause bleibt an der Schrankwand eine selbstgefertigte

Kalligraphie mit ihrem damaligen Lieblingsspruch von Hermann Hesse zurück: „Ich wollte ja nichts als das zu leben versuchen, was von selber aus mir heraus wollte. Warum war das so schwer?" Sie nimmt sich vor, nicht den gesellschaftlichen Konventionen zu entsprechen, sondern ihren eigenen Weg zu gehen. Als sie selbst volljährig wird, mietet die junge Erzieherin ihre erste eigene Wohnung in Heilbronn an und gründet eine Wohngemeinschaft mit zwei anderen Frauen. Neben der Ökologie treibt sie das große Thema der Zeit um – die Fragen der Gleichberechtigung von Mann und Frau. Geprägt von einer gleichberechtigten Mutter, erkennt Ulli Volland, dass andere Frauen in ihrem konservativen Umfeld weit davon entfernt sind. „Wir haben darum versucht, die Männer zu erziehen. Damals war das ein sehr gutes Projekt, aus heutiger Sicht jedoch nicht der richtige Weg."

Nach der Ausbildung arbeitet Ulli noch zwei Jahre in ihrem Beruf mit verhaltensauffälligen Kindern, bis sie über ihren weiteren Weg entscheidet. Ein ganzes Leben berufstätig zu sein und eher strukturell als im Kleinen zu arbeiten, steht dabei im Fokus. „Warum ich mich auf Sozialpolitik fokussierte, mag daran liegen, dass ich immer schon gerne mit Menschen gearbeitet habe und Strukturen wie Teilhabe oder Bildung für alle positiv verändern wollte. Ich wollte die Welt ein Stückchen besser machen – das hat mich getriggert." 1981 zieht sie nach Westberlin, um ihr Abitur nachzuholen und zu studieren. Der Leistungsdruck an der Schule ist von Anfang an so groß, dass nur die Hälfte der Schüler ihr Ziel erreicht. Für Ulli, die bis dahin immer schon gute Zeugnisse hatte, ist das kein Problem. Mit dem

klaren Ziel vor Augen, den Numerus clausus zu erreichen, der ihr ein Studium der Betriebswirtschaft mit Schwerpunkt Personalwesen oder im Bereich Sozialwesen ermöglicht, erzielt sie im Abitur die erforderlichen Noten. Die Wahl des Studiengangs fällt nicht leicht, weil Pro- und Kontralisten für den jeweiligen Weg nicht zu der gewünschten Entscheidungshilfe führen. „Nur wenn Kopf und Bauch harmonieren, ist die Entscheidung für mich rund." Sie schreibt sich schließlich an der Alice-Salomon-Hochschule Berlin für ein Studium in Sozialwesen ein. Treibende Kraft der Studentin ist das Thema Frauen und ihre wichtige Rolle in der Gesellschaft. „Eine Gesellschaft ohne Frauenpartizipation ist eine Gesellschaft, die aus meiner Sicht nicht ausgeglichen ist, sowohl politisch als auch beruflich."

Mit großem Ehrgeiz verfolgt Ulli ihr Studium. Neben Vorlesungen und Seminaren arbeitet sie in der Familienhilfe für das Bezirksamt Neukölln – eine Tätigkeit, die dank ihrer Ausbildung gut bezahlt wird. Außerdem bezieht sie ein elternunabhängiges BAFöG, sodass sie sich einige Reisen leisten kann. Das Angebot, ein Auslandssemester in den USA zu absolvieren, lehnt sie ab, weil das in den 1970er Jahren noch keinen Stellenwert hat. Weil sie selbst ein Semester unter der Regelstudienzeit bleibt und zu den jahrgangsbesten Absolventinnen gehörten, braucht sie später fast kein BAFöG mehr zurückzuzahlen. Auch politisch wird Ulli in Berlin aktiv. Als eingeschriebenes SPD-Mitglied erlebt sie eine zerstrittene Westberliner Partei, aus der sie folgerichtig austritt und sich von nun an außerparlamentarisch engagiert. „Es war eine sehr politische Zeit, in der

> **"** Wir müssen der Wandel sein,
> den wir in der Welt zu sehen wünschen! **"**
>
> Mahatma Gandhi

man häufig an unterschiedlichen Demonstrationen teilgenommen hat." In ihrer Diplomarbeit beschäftigt sie sich mit den Lebensverhältnissen von Frauen, die auf der Straße landen. Bei ihren Recherchen dafür ist sie auf ein Projekt der Stadt Köln gestoßen, in dem mit verschiedenen Instrumenten erprobt wird, wie man eine soziale Stadtentwicklung gestalten kann. Dabei geht es zum einen darum, sozialen Wohnungsbau anzubieten für Menschen, die sich keine hohen Mieten leisten können, und zum anderen, Menschen in Wohnungen zu halten, denen aus wirtschaftlichen Gründen Wohnungsverlust droht. Es wird Ulli Vollands eigenes Projekt, als sie nach ihrem Studium als Koordinatorin bei der Stadt Köln im Sozialdezernat, Bereich Amt für Wohnungswesen, anfängt. „Ich war so überzeugt von dieser Arbeit, dass ich alles daran gesetzt habe, um diese Stelle zu bekommen. Manchmal überrasche ich mich selber, weil ich eigentlich als etwas revolutionärer Typ in keine öffentliche Verwaltung passe", meint sie selbstkritisch. Gemeinsam mit anderen Kollegen und mit dem Städtetag NRW arbeitet sie daran, wie man die Konzepte verfeinert, Selbsthilfepotenziale der Menschen aktiviert und Stadtteilarbeit betreibt. „Während dieser Tätigkeit habe ich gemerkt, dass ich in Köln viel bewegen konnte. Durch meine Rolle hatte ich die Möglichkeit, mit der städtischen Wohnungsbaugesellschaft Häuser zu sanieren und Initialzündungen für Stadtentwicklungen zu geben, wobei ich viel über Architektur, Technik und Bauen gelernt habe. Davon profitiere ich in meinem heutigen Job ungemein." Die Kehrseite der Medaille: Um zu einem Prozessergebnis zu gelangen, muss Ulli Volland viel zu viele Leute beteiligen. „Das entspricht nicht so meinem Naturell. Darum habe ich mich entschieden, noch ein Studium zu absolvieren, um selbst Entscheiderin für solche Prozesse zu werden." Berufsbegleitend studiert sie im Einvernehmen mit ihrem Chef Sozialmanagement in Frankfurt, während sie die Arbeit in Köln vorarbeitet oder nachholt.

Mit dieser weiteren Qualifikation wird Ulli Volland Referentin in der Kölner SPD, damals mit ihrem Vorsitzenden Dr. Klaus Heugel die gestaltende Macht in der Domstadt. Für ihn arbeitet sie in der Kampagnengruppe zur Wahl des Oberbürgermeisters im Jahr 1999. „Mit völliger Begeisterung konnte ich viele Initiativen politisch initiieren, die

heute noch Bestand haben, zum Beispiel in der Beschäftigungsförderung, Projekte für queere Menschen oder Gesundheitsräume für Drogenabhängige." Kurz vor der Wahl kommt jedoch heraus, dass der Kölner Spitzenpolitiker als Aufsichtsratsmitglied einer Kölner Firma Insidergeschäfte getätigt hat und daher nicht zur Wahl antreten wird. „In dieser Phase, die sehr bitter war, habe ich gelernt, im Hier und Jetzt zu planen, zu schauen, wie werteorientiert ich bin, welches Gerüst ich habe, und insbesondere, was ich nicht mache. Deshalb achte ich in meiner eigenen Unternehmensführung auch sehr auf Transparenz und habe Complianceregelungen zu einem Zeitpunkt eingeführt, als es die in der Sozialwirtschaft noch nicht gab."

Nach einem weiteren aufreibenden Wahlkampf, in dem der Gegenkandidat Fritz Schramma siegt, beschließt Ulli Volland, der öffentlichen Verwaltung den Rücken zu kehren. Sie erhält ein Angebot der AWO Köln, deren Geschäftsführung sie 2002 übernimmt – als erste Frau in Köln und als dritte in Nordrhein-Westfalen. Die AWO ist in diversen Arbeitsfeldern von Kindertagesstätten bis zur stationären Altenpflege tätig. Zum Zeitpunkt ihres Einstiegs hat Ulli Volland geplant, Geschäftsführerin zu werden und das Unternehmen in fünf bis sieben Jahren aufzubauen, um anschließend etwas anderes zu machen. „Doch dann entdeckte ich Dinge, die ich nicht so schnell in den Griff kriegen konnte, und bin knöcheltief eingestiegen. Wenn ich eine neue Herausforderung sehe, sage ich mir, ich weiß noch nicht wie, aber ich bekomme sie gestemmt." Leadership bedeutet für sie, Menschen begeistern und motivieren zu können, um sie zu befähigen, dass sie das Beste aus sich herausholen. „Es zieht sich wie ein roter Faden seit meiner Kindheit durch mein Leben, dass ich jemand bin, der Leute um sich versammeln kann, um sie für etwas zu begeistern." Ulli Volland gelingt es, dass Mitarbeitende die Ärmel hochkrempeln und die Neuausrichtung mitgestalten, und das defizitäre Sozialwirtschaftsunternehmen mit rund 340 Mitarbeitenden zu konsolidieren und neu auszurichten, indem sie völlig neue betriebswirtschaftliche Steuerungsinstrumente einführt. „Das war damals Teufelszeug in der Sozialwirtschaft. Unser Tun muss auch ökonomisch darstellbar sein. Wir müssen es rechtfertigen, weil die Mittel, die wir für soziale Dienstleistungen bekommen, über-

wiegend Steuergelder sind." Der eingeschlagene Weg erweist sich als erfolgreich. Heute hat das Kölner Unternehmen rund 1.300 Mitarbeitende. Der weitere Ausbau auf absehbar rund 1.500 Beschäftigte ist in Planung. Ulli Vollands Führungsteam besteht zunächst nur aus Männern, doch heute – bis auf einen Mann – ausschließlich aus Frauen. „Das war anfänglich strategisch gar nicht gewollt, aber ich habe personelle Entscheidungen getroffen, indem ich sagte: Wer nicht mit der Zeit geht, geht mit der Zeit. Auf diese Weise habe ich neue Persönlichkeiten gefunden, die zunächst ausschließlich Frauen waren." Die intellektuelle Fähigkeit zu führen, die Verantwortung zu übernehmen und empathisch zu sein, beschreibt sie als die wichtigsten Eigenschaften einer Führungskraft – neben der Beherrschung des Handwerks. Konkurrenzen zu entwickeln, findet sie nur dann richtig, wenn sie das Team bereichern.

2006 heiratet Ulli Volland den Juristen Martin Dörmann, damals Bundestagsabgeordneter und heute selbständig im Consultingbereich. „Kurz vor der Trauung habe ich mich auf den Doppelnamen festgelegt, weil ich unbedingt meinen angestammten Namen behalten, aber auch die Verbindung mit meinem Mann zeigen wollte. Eigentlich war das nie mein Ziel, bin aber seitdem sehr glücklich damit, da ich alles in einem Namen untergebracht habe, was mir wichtig ist." Die beiden haben einen großen Freundeskreis, der gepflegt werden will, und gehen trotz wenig Zeit

regelmäßig ihrem liebsten Hobby nach – dem Reisen. „Schon mit 17 Jahren habe ich den Beschluss gefasst: Ich kreise die Welt von außen ein. Das tue ich konsequent!"

LEBENSDATEN

Geboren 1960 in Lauffen am Neckar; lebt in Köln
1976 bis 1980 Ausbildung zur Erzieherin
1983 Abitur in Westberlin
1983 bis 1987 Studium Sozialwesen in Berlin (West), Abschluss Diplom
1988 Koordinatorin bei der Stadt Köln im Sozialdezernat, Bereich Amt für Wohnungswesen
1993 bis 1994 berufsbegleitendes Studium Sozialmanagement (Frankfurt)
1994 Wechsel in die SPD Ratsfraktion als Referentin für Soziales, Jugendhilfe, Bildung, Migration, Schule und Weiterbildung sowie Gesundheit, Kliniken und Altenheime
Ab Januar 1998 zusätzlich persönliche Referentin des damaligen Fraktionsvorsitzenden und Geschäftsführers sowie Mitglied der Kampa
1999 zur ersten Direktwahl eines hauptamtlichen Oberbürgermeisters in Köln
1998 bis 1999 Führungskräfteausbildung Stadt Köln
2000 Wechsel als stellv. Geschäftsführerin zur AWO Köln
Seit 2002 Geschäftsführerin des AWO Kreisverbandes Köln

Kontaktdaten

(S. 10)
Ameni Aloui
Medical Beauty Center by Ameni Aloui UG
Altonaer Straße 28, 50737 Köln
www.mbc-koeln.de
Info@mbc-koeln.de
Mobil.: +49 (0) 176 72896445

(S. 16)
Isabel Apiarius-Hanstein
Kunsthaus Lempertz KG
Neumarkt 3, 50667 Köln
www.lempertz.com
i.hanstein@lempertz.com
Tel.: +49 (0) 221 9257290

(S. 22)
Manuela Baier
Landhotel Kallbach
Simonskall 24-26, 52393 Hürtgenwald
www.kallbach.de
service@kallbach.de
Tel.: +49 (0) 2429 94440

(S. 28)
Dr. Alexandra Brandenberg, LL.M
Uferstraße 29, 50996 Köln
alexandra.brandenberg@gmail.com
Mobil: +49 (0) 170 7647980

(S. 34)
Daniela Brink
Architekten K2 GmbH
Theaterstraße 98 - 102, 52062 Aachen
www.architekten-k2.de
kontakt@architekten-k2.de
Tel.: +49 (0) 241 9890330

(S. 40)
Adelheid Diefenthal
Diefenthal ATS GmbH
Blatzheimer Str. 3, 53909 Zülpich
www.diefenthal-ats.de
a.diefenthal@diefenthal-ats.de
Tel.: +49 (0) 2252 94070

(S. 46)
Ricarda Freifrau von Diepenbroick-Grüter
Haus Marck
Haus Marck 1, 49545 Tecklenburg
www.haus-marck.de
r.vondiepenbroick@me.com
Tel: +49 (0) 5482 4019354

(S. 52)
Judith Dobner
Counterpart Group GmbH
Kamekestr. 21, 50672 Köln
www.counterpart.de
big-hit@counterpart.de
Tel.: +49 (0) 9 221 9514410

(S. 58)
Carola Engelberts
Richmodent
Richmodstrasse 31, 50667 Köln
www.richmodent.de
c.engelberts@richmodent.de
Tel.: +49 (0) 221 2725070

(S. 64)
Susanne Faßbender
Engel & Völkers Euskirchen Düren Jülich
EV Faßbender Immobilien GmbH
Lizenzpartner der Engel & Völkers Residential GmbH
Rathausstraße 1, 53879 Euskirchen
www.engelvoelkers.com/euskirchen
susanne.fassbender@engelvoelkers.com
Tel.: +49 (0) 2251 793610

(S. 70)
Nora Gantenbrink
Hennenbusch 1, 58708 Menden
Instagram: noras_kitchenlove
gantenbrinknora@gmx.de
Mobil.: +49 (0) 173 9602023

(S. 76)
Manuela Gilgen
Gilgen's Bäckerei & Konditorei GmbH & Co. KG
Meysstraße 14, 53773 Hennef
www.gilgens.de
m.gilgen@gilgens.de
Tel: +49 (0) 2242 92010, Fax: +49 (0) 2242 920123

(S. 82)
Sabine Hemsing-Thiel
Goldköpfe Fotokunst
Rothenburg 34, 48143 Münster
www.goldkoepfe.de
post@goldkoepfe.de
+49 (0) 251 4145880

(S. 88)
Magdalena Höhn
Bulthaup Köln GmbH - bulthaup am mediapark
Spichernstraße 77, 50672 Köln
www.mediapark.bulthaup.de
magdalena.hoehn@bulthaup.com
Tel.: +49 (0) 221 29276410

(S. 94)
Daria Kupka
ARS CRACOVIA Galerie
Merrillweg 7, 50996 Köln
www.ars-cracovia.de
daria.kupka@ars-cracovia.de
Mobil: +49 (0) 179 2923687

(S. 100)
Sabine Lohèl
Lohèl Mode GmbH
Kaiserswerther Str. 119, Kennedy Park, 40474 Düsseldorf
www.semperlei.de
www.annas-dress-affair.com
sabine.lohel@semperlei.de
Tel.: +49 (0) 211 1718050, Fax +49 (0) 211 17180528
Mobil: +49 (0) 173 9841080

(S. 106)
Padma A. von Mühlendahl
Bismarckstraße 50, 50672 Köln
vonmuehlendahl@gmail.com
Tel.: +49 (0) 1752 403191

(S. 112)
Frauke Pflock
Zeitwohnen Rhein Ruhr GmbH
Blumental 34, 50997 Köln
www.zeitwohnen.de
frauke.pflock@zeitwohnen.de
+49 (0) 221 800234-11 oder -0

(S. 118)
Tarja Radler
DEVK Versicherungen
Riehler Straße 190, 50735 Köln
www.devk.de
tarja.radler@devk.de
Tel.: +49 (0) 221 7578902

(S. 124)
Beatrix Schulte Wien
Deutsches Institut für Pferdeosteopathie(DIPO)
Hof Thier zum Berge, Mitwick 32, 48249 Dülmen
www.osteopathiezentrum.de
info@osteopathiezentrum.de
Tel.: +49 (0) 2594 782270

(S. 130)
Kristine Soiron
AlphaLing GmbH (Warendorf, Osnabrück, Dortmund
und Bielefeld) und
DaPa III „Black Sea Resource" Ltd
Birkenweg 3, 48231 Warendorf (Hauptniederlassung)
www.alphaling.com; www.businessstaffers.com;
kristine.soiron@alphaling.com
Tel.: +49 (0) 2582 3069972
Mobil: +49 (0) 176 28447639

(S. 136)
Yve Voermans-Eiserfey
Köln-Lindenthal, Deutschland
www.art-yve.de
yve@art-yve.de
Mobil.: +49 (0) 170 4854128

(S. 142)
Ulli Volland-Dörmann
AWO Köln e.V./UG
Rubensstrasse 7 -13, 50676 Köln
www.awo-koeln.de
geschaeftsstelle@awo-koeln.de
Te.: +49 (0) 221 2040731

PROJEKTPARTNER

VP Bank (Schweiz) AG
Dr. Mara Harvey
Talstrasse 59, CH-8001 Zürich
www.vpbank.com
mara.harvey@vpbank.com
Tel.: +41 44 2262410

VITA REGINA SCHUMACHERS (TITELBILD)

Gesangstudium an den Musikhochschulen in Aachen
und Maastricht; Studium der Malerei und Zeichnung
und Meisterklasse bei Prof. Markus Lüpertz; Ausbildung
in Schauspiel, Sprechgesang, Performance und Creative
Writing. Gründungsmitglied der internationalen Künstlergruppe Breitengrad. Ankäufe durch Konzerne, Partei-
en und Kunstsammler im In- und Ausland (Europa und
Übersee)

AUSSTELLUNGEN / AUSWAHL
Madrid, Salzburg, Kulturhauptstadt Ruhr, Kattowitz,
Weltwirtschaftsgipfel Davos, München, Villach, Aachen

MESSEBETEILIGUNGEN
Art Ulm, Cologne Paper Art, Kölner Liste

AUSZEICHNUNGEN
Ehrenhauer der letzten Zeche in Deutschland „Prosper
Haniel", Bottrop, für „die Verdienste um Kunst und Kultur
im Bergbau"

In eigener Sache

In der JGB edition noblesse konzipieren und realisieren Jeannette Gräfin Beissel von Gymnich und Christian Vogeler exklusive Bücher und Medien zu interessanten Themen aus Wirtschaft, Kultur und Gesellschaft, Unternehmensporträts und UnternehmerInnen-Biografien.

UNSERE AKTUELLEN PROJEKTE

Unternehmensbiografie: 200 Jahre Schniewindt, Neuenrade

Unternehmerbiografie: Ulrich Pracht, Düsseldorf

Folgeband 6 zu Frauen in führenden Positionen

Das Thema bleibt aktuell: Nach „Frauen und ihre Schlösser", „Frauen führen …", „Starke Frauen", „Frauen und ihre Erfolge" und „Die Essenz des Erfolgs …" wollen Jeannette Gräfin Beissel von Gymnich und Christian Vogeler auch zukünftig Unternehmerinnen und Frauen in Führungspositionen porträtieren. Schon jetzt haben erfolgreiche Frauen ihr Interesse bekundet, in diesem sechsten Band aus der Serie vertreten zu sein.

Sie haben Fragen zu einem unserer Projekte oder möchten ein eigenes Projekt mit uns realisieren? Wir freuen uns von Ihnen zu hören und stehen wir für Ihre persönlichen Fragen gern per E-Mail unter

j@graefin-beissel.de oder post@christian-vogeler.de zur Verfügung.

Jeannette Gräfin Beissel von Gymnich

JGB edition noblesse

Wikipedia: Jeannette Gräfin Beissel von Gymnich
Internet: starkefrauen.das-ganze.de

AKTUELLE PUBLIKATIONEN VON
JEANNETTE GRÄFIN BEISSEL VON GYMNICH

Frauen führen – Erfolgsgeschichten aus der NRW-Wirtschaft (2011)
mit Christian Vogeler
Starke Frauen – 31 Porträts von Frauen in Führungspositionen (2019)
mit Christian Vogeler
Frauen und ihre Erfolge (2022)
mit Christian Vogeler

Männer – Leben, Träume & Passionen (2014)
The Story of a Brand – 40 Jahre Engel & Völkers (2018)

Als Mitherausgeberin für Bayer Foundations,
Mut durch Herausforderung – Pioniere in der Flüchtlingshilfe (2016)
The Beauty of Impact – Innovation for Purpose / Health Edition (2017)